川普向右

Trump to the Right

習近平向左

Xi to the Left

余杰

Yu Jie

推薦語（依姓名筆劃排序）

這本書告訴我們在今後的美中對抗中，川普為什麼一定能勝出，習近平為什麼一定會失敗。還告訴我們，臺灣為什麼要支持川普。

——《日本產經新聞》臺北支局長　矢板明夫

余杰的新書《川普向右，習近平向左》值得細讀。在他這本書裏，分析了世界上兩大政治力量在價值觀上的根本衝突。更重要的是，習近平在美國有盟友：民主黨前總統歐巴馬與二〇二〇總統候選人拜登均認為世界需要一個強大的中國，而民主黨的極左勢力「黑人命也是命」運動（BLM）又信奉馬克思主義。余杰的書警醒世人：人類社會又到了一個轉折點。

——經濟學家、評論家　何清漣

推薦序

一本臺灣知識分子急需的書籍！

——宋澤萊（臺灣文學界鬼才、二〇一三年國家文藝獎得主）

在美中進入對峙時代之際，余杰又有新書要出版了，就是這本《川普向右，習近平向左》。

這本書與余杰以前所寫的川、習兩人的書不太一樣，從這本書的書目看起來，這是一本書介、書評的總集，是一本又一本研究川、習兩人思想行爲背景的名著書介、書評。所以讀這本書一方面可以瞭解余杰的個人思想，也瞭解了總共三十本名著、三十個中外名作者的重要時局觀察。

我已經看了好多本余杰有關川普與習近平的書，從中深刻地認識到了川、習這兩個人的思想、行爲，像余杰所寫的《用常識治國：右派商人川普的當國智慧》與《走向帝制：習近平與他的中國夢》和《習近平：喪屍治國》等，不但是我對川、習認識的來源，尚且有余杰先知一般的預言，已經使我受益無窮。現在再看這本新書，除了有溫故知新的作用外，同時也加大了我對川、習兩人的認知範圍，這又是一本能給我無限受益的書籍。

首先我特別注意到余杰這本書上卷「川普向右」的十五本書的介紹、評論。這些書幾乎把美國保守主義的經典著作都做了介紹，都是瞭解美國保守主義非常重要的書籍。閱讀後，感到無限的歡欣，有遇到故人的那種感覺。

從美國當前主要的政治思想派別——左派的自由主義（民主黨所奉行）與右派的保守主義（共和黨所奉行）看起來，前者由於從一戰後一九三三年小羅斯福的新政就開始發揮威力，如今已經老舊，該實現的政綱都已經實現了，就逐漸脫離大眾現實，現在正在慢慢凋零；後者是從一九六八年尼克森時代才顯露身手，由於較符合大眾現實，現在正逐步蒸蒸日上。在實際上，從一九六八到二〇〇四年，在美國的十次大選中，共和黨贏了七次，民主黨只贏了三次；在一九六九到二〇〇五年的三十六年間，共和黨總共執政二十四年，而民主黨僅執政十二年。兩者已經拉開了距離。

這也就是說講求無條件平等、中央集權大政府、盡可能加稅、推廣免費基層福利、親共、弱化軍事的自由主義——民主黨已經逐漸喪失政治舞臺；反之，提倡自由放任經濟、有條件平等、地方分權、減稅、扶植基層就業、反共、鞏固軍備的保守主義——共和黨已經加倍躍上政治舞臺，任誰都難以改變！這也就是右派川普在二〇一六年能夠當選的原因。

臺灣由於戰後國民黨執政就標榜奉行所謂的「發達國家資本，節制私人資本」的三民主義政策，經過了半個世紀以上，造成老百姓對政府的過度依賴，任何的政經措施都仰賴大政府施恩，左派大政府的觀念深植人心，對自由經濟與個人自由要求不多，所有的知識分子幾乎都是先天的左派思想分子，對左派有先天的喜好，市面上充斥左派自由主義的書籍，彷彿口香糖。對於右派的保守主義卻乏人認識，市面上右派保守主義的書籍有如鳳毛麟角。這種不平衡的現象，可以看出臺灣思想界的偏向與貧瘠。

未來美國的保守主義將會翻新世界的政治思潮，對於世界發生重大的影響，臺灣的知識界絕對不能輕忽它！

其次是「習近平向左」這一卷，也很適合當前的臺灣知識分子閱讀。

我們知道，臺灣「抗共抗中、反侵反吞」的氣勢一向高昂。在二〇一八年所做的一份民調中，贊成「臺灣是主權獨立的國家」的人竟然占了全民的百分之九十，足以說明了臺灣獨立自主意識的普及化。這些贊成者包括了藍綠兩大陣營的人，有些更積極的人不但在政治法理上贊成臺灣是一個獨立國家，甚至有動用血統來找尋自己歸屬的臺灣民族論者，情況就像是余杰自認自己是四川的蒙古人一樣，從此與所謂的中華民族或漢人一刀兩斷，這已經是非常徹底的臺灣人認識了。

臺灣所以能這樣，是幾個因素所造成，一個當然是因爲臺灣人戰前受日本統治、戰後受國民黨統治，對於一百多年奴隸一般的身分有極大的痛苦感受所致。另一個是要歸功於兩蔣時代相當成功的反共教育，那一時代的人在教科書上認識到中國在毛澤東時代的清算鬥爭、屍山血海的中國慘況，從此有了對中共、中國「不抱期望」的想法所致。另一個當然是臺灣緊鄰中國，能第一手接觸到眼前的中國人，知道中國極權統治的可怕狀況所致。在這些因素下，「抗共抗中」的情緒即使在國民黨失去政權後依然持續高漲。這也就是爲什麼二〇一四年能即刻就發生大規模太陽花運動以及二〇二〇年武漢肺炎尚未傳到臺灣就能馬上自我防衛成功的深層原因。

不過，臺灣人由於抗共的情緒高昂，總是覺得中國的一切都沒有好處，很容易就產生對中國現況的漠視，不願去看它、研究它，以致失去了對當前的中國更仔細認知。在這種情況下，余杰這本書正好可以塡補這種臺灣國民知識上的缺失。

在這一卷裏，余杰同樣介紹了十五家的名著，用來暴露習近平與中共政經的可怕面貌。這十五本書的作者包括有中國人、日本人、美國人，他們可以說都是知中派的人，對習近平與中國現況有相當實際的理解。讀完這十五篇書介、書評，我們就能對當前的習近平與中國現況有廣泛深入的瞭解，在余杰優美流暢的文字敘述下，就好像讀完了十五篇好散文。

雖然如此，並不意味余杰對這十五個作者都持完全贊同的態度，有些作者對習近平與中國的未來還是充滿不實的憧憬，余杰都一一糾正他們，讓我們能從這些反面的教材中得到正確的見解。除了余杰之外，要能看出這些名聲顯赫的公共知識分子和學者的毛病的人並不很多。

所以這一卷可以說濃縮了十五本習近平、中國現況的名著，閱讀完這一卷後所收到的「能深能廣」的益處可說不言而喻了！

總之，余杰這一本介紹美國川普右派與中國習近平左派的書來得正是時候，凡是有心於認識美國右派保守主義與當前中國極左極權主義的人都應該找個時間看看，讓自己的思想更加寬廣，更加有現實性和未來性！

——二〇二〇年八月十九日寫於鹿港

推薦序

面對川普的美國和習近平的中國，臺灣何去何從？

——凌晨閱讀筆記（野百合世代，右派網站《對觀點》rightpoint.site 共同創辦人）

對身兼讀者與業餘寫作者的我而言，能在這本書出版以前搶先閱讀書稿，無疑是很幸運的。更幸運的是，從一本書就能同時了解川普和習近平，並閱讀到三十本闡述美、中現今最高領導人及其背後觀念秩序的書籍導論與精華，在無障礙吸收後還能深入思考；並可循跡溯源以閱讀原本，對喜好閱讀且希望對美、中兩國與世界現狀及未來能更深入了解的人，這本書可說是最佳書單與書評。而對習慣要求CP值的臺灣人而言，這本「川普向右、習近平向左」的CP值無疑是最高的。

書中羅列、介紹、闡述、評論的三十本書：關於川普有五本商業與政治通用的成功學、四本美國右派經典、四本從正反面認識川普內政和外交政策、兩本以典型白左思維批判川普的書；關於習近平有八本以他以主題的著作、三本認識習近平權力運作、三本在習近平治下底層「低端人口」的悲慘世界、兩本可藉以理解習近平野心與未來美中大戰。

本書可一氣呵成閱讀，我第一次便是如此；也可在空閒時無壓力分章翻閱，細細品味與思考。我則再精讀第二次、第三次畫重點做筆記，並開始尋找原本。但其中許多書在臺灣沒出版，即使博客來上架卻是簡體也缺貨，到圖書館也找不到，例如研究美國保守主義最重要的著作《美國秩序的根基》。讓我明白了臺灣的確是右派思想荒漠，閱讀本書或可稍微塡補這方面的空白。

《川普向右、習近平向左》是了解這兩位代表自由與專制、給世界帶來光明與黑暗的兩強領導者之面貌與精神，從發跡過程到成爲最高領袖、治國理念到各自企圖心的最佳書籍。兩人都想重建世界秩序，但川普要重新建立的是被美歐左派與中共把持而破壞的民主自由世界，讓美國再次偉大、讓世界更和平；而習近平則想將他的黨國裙帶資本社會主義輸出到全世界，藉由對全球滲透、收買、找合夥人，將他絕對控制的「中國夢」延伸爲「新世界秩序」。

川普在二〇一六年選舉就宣告「這不是簡單的又一個四年的選舉，這是我們文明歷史的一個十字路口，它會決定我們的人民，能否重新掌控我們的政府。由於全球化的權力機構負責經濟決策，他們洗劫了我們的工薪階級，剝奪了我們國家的財富，把那些錢都裝進了少數大型公司和政治實體的口袋裏。這是我們國家生死存亡的鬥爭，這是我們最後一次機會來拯救它。這次選舉會決定我們是一個自由的國度，還是我們只有民主的假象，實際上卻被一小撮的全球特殊利益集團控制。」

川普明確指出，掌控「一小撮的全球特殊利益集團」就是以柯林頓夫婦爲核心的「深層政府」，而中國共產黨就是「深層政府」的盟友。川普上任後三年多幾乎完成了所有競選承諾，唯一沒履行的就是讓柯林頓夫婦坐牢。是川普讓反共、抗中成爲世界共同認知；迫使民主黨及其盟友爲了奪回政權以繼續掌控全球貿易紅利，一向親中的拜登不得不跟著川普比誰喊反中更大聲，甚至在二〇二〇年八月的民主黨提名大會中修改了二〇一六年政策白皮書中的「一中政策」。

但形式上的黨綱修改並不會影響民主黨及其候選人當選後的決策。例如二〇一一年十一月十一日，希拉蕊的顧問分享了一篇名爲〈拯救我們的經濟，拋棄臺灣吧〉的文章，建議歐巴馬政府放任中國併呑臺灣，藉此換取中國政府註銷對美國的一點一四兆美元債權。當時身爲國務卿的希拉蕊回覆：「我看到了這篇文章，我覺得這想法很聰明，讓我們來討論吧。」又如歐巴馬在二〇一六年十二月十六日年終記者會竟然說：「臺灣人同意，只要能以某種程度的自治繼續運作，他們不會進一步宣布獨立。」應該說是臺灣政府迫於世界局勢不會宣布獨立，但這並非臺灣人民的意願，而歐巴馬卻輕率地幫所有臺灣人做決定。荒誕的是，很多臺灣知識分子無視歐巴馬對臺灣主流民意的蔑視與凌辱，仍然出於左派意識形態而對其大加讚賞。

美中兩國必將一戰，臺灣不可能保持「光榮的孤立」，親美抗中是唯一的選擇。而在美國兩黨之間，臺灣也應當看清楚誰是更值得信賴的朋友：相對於美國民主黨一向輕忽臺灣甚至有意出賣，川普卻是自雷根以來最親臺的總統，自二〇一七年就職以來一直支持臺灣的民主自治（川普長子小唐納甚至推文支持臺灣獨立）及國際參與，簽署了《臺灣旅行法》、《臺灣國際參與法》、《臺灣友邦國際保護及加強倡議法案（簡稱臺北法案）》、《國防授權法》等友臺法案，其它還有《臺灣保證法》、《臺灣防衛法》、《臺灣主權象徵法案》等待參眾兩院通過。

我曾在臉書專頁寫過此書專篇提到的《絕望者之歌》，也引用了余杰部份觀點，據讀者留言及分享反饋，推估至少有兩百人買了這本書。也希望更多臺灣人看過《川普向右、習近平向左》後，能從受美國主流左派媒體的洗腦中掙脫出來（臺媒一向對美國左媒照單全收），拋棄對川普的偏見，公平看待這位看似「特立獨行」的美國總統。

推薦序

光復美國、川普革命

——潘東凱（香港作家及時事評論員）

「川普現象」可能是有史以來從來未出現過的異象。現在一般流行的說法是「兩極化」及「撕裂性」，換句話說川普的支持者和反對者彷彿分成兩個水火不相容，不過旗鼓相當、勢均力敵的陣營，互相對峙，而只要一提其名字就可以在本來融洽的群體挑起爭端，甚至令好友反目、家庭分裂之類，其實實情並非如此。

要解釋上述講法爲何不正確，可以從「縱」反「橫」兩個方向分析。

首先，「縱」的方面，以知名度論，川普的名字自八〇年代已經家傳戶曉。爾來近半個世紀，當年子承父業青出於藍勝於藍，投身紐約曼哈頓地產市場即初露頭角，幾十年來一直活在鎂光燈下，可是直至二〇一五年川普認眞宣布參選總統之前，他其實是美國主流媒體的寵兒，主持的電視節目長期錄製得可觀收視不在話下，當年來各大臺名嘴主持，像大衛·賴特曼、芭芭拉·華特斯、賴瑞·金等人都愛訪問他，而且態度恭敬友善，不過在公眾眼中，他似乎只是一個喜歡自吹自擂的傳奇商人或者花花公子，其政治信念並不明確、甚至有點模糊，更不要說把他打成「保守、右派」，甚至「激進、極右、民粹」，而事實上川普的行徑也使人摸不著頭腦，曾經反覆游走在民主、共和兩大黨之間，同時與兩黨主腦人物維持良好關係，同時對兩黨參選人做捐獻，總之、四十多年來外間評價沒有「兩極化」取向，也從沒有人說川普是「撕裂性」人物，直至二〇一五年六月十四日川普從曼哈頓川普大樓扶手電梯緩緩走下來爲止。這天川普認眞地宣布將會爭取共和黨總統提名，問鼎白宮，從這天起美國主流媒體、兩黨精英、學術翹楚及好萊塢終於對他重視起來，不過卻是不論左右同時敵意陡生！而且每當川普選情看漲一點，上述不分派別的意見領袖整體的共同反感就增加一點，直到川普在共和黨初選壓倒十多個對手，成爲該黨的總統候選人，直接挑戰民主黨的希拉蕊·柯林頓之際，連整個西方的主流媒體，已經把他當成十惡不赦的惡魔。正式就任總統之後迄今，川普儼然成爲整個西方社會建制精英的頭號公敵，從「縱」的角度來說，二〇一五年六月十四日這天，可以說是川普幾十年公眾人物生涯的分水嶺。

至於「橫」的角度，在川普正式成為政治人物，尤其是當選總統之後，從來沒有「兩個水火不相容，不過旗鼓相當、勢均力敵的陣營，互相對峙」這回事，有的是一面倒的敵意！可以不妨說，從政前川普沒有敵人，參政後川普沒有朋友。當然不是說川普沒有支持者，只是雙方力量並不對等，反川的聲音洪亮、幕後對政治經濟文化掌握極大影響力。

首先看看所謂「意見領袖」，擁有「第四權」新聞媒體：所有歐美主流傳媒，從報業翹楚的華爾街日報、華盛頓郵報、紐約時報；到高端雜誌的時代周刊、紐約客；到電子媒體龍頭的有線新聞網絡、全國新聞公司、哥倫比亞新聞公司、彭博新聞、英國廣播電臺、天空廣播、美國之音及德國之聲等等，百分之九十以上都是對他口誅筆伐的負評。至於學術界與娛樂演藝界（好萊塢），亦復如是。而金融與企業的高管菁英也好不到那裏，他們大部分都仇恨川普，代表者包括避險基金祖師爺、量子基金創辦人索羅斯，新經濟鉅富、亞馬遜公司董事長兼行政總裁貝佐斯及華爾街投行老闆等。

上述這些組織與人物有的是「勢」。

另外，幾十年來盤踞美國國務院、司法部、聯邦調查局、中央情報局、國家安全部等政府部門的上層組織、長期左右美國兩黨施政的華盛頓職業官僚體系，是隱藏幕後操盤者，學術界稱爲「行政體」、俗稱「深層政府」，川普戲稱「沼澤」，川普擔任總統以來，他們一直暗中拖他後腿，這在「通俄門」穆勒調查及去年彈劾鬧劇中，暴露無遺。

這幫人則有的是「權」。

兩班人合起來就是美國上層菁英與利益集團結合成的「權勢階層」。

至於川普的支持者，基本上就是二〇一六年十一月投票給川普的大約一半的美國平民百姓，他們除了普通公民的一人一票選舉權之外，沒有任何可以掌控的權力或發聲的平臺，川普稱他們爲「沉默的大多數」，這些都是平凡的藍領與中產，卻被當年總統選舉中川普的對手、民主黨的候選人希拉蕊·柯林頓則貶爲「一堆可憐蟲」。

據上所述，川普自八〇年代成爲公眾人物（可以說是名人，即所謂celebrity，新聞會登於報章娛樂版）以來，直至二〇一五年前，儘管在公眾眼中政治立場並不鮮明，卻也未被上述「權勢階層」敵視，可是自二〇一六年贏得總統寶座、成爲世界最有權力者之後，即被後者極端仇視。

我們不禁要問：川普爲什麼招來「權勢階層」的仇恨？正如前述，川普幾十年來一直暴露於鎂光燈下，那三次結婚、與小（色情電影）明星的緋聞、幾次瀕臨破產等等眞眞假假花邊新聞其實都已經是不斷炒作的舊聞，卻也從沒有惹惱「權勢階層」或得罪什麼衛道之士。

是因爲當上總統之後他改變了？還是只是僅僅因爲他當了總統？

川普既然是公眾人物，他的政治立場與主張，其實與他的花邊緋聞一樣，從來都是完全透明地暴露於公眾眼前的，只不過之前川普未被視爲政治人物，所以被忽略了。

翻查紀錄，川普的信念，其實是鮮明與貫徹始終的：

川普信奉「美國卓異論」（American Exceptionalism），認爲美國一七七六年獨立宣言就已經奠定了美國獨一無二的基礎核心價值，認爲八〇年代的雷根總統是近世最偉大的總統，所以以雷根的「使美國重新偉大」（MAGA）號召爲自己的政治綱領，主張「美國優先」，認爲除卻減低稅率也要同時縮減開支、政府架構及減少管制規例，放棄國際警察角色、從全球撤軍但卻同時增強國防軍備及改善軍人與退伍軍人待遇，打擊非法入境移民，提高關稅以保障及重建本土工業和改善就業，主張「公平貿易」卻不迷信「自由貿易」，對美國參與無法主導的跨國組織（世貿、世衛及各種聯合國下轄組織）有強烈抗拒，也反對美國「撒幣」換取「盟友」歡心，例如超乎比例地負擔北約軍費等，以上這些主張的基本脈絡其實早已漸漸成形，而且這個大方向，四十年來從未有動搖。更重要的是，川普的政治主張上任後都依次一一推行。

答案很簡單，川普之所以惹惱了「權勢階層」、利益集團，不是因爲誰改變了，而是因爲他當上了總統，而且當了總統之後居然兌現了他早已宣示的承諾。川普把這些施政主張，動眞格地推行，損害了「權勢階層」的利益，所以他們就動員了手上所有機器，對成爲了總統的川普全面圍攻。

西方現代政治分析，流行把不同理念分成左右兩極，其實這是一個思維陷阱，往往建立一個虛假的二元對立框架，便把宇宙萬物全部都套進這個二元之中，例如一旦認定了共產主義屬於「左派」，那麼共產主義運動在現實政治中的死敵，就認爲法西斯義大利的墨索里尼及納粹德國的希特勒必然屬於「右派」，甚至極右（ultra-right）。其實二十世紀國際共產主義運動的大旗手、創建歷史上第一個社會主義國家蘇聯的列寧，原本就是墨索里尼的思想導師，墨索里尼本人原是義大利社會黨的創辦人之一，法西斯黨人與列寧、史達林等布爾什維克互相模仿，至於納粹黨，德文原名就叫「德國工人民族社會黨」，希特勒掌控納粹黨之後，大部分政治建設都幾乎直接抄襲自墨索里尼，所以如果馬克思與列寧、共產主義和社會主義同屬於左翼，法西斯與納粹其實也是左翼中其一派分支，在現實世界中史達林與希特勒血腥肉搏，正如史與托洛斯基在蘇共黨內以死相拚一樣，不過是左派內訌而已。

然而，川普信奉的美國價值，來自美國立國先賢，相信獨立宣言不證自明的「人生而平等，造物主賦予個人不可剝奪的基本權利，包括生命、自由與追求快樂」，這套價值觀與馬列主義及極權信仰背道而馳，所以如果前者是左派，川普也的確是眞正的「右派」，不過這些「右派」，正如本書作者余杰先生一樣，是擁護美國核心價值與信仰基督的愛國者。

必須強調，眞正的右派理念，是西方文明的中心思想，強調個人高於集體、崇尚思想自由，所以余杰先生是川普總統的支持者，不是川普的崇拜者或「粉絲」。

這建基於美國立國精神的右派思想，捍衛人權、尊嚴與私有產權，是納粹主義與法西斯主義的死敵。

說川普向右走、是「右派」（rightist），也可以說川普是走上「正確的方向」（on the right track）。

川普上任之後，由於他敢於剷除深層政府的癌細胞腫瘤，實現上述政治主張，所以短短不到三年即初見成效，在二〇二〇年初美國經濟便步入近年最強勁穩定的增長景氣，失業率跌至三十年最低位，尤其難得的是，黑人、婦女的就業數字達到有史以來的最高水準。

不過三月之後，新冠病毒疫症爆發，隨後也因爲明尼亞波里斯市黑人喬治·佛洛伊德被殺事件引起全國種族衝突，民主黨借勢反撲，權勢階層有機可乘，把疫症與種族衝突武器化，將民主黨推向激進左翼，一方面以防疫爲藉口，叫停經濟活動，另一方面鼓動「黑人的命也是命」運動以和平示威的名義連同恐怖組織Antifa發動種族暴動，焚燒劫掠，在民主黨控制的州與城市，警察更被逼放任不管，這些喪心病狂在野心家認爲來看，只要搞爛國家，川普就會失去連任的機會。

現在是美國危急存亡的關鍵時刻，如果這些權勢階層、利益集團的陰謀得逞，川普總統無法連任，深層政府必定捲土重來，四年功力，立刻毀於一旦。

在東方遙相對望的大國，號稱世界第二大經濟體，本來被川普的貿易戰打得偃旗息鼓，一月十六日簽訂第一階段協議的時候勝負已分，可是若川普連任失敗，民主黨候選人拜登早已事先張揚，上任之後會立即廢除現有關稅，另外其班子的外交政策成員，都是原歐巴馬總統班底，亦早已表明恢復視東方大國爲合作夥伴的新型大國關係，可以肯定，民主黨若上臺，美國會極速衰落，對外不戰而降，對內則經濟萎縮、民生凋謝、社會動盪。

讀余杰先生本書，你會明白美中對壘是意識形態上的根本分歧，川普總統帶領美國繼續向右推進，是美國自我更生，抵抗外敵的唯一出路。

誠意推薦余杰著的《川普向右，習近平向左》。

自序

川普與習近平的對決，決定人類的未來

人們既不理解川普，也不理解右派的觀念秩序

當我寫完《用常識治國：右派商人川普的當國智慧》和《習近平：喪屍治國》這兩本分別呈現兩個任務及兩種截然不同的治國模式的專著之後，感到意猶未盡，覺得還有必要將川普和習近平合在一起寫一本書。向右的川普與向左的習近平，背道而馳，但因爲地球是圓的，他們終將正面對決。美國和中國兩個大國的國運將由此決戰而定，並將影響人類未來之命運。那時，川普或許早已不在美國總統任上，但正如蘇聯崩潰之時，雷根總統也不在總統任上，卻絲毫無損於其歷史功勳一樣。

華人世界受制於儒家文化和西方左派的觀念秩序，理解川普時存在著巨大的思維

障礙。有一個笑話生動地呈現此誤解有多大：有人常嘮叨川普，特不靠譜，弱智，俺笑了——「川普：身高一米九，常春藤畢業，名門之後，橄欖球隊員，作家，主持人，地產大亨，身家百億，摟著小自己二十多歲的世界名模，世界最強軍隊的三軍統帥，美國總統，關鍵人家還是伊凡卡她爹！你都瞧不起，你什麼履歷呀？難道家裏有豬？」

我經常在臉書上奉勸那些沒有研究過川普、單靠左派主流媒體對川普抹黑的報導而辱罵川普的人「快快地聽，慢慢地說」，可後來發現裝睡的人確實叫不醒。我可能是華語世界對川普研究最多的人之一，幾乎讀遍所有川普公開出版的著作，也聽遍了川普在競選中和上任後的重要演講，還研讀了別人寫的川普的傳記——包括攻擊川普的著作。我在成為右派（保守主義者）的精神轉型之旅中，對英美保守主義做了全面梳理，我的「川普學」建立在宏大的保守主義思想背景之上。

本書分為上下卷，分別介紹十五本書，以此呈現川普和習近平的人格特質和治理模式、以及中美兩國的內政外交和國運興衰。在本書上卷中，首先介紹川普本人的五本著作：《總統川普》、《交易的藝術》、《永不放棄》、《川普、清崎讓你賺大錢》及《你錄取了：美國傳奇大亨的五十個致勝思維》。這五本書，有的談論治國理念，有的是成功學和理財寶典——川普撰寫的成功學和理財著作，跟華文世界裏的厚黑學和縱橫術截然不同，它是米塞斯、海耶克的自由市場經濟理論在美國的鮮活呈現。川普的成功之路表明，在美國，第一流人才首先選擇成為商人或為私營企業工作，而非當公務員，美國的強大首先是因為商人和私營企業的貢獻。商人創造巨大的財富，也擁有耀眼的榮譽，這是仇視商業和商人的儒家及社會主義的觀念秩序所無法理解的。川普商戰的戰略戰術跟其治國之道觸類旁通，他以此打敗商場上的敵人、國內的反對派（深層政府）以及國際上的敵對國家。

川普不是理論家，不是傳統意義上的知識分子，但其思想觀念自有脈絡。我接著介紹了幾本美國當代保守主義巨著，如果讀了這幾本書，就知道川普的想法自有其偉大淵源：拉塞爾·柯克的《美國秩序的根基》、艾倫·布魯姆的《美國精神的封閉》、小威廉·法蘭克·巴克利的《耶魯的上帝與人》、諾齊克的《無政府、國家、烏托邦》。可惜，這些著作雖有中文譯本，但華人世界用一本羅爾斯的《正義論》遮蔽了所有的右派著作，使華語知識界「一葉障目、不見泰山」——羅爾斯的《正義論》是當代版的《共產黨宣言》，「正義即平等」的箴言在華人世界無往而不勝。從毛澤東到習近平的暴政，仍未讓人們從被催眠狀態中醒過來。

接著，我介紹了幾本能幫助讀者認識川普的內政和外交政策的書。塔克·卡森的《當我們被困在同一艘船上》揭示了民主黨及共和黨建制派的合流、美國菁英階層的腐敗和脫離民意，正是川普崛起的社會氛圍。傑德·凡斯的《絕望者之歌》描述了美國中部「鐵鏽地帶」的「窮白人」是如何被東西兩岸新自由主義菁英出賣的。後者是全球化的得利者，前者卻失去了工作機會甚至整個生活——他們是沉默且憤怒的大多數，是川普的「基本盤」。丹尼爾·奎恩·密斯、史蒂芬·羅斯菲爾德的《狂妄而務實：川普要什麼？》和麥可·曼德爾邦的《美國如何丟掉世界：後冷戰時代美國外交政策的致命錯誤》則從正反兩面論述了川普的外交政策爲何要「大轉彎」。

最後兩本書是川普及其遵奉的觀念秩序的反面：霍夫士達特的《美國的反智主義》和鮑布·伍華德的《恐懼：川普入主白宮》。有時，敵人就是一面鏡子，知己知彼，才能百戰百勝。前者是歷史學家，後者是著名記者，他們或反對川普代表的傳統價値，或批評川普的統治模式，他們期待的偉大政治是知識分子治國或柏拉圖所說的「哲學家當國王」——但實際上，最有知識分子氣質的總統往往將國事搞得一團糟。

法國就是一個左派爲王的國家。法國右派知識分子領袖雷蒙·阿隆一針見血地指出法國模式的弊端：「在巴黎社會中，小說家擁有與政治家相同甚至更高的社會地位。」知識分子就他所不熟悉的事情發表荒謬的言論，卻得到公眾的狂熱支持。在享有充分的資訊自由和言論自由的情況下，卻有一些左翼知識分子讚美史達林的嚴酷統治，這豈非怪事？阿隆質問道：「法國社會給予知識分子體面的生活，爲什麼竟然有如此多的知識分子厭惡這個社會，而去讚美專制制度呢？」他的答案是，法國人醉心於抽象的思想觀念（精神鴉片），對政治制度的建設卻不上心，拒絕對政治進行理性思考，知識分子掌權往往給社會帶來莫大的災難。

習近平當然不是川普的「好朋友」，習近平是所有自由人的敵人

川普將「習近平主席是我的好朋友」這句話掛在嘴邊，引起一些人權活動人士的不滿，就連川普的前任國家安全顧問波頓都對此表示非議，並在被逐出白宮後出版的揭秘之書中將此作爲川普的一大罪狀。其實，川普當然知道習近平不是他的「好朋友」，而是他的「大敵人」，他這樣說，這是戰術層面的「障眼法」。

當年，胡錦濤剛上臺時，西方媒體紛紛追問「誰是胡？」習近平在二〇一二年接班時，西方媒體同樣追問「誰是習？」不僅是西方媒體，就是中國本國國民，大都對

國家元首一無所知——這個國家的國家元首不是民眾投票選出來的，他不必在競選中向選民闡明其政見和政策。因此，很多懷有明君情結的中國人一度對習近平充滿美好的期待。

從習近平還是儲君的時候，在我尚未離開中國的時候，我就開始撰文批判習近平。在前後將近十年的時間裏，我出版了華語世界最為尖銳的「習近平三部曲」：《中國教父習近平》、《走向帝制：習近平與他的中國夢》及《習近平：喪屍治國》。我對習近平的預測和批評無一落空：習近平是左派，是帝國派，是所有自由人的敵人。不是因為我有多麼聰明，僅僅是因為我尊重常識。

二〇二〇年四月，中國的武漢肺炎疫情剛剛緩和，習近平突然赴陝西考察。在西安交通大學，他兩度提到「西遷精神」與毛澤東五十年前所作的「楓橋經驗」的批示。在西安交通大學西遷博物館參觀時，習向師生發表講話說：「大的歷史進步都是在一些重大的災難之後，我們這個民族就是這樣在艱難困苦中歷練、成長起來的。」一大群白髮蒼蒼的老教授在這個假博士、真文盲面前，宛如小學生般乖乖聽訓，好一個滑稽場景。

所謂「西遷精神」，指的是一九五五年中共將民國時代由美國幫助建立的上海交通大學大部分遷往西安。這是六〇年代「三線建設」的前奏，是內陸中國對海洋中國的反噬，也是傳統中國對西化中國的侵蝕。

所謂「楓橋經驗」，指的是六〇年代初，浙江省諸暨市楓橋鎮提出的「發動和依靠群眾，堅持矛盾不上交，就地解決。實現捕人少，治安好的經驗。」一九六三年，毛親筆批示「要各地仿效，經過試點，推廣去做」，「楓橋經驗」成爲毛澤東時代政法領域內「群眾路線」的楷模。

習近平效仿毛的「西遷精神」和「楓橋經驗」，意味著習意識到武漢肺炎之後中國將與西方脫鉤，中國的經濟中心要西移，中國對內控制要收緊，要用高科技的監控技術來升級「楓橋經驗」，使中國成爲「網格化」的動物農莊。同時，也表明習近平贊同數年前朱德的孫子、中國鷹牌將領朱成虎的戰爭宣言：一旦中美發生戰爭，「中國人已做好西安以東城市全數遭到摧毀的準備，當然，美國也必須做好準備，美國西岸一百多個或二百多個、甚至更多的城市可能被中國摧毀。」

納粹大屠殺主要執行者之一艾希曼在法庭上說：「希特勒的所作所爲可能都是錯誤的，但有一點卻不容置疑：他確實從下士一路爬升到元首之位，引領近八千萬人……他的成功證明，我應該要追隨這個人。」同樣，認識習近平，僅僅「聽其言，觀其行」是不夠的，還需要借助媒體、學界、評論家們的觀察、報導和分析。我首先介紹八本以習近平爲主題的著作：峯村健司的《站上十三億人的頂端：習近平掌權之路》、鍾祖康的《拷問中國：兼論習近平論文剽竊事證》、徐斯儉等人的《習近平的大棋局：後極權轉型的極限》、范疇的《與習近平聊聊臺灣和中國》、林泚耀的《把脈中國：對習近平的第一手觀察》、易明的《習近平與新中國》和沈大偉的《中國的未來》。這些著作有的極具參考價值，有的則漏洞百出。我對其中的某些觀點和分析提出尖銳的批評意見——某些表面上炙手可熱的中國問題專家，對中國、共產黨和習近平無知到了違背常識的地步，他們對過去西方對華政策的錯誤負有不可推卸的責任。

然後，我介紹了三本認識習近平時代權力運作的重要著作：裴敏欣的《出賣中國》、吳國光的《權力的劇場：中共黨代會的制度運作》和廖亦武的《十八個囚徒與兩個香港人的越獄》。這些著作從腐敗及反腐、中共黨內權力運作和分配、人權迫害等方面呈現了習近平治下的中國的黑暗與邪惡。廖亦武的訪談錄中，有一篇的主角是毛時代的「利用小說反黨」的習仲勳案的當事人和受害者，首次披露了該案的來龍去脈。其實，習近平也是受害者之一，他搖身一變成爲加害者。

很多生活在自由世界的人，將左派意識形態作爲其文青面貌的點綴，絲毫沒有意識到左派的致命危害。習近平帶領中共及中國迅速滑向國家社會主義（納粹），在其左派口號之下，底層民眾的生活不僅沒有得到任何改善，反倒淪爲被任意驅趕的畜生不如的「低端人口」。張彤禾的《工廠女孩》、吳介民的《尋租中國：臺商、廣東模式與全球資本主義》和派屈克·聖保羅的《低端人口》這幾本書從不同角度呈現了中國模式的秘密及工廠女孩、低端人口的悲慘世界。

習近平認爲中國可以「取美代之」，其野心不僅是成爲毛澤東，更是成爲史達林，所以俄國歷史學家奧列格·賀列夫紐克的《史達林：從革命者到獨裁者》一書同樣是了解習近平的重要參照物。在美中兩國進入「新冷戰」甚至「暖戰」之際，美國學者彼得·辛格和奧格斯·柯爾合著的預言體小說《幽靈艦隊》，或許可以讓我們對這場未來的巔峰對決「先睹爲快」——這本小說居然讓中國國防部如臨大敵。

習近平是魔鬼，川普是魔鬼的終結者

有人批評川普對中國不夠強硬——難道要對中國動武才是強硬嗎？難道沒有看到

伊拉克戰爭和阿富汗戰爭留下的亂局嗎？有人說，只支持川普的對華強硬政策，不支持川普的其他政策——殊不知，川普的政策是一體的，你不可能否定大半卻支持你喜歡的一小部分。某些流亡美國的所謂「中國海外民運人士」（有沒有「海外民運」，我個人深表懷疑）仇恨川普，不是因為川普對中國不夠強硬，而是因為川普政府收緊移民政策，嚴格審查政治庇護申請，這些人多年來靠幫助福建等地偷渡客偽造政治庇護資料謀生，川普動了他們的奶酪，斷人財路比殺人父母還嚴重，他們當然對川普恨之入骨。

看到種種辱罵川普的言論——他們恨川普超過恨習近平，我不僅想起國際戰略大師喬治·肯楠在日記中的一段記載。一九七二年十一月十九日，在日內瓦的肯楠前去拜訪一個剛從蘇聯叛逃的人。肯楠對其極度痛苦、充滿懇切但又混亂無序的講話深感失望：這位叛逃者相信自己了解西方的一切（他從蘇聯逃出來總共才七個月），相信自己理解這兩種制度的不足，知道如何糾正西方制度從而將人性引入正途，他質問西方為什麼不激烈對抗和打擊蘇聯，或者（假設）對其發動戰爭。肯楠暗想：「蘇聯的共產主義者，你們到底做了什麼，竟然讓一個人變成這樣，讓受壓迫的不同政見者也變得像你們一樣思維混亂不堪？」這個批評也可以用在今天中國的流亡人士群體身上。

川普在尚未結束其第一個任期時，實施的對付中國的政策就比老布希、柯林頓、小布希、歐巴馬等四位總統執政的二十八年加起來都多。川普大聲譴責目前「過於以中國爲中心」的、已衰敗不堪的國際機構，包括聯合國和世界貿易等組織。由於世界衛生組織在全球防疫工作中淪爲中共的隨附組織，川普宣布美國正式退出世界衛生組織，進而考慮建立一個全新的國際衛生組織。川普表示，聯合國是一個過時的組織，美國退出中國主導的聯合國人權理事會（中國在香港實施國家恐怖主義的港版國安法之後，中共在聯合國人權理事會動員了七十多個流氓國家對其表示支持，反對立法的國家只有二十七個）。川普倡導應成立一個以具有共同的價值觀即民主自由制度的國家組成國際組織，同時打造新版的西方七國集團——吸納印度、巴西、韓國等國加入。

比之歐巴馬只說不做的「亞洲再平衡戰略」，川普的印太戰略更積極主動，美國的戰略重心已從歐洲轉移到印太地區。美國對中國的擴張不再只是內容空泛的抱怨，反而是堅強執行的具體政策。美國正在印亞地區部署前所未見的、高達三十七萬五千人的軍力，占美軍總兵力的百分之二十八，其中包括百分之六十的海軍艦艇（三艘航母戰鬥群齊集東太平洋，爲越戰之後罕見）、百分之五十五的陸軍部隊，以及三分之二的陸戰隊兵力。歐巴馬八年任期中，在南海只執行四次航行自由行動，川普上任迄今三年多已執行二十二次，是歐巴馬的十一倍。

具體針對中共的政策，首先是斷絕中共的資金來源：川普發起貿易戰，提高關稅，迫使各國投資紛紛出走中國；提供優惠政策，輔導美企撤離中國，回到美國；嚴審中概股，逼迫中企會計公開透明乃至退出美國股票市場；下令美國聯邦退休基金撤出中國，禁止用美國公務及老兵的退休基金投資中國。

其次是斷絕中共的技術來源：制裁中興、華爲及與中共及解放軍有關係的中企，阻斷中國晶片來源，並向西方盟友施壓，促使各國放棄與華爲在電信基礎建設方面的合作；反制習近平的「軍民融合戰略」和千人計畫等，針對中國公民和學生進行簽證禁令，禁止具解放軍背景的中國人入境，逮捕一大批此前多年逍遙法外的出賣美國科技成果的犯罪嫌疑人；以「年度國防授權法案」等法律禁止美國大學與中國在敏感技術方面的合作。

再次，強力打擊新華社、中央電視臺等九家名爲媒體實爲間諜機構在美國的分部，將其定位爲外國使團，要求它們必須向美國國務院提供在美員工的名單及在美租賃或持有的房地產清單。同時，對已經被中共嚴重滲透的美國之音等美國政府辦的新聞機構清理門戶，白宮史無前例地批評美國之音為中國政府做宣傳，其家族在中國有龐大生意往來的原臺長阿曼達·貝內特等高級主管被迫辭職。

在新疆、香港和臺灣的人權及自由保障，川普政府的努力也超過任何一屆美國行政當局。以新疆而言：二〇一九年，美國宣布將二十八個打壓新疆維吾爾人的中企列入黑名單；二〇二〇年，美國宣布將中國公安部法醫研究所和八家中企列入經濟黑名單，並將三十三個協助中國政府監控維族，或與中國解放軍及大規模殺傷性武器有關聯的企業、機構、個人列入黑名單（民主黨總統候選人拜登的兒子經營一家向新疆輸出監控設備的公司）；簽署《二〇二〇年維吾爾人權政策法案》，呼籲停止在中國境內外對這些族群的任意拘留、酷刑和騷擾，否則將制裁迫害維吾爾人的中國官員，制裁手段包括凍結他們及其直系親屬的在美財產、拒絕入境、拒發或取消簽證等。

以香港而論：通過《香港人權與民主法》，撤銷香港特別關稅區待遇，取消與香港的引渡條例，禁止軍用及敏感高科技產品出口香港，潛在的制裁對象首度包括在香港的國際金融機構，可能導致中港銀行無法與美國銀行交易、甚至不能使用美元結算。簽署《香港自治法》，準備對傷害香港自治的中港高級官員做出嚴厲制裁，制裁對象包括中共政治局常委、香港特首等官員；制裁手段包括凍結其在美資產、禁止入境美國。

以臺灣而論：川普親自與蔡英文通話，稱其爲臺灣總統，確認臺灣是美國印太戰略的核心夥伴，公開邀請臺灣參加南海軍演；二〇一六年，共和黨首度將《六項保證》納入黨綱；簽署《臺北法案》，內容涵蓋臺灣對外關係、美臺經貿關係和臺灣參與國際組織，增強美臺雙邊經貿關係，並要求美政府促進臺灣的國際參與；簽署《二〇一八年亞洲再保證倡議法》，其中有「對臺灣之承諾」條款，規定「美國總統應依來自中國之威脅而定期對臺軍售」，將雷根的軍售保證國內法化，川普政府在對臺軍售的質與量方面都有大幅提升；簽署《臺灣旅行法》，促進兩國高層互訪和交流；簽署《臺灣防衛法》，確保美軍有能力保護臺灣安全。美臺關係進入兩國斷交之後的最佳蜜月期。

米塞斯說過，眞正的對決是觀念與觀念的對決。川普與習近平的對決，就是右派觀念秩序與左派觀念秩序的對決。這是繼一戰、二戰、冷戰和反恐之戰後，當代世界最關鍵的一場對決。你不可能既反共，又反川普，那你就是精神錯亂。此時此刻，任何人、任何國家都必須選邊站。這一過程漫長、艱鉅甚至痛苦，如卡夫卡所說，「太陽的光芒時常會被烏鴉的翅膀所掩蓋」，但我深信，烏鴉必將落地，太陽必將升起。

目錄

下卷　習近平向左

上卷

川普向右

1 戰略堅定不移，戰術不可預測

——《總統川普》

美國的英雄曾推翻納粹、法西斯主義者，捍衛了美國價值。我們現在要擊敗那些激進左派分子、馬克思主義者、無政府主義者、煽動者、擄掠者。我們絕不容許憤怒暴民拆毀我們的銅像、抹煞我們的歷史、向我們的孩子灌輸極權思想！

——川普〈二〇二〇年七月四日獨立日演講〉

支持川普的人，知道他們支持的是什麼；反對川普的人，知道他們反對的是什麼嗎？

要了解被左派媒體描述成「狂人」和「瘋子」的川普總統的眞實想法，如果只讀一本書，那就是川普全盤托出其政綱的《總統川普：讓美國再度偉大的重整之路，將帶領世界走向何處？》。讀完這本書，你就知道川普一點也不狂，與用謊言治國的歐巴馬相比，川普乃是用常識治國。

該書中譯本的出版，背後有一段小故事。時任時報文化出版社總編輯的余宜芳在臉書說：「川普當選後，我和主編商量，既然川普未來將是影響全世界的重要因素，我們眞的應該要了解他在想什麼、嘗試了解他的背景、意識形態以及他未來的施政方向。然而，在擁有出版自由的臺灣，出版川普的著作成了不言自明的禁忌：選前即有版權代理介紹過不止一本川普的相關著作，但臺灣出版界沒有任何人購買版權。畢竟，文化界討厭他的人太多了，不像柯林頓、歐巴馬，甚至希拉蕊的版權各家爭搶，自大、言行粗魯不文的川普實在不討好，就算當選總統了，對他感興趣的出版人仍然不多。我們以相當合理的版權金取得《總統川普》的授權。當時，我連找寫推薦序的人選都戰戰兢兢，深怕被拒絕。」可見，臺灣的文化界和學術界完全被反川普的力量所壟斷。而左派從來不寬容，也不尊重言論自由，只要跟他們不同的觀點，打壓就不遺餘力，用「政治正確」造成「萬馬齊喑究可哀」之局面。

儘管如此，余宜芳還是竭盡全力讓此書出版，她說：「就個人來說，我是歐巴馬迷，實在不可能欣賞川普其人其行，書中內容當然也不可能百分百認同。但，我相信，身爲編輯，不見得要認同每一本書，卻一定要有能力理解每一本書的價値何在，以及尊重每一本書的潛在讀者。」余宜芳對編輯的職業倫理的堅持，讓人肅然起敬。但該細節也說明，臺灣乃至整個華人世界，尤其是媒體、大學、文化界、知識界，對川普的敵意和誤解有多深、有多大。臺灣在統獨議題上嚴重對立的藍綠陣營，在反川普、反保守主義、反清教徒觀念秩序上卻驚人得一致。臺灣最大的危機，不是中共的威脅，而是內部缺乏強大的本土右翼（右獨）的思想和力量，唯有保守主義的獨派才能與美國共和黨和川普政府溝通無礙。

歐巴馬的執政如此失敗，居然還有那麼多人不離不棄，這才是讓人難以置信的「怪現狀」。以對臺政策而言，歐巴馬和希拉蕊是最忽視乃至敵視臺灣的美國政客——歐巴馬並不是臺灣人民選舉的總統，卻「代表」臺灣人民宣稱，臺灣從來不想從中國獨立出去，臺灣人承認臺灣是中國的一部分。希拉蕊在電郵中對其幕僚的「天才的想法」大加讚賞——將臺灣「賣」給中國、用以抵消中國手上的美國國債。儘管如此，因爲歐巴馬和希拉蕊足夠左、足夠「進步」，支持「多元成家」、「性向選擇」、「福利國家」、「開放國境」，覺青們就將他們當作偶像級巨星來頂禮膜拜。

反之，川普是繼雷根之後最親臺的美國總統，川普政府集中了一群支持臺灣獨立、肯定臺灣民主的高官和顧問，川普執政以來簽署了《臺灣旅行法》、《臺灣保證法》、《臺北法案》等一系列對臺灣有利的法案。但是，臺灣媒體長期以來奉紐約時報和CNN爲「字字是眞理，句句是眞理」的聖旨，不假思索地以「反川普」爲時髦，所謂進步價値居然高於國家利益。那些反對川普的人，很多根本不知道他們在反對什麼，或許他們的反對只是因爲心魔作祟——對成功者的嫉恨。對臺灣而言，一個顯而易見的、卻被朝野當作「房間裏的大象」的事實是：如果不瞭解川普及其國際戰略，就無法在這場四十年來中美關係的大變局中找到自己的位置和對策。中共此前低估川普的決心，在第一階段的美中貿易戰一敗塗地。臺灣若無視川普的新思維，有可能錯過全面提升美臺同盟關係的歷史性契機。所以，你不要聽信媒體怎麼描述川普，而要看川普自己如何講述其願景、川普執政以來實現了哪些願景。

爲什麼川普能贏：他說出了美國人的內心話

川普當選總統之後，美國及全球的左派，也包括習近平和普丁等獨裁者，一時之間無法理解川普現象或川普主義。他們過於自信和傲慢，不願傾聽和閱讀，陷入「無知者無畏」的處境。中國駐美大使崔天凱在公開訪談中喃喃自語：「我們至今仍然弄不清楚美方究竟要我們做什麼？」可見，川普的敵人弄不清楚他們面對的是一個怎樣的對手。

川普的想法很簡單。讀一讀曾任白宮高級顧問的班農在日本東京的演講，讀一讀川普的推特和白宮的網站，就知道川普的大戰略早已如磐石般堅定。在本書中，川普詳細論述了他在移民、外交、軍事、教育、能源、醫療、經濟、基礎建設、媒體和稅制等十大方面的主要政策，這些政策讓他深得右派選民之心，得人心者才能得天下，這是再簡單不過的政治常識——左派媒體卻誣蔑說，這是操弄民粹主義；但如果是他們支持的候選人當選，那就不是民粹主義了。其實，跟川普相比，歐巴馬才是民粹主義，同時還玩弄種族主義——如果他不是黑人，他的選票會少一半。顯然，民粹主義的說法，早已淪爲左派妖魔化對手的緊箍咒。

是時代選中了川普。曾任川普策士的班農很早就確信「川普必定能贏」——二〇一五年六月，川普從川普大廈大堂的扶梯走下來，做了一場沒有講稿且慷慨激昂的演講，「當他在扶梯上方時，他還只是排名第七的候選人，在他走下那個扶梯做完演講後，他就成了民意調查第一名的候選人，從此一路向前。」川普爲這場選戰準備了三十多年，雷根當總統時就曾當面鼓勵那時很年輕的川普出來選總統。三十年後，雷根的遺產已被雨打風吹去，美國走到了一個由盛而衰的轉折點，需要有一位像雷根一樣偉大的總統「讓美國再度偉大」。班農指出，美國和世界都正處於刀刃上：「擺在我們面前的是一條長長的黑暗巷子，就像在三〇年代的時期，這是個決定性的長巷。當我們走到巷子另一端的時候，世界將會是什麼樣子？將會是和平與繁榮、還是二十世紀的死亡與摧毀？」

川普用常識治國，化繁爲簡，腳踏實地，一切以解決問題爲旨歸：

> 美國不需要那種光說不做的政客，我們需要的是有經商頭腦、會管理事業的聰明人。我們需要的不是更多政客的漂亮話——我們需要的是基本常識。我們需要的是能夠解決難題、開始用可行的方法處理問題的領導者。我們需要把常識擬成政策，有必要的話好好敲一敲某些人的腦袋，推行這些政策。

大部分美國人都尊重常識，他們勤勞工作、維護家庭、捍衛自由、忠於信仰。他們對華盛頓的「沼澤地」和華爾街控制的「深層政府」深惡痛絕——過去二十多年來，民主黨建制派與共和黨建制派狼狽爲奸，打著正義、進步的旗號，卻充當華爾街及高科技新貴們的傀儡，對內摧毀美國的傳統與秩序，對外推行全球化和自由貿易政策，在價值上破壞美國的立國根基，在經濟上掏空美國的製造業。他們自己富可敵國，美國人卻愈來愈窮。傳統的美德被蔑視和嘲笑，敗德者卻爲所欲爲（玩弄數百名幼女的華爾街億萬富豪傑佛瑞·艾普斯坦早在二十年前就被調查，卻受到柯林頓、小布希、歐巴馬政府的庇護，柯林頓更是其性狂歡派對的常客。）政治正確的巨大壓力，讓美國的愛國者們在言論自由的美國淪爲「沉默的大多數」。

當川普橫空出世，說出美國芸芸眾生的內心話時，人們積蓄已久的能量頓時如滔滔江水般噴湧而出。從二〇一六年大選川普與其他共和黨候選人的辯論中就可以看出，其他候選人在關鍵議題上畏畏縮縮，猶抱琵琶半遮面，不敢大聲說出其價值和信念（或許他們根本就沒有價值和信念），而川普的可貴就在於他毫不猶豫地說出自己信奉的觀念秩序，有一種「雖千萬人吾往矣」的勇氣。

川普是敢於挑戰左派「政治正確」的勇士

在左派當道的美國，居然連展示美國國旗、表達愛國之心都成了「政治不正確」的舉動。川普講述了一個頗具諷刺意味的故事：他在自己位於佛羅里達棕櫚灘海湖莊園，升起一幅巨大的美國國旗。國旗在風中驕傲地飛揚，那是多麼美好的畫面。棕櫚灘地方政府竟然覺得這面國旗太大，說它超過《土地分區使用管制法令》規定的大小，要求換一面小一些的國旗。川普拒絕了：「難道在自己家門口掛國旗的自由也沒有嗎？美國憲法不是保障公民的言論自由嗎？」

結果，棕櫚灘市政府下令，每天罰鍰兩百五十美元。川普憤怒地說：「竟然因爲掛美國國旗就被罰款，他們應當爲自己的行爲感到羞恥，想在這個國家掛起美國國旗還需要特別許可，實在太可悲了。」他向法庭提起訴訟，告地方政府侵犯憲法賦予的權利，要求地方政府賠償兩千五百美元。最後，地方政府撤回罰鍰裁決，那面國旗從此高高飄揚。這件小事說明，美國病了，病得不輕，此類的荒唐事愈來愈多，美國即將墜入萬丈深淵，必須有勇士踩下剎車，調轉車頭。

川普的遭遇不是孤零零的個案。二〇一八年十月，加州大學柏克萊分校學生會要通過一份支持跨性別權利、譴責川普的聲明，並對其文本進行投票。華裔理事周寶靈投棄權票，並簡單解釋自己的反同婚立場。她告訴在場十八位投票支持該提案的理事，投票支持此案會損害自己的價值觀，等於強迫她推廣自己不同意的群體和身分。她指出：「作爲一位基督徒，我個人確實相信某些行爲和生活方式與良好、正確和眞實互相牴觸，我相信上帝在一開始就創造了男性和女性，並將婚姻定義爲一男一女的結合。」

周的這番言論迅即引發超過一千人的反對連署，要求她辭去學生會的職務。幾個小時後，周隸屬的「學生行動」社團與她斷絕關係，柏克萊電視臺和其他出版物也是如此。《每日加州人報》發表社論表示，周的言論令人反感，「柏克萊的學生不能允許和接受像周這樣的領導人。」

在近期發生的「黑人命也是命」（BLM）運動中，左派以殺富濟貧的共產主義烏托邦爲誘餌，「黑人命也是命」宛如「毛主席萬歲」一般、可以呼風喚雨的符咒。你若不高聲贊同，你若不單腿下跪，你若是堅持「所有人都命貴」，你就被定義爲種族主義者和法西斯，你就被千夫所指——不願修改黑人學生考試成績的大學教授被解僱，主張大學招生應當參考考試成績的華裔大學副校長就被免職，對「黑人命也是命」運動提出質疑的高中畢業生被大學撤回錄取通知書，在美國和西方，左派已蛻變為「只許州官放火，不許百姓點燈」、變形的極權主義。左派竊取「自由派」的名稱，但他們玷汙了「自由」這個崇高的詞語。左派從來不在乎什麼是自由的眞諦，只在乎自己的絕對自由，同時竭力壓迫乃至扼殺與其不一樣觀點的自由表達。如果再不挺身與這股邪惡力量抗衡，美國憲法將淪為一紙空文。

唯獨川普擁有對抗左派膽識和策略。川普執政以來，給美國帶來極大的改變，他在年度國情咨文演講中反覆強調，美國永遠不會成為社會主義國家，社會主義帶給人類慘痛的災難——恨得牙齒發癢的眾議院議長裴洛西當面撕毀川普的講稿來洩憤。川普也給共和黨帶來極大的改變，這種改變恐怕只有林肯、雷根能夠與之媲美。川普幾乎將共和黨打造成一個全新的「川普黨」，川普在共和黨及共和黨的支持者當中獲得了百分之九十五的極高支持率。與此同時，以已故的麥凱恩、羅姆尼、布希家族為代表的共和黨建制派的勢力土崩瓦解，難怪這批人不惜背叛共和黨而投票給民主黨。二○二○年七月，小布希政府的一群前高官宣布，將為選舉拜登入主白宮而成立一個新的超級政治行動委員會，以吸引和動員「不滿」的共和黨選民，該組織「四十三屆同僚支持拜登」將其成立描述爲努力恢復「世界上最偉大的民選職位的團結，寬容和同情的原則」。小布希在此事件中態度曖昧，而在上屆選舉中，小布希的夫人蘿拉就宣稱要投票給希拉蕊。這種背叛足夠無恥，卻並不讓人吃驚，川普動了他們的奶酪，他們就無所不用其極的秀出下限。

戰略清晰，戰術不可預測，故而無往而不勝

不同於此前那些被既得利益集團「鎖死」的傳統政客，也不同於那些只會說修辭華麗的空話的新英格蘭地區的「律政菁英」——川普是極具經商頭腦、精通企業管理的大商人，他治國如同管理川普集團這個企業王國，始終堅持美國第一、實力爲王，不做沒有收益的投資，讓美國的體質恢復健康狀態；他處理外交亦如同商業談判，錙銖必較、寸土必爭，卻又欲擒故縱、聲東擊西，讓對手疲於奔命、不得不乖乖認輸。

歐巴馬這類蔑視傳統、脫離現實的左派政客，每一項內政外交政策都加速美國的衰落，繼而用謊言掩飾其無能，再用更大的謊言包裹前一個謊言，就好像用錯誤藥方醫治病人，必定加速病人死亡。川普批評說：「我們過去眼睜睜看著歐巴馬總統在地

上畫了一條又一條的界限，最後什麼線都不剩，我們丟了自己的面子，也愧對我們的歷史。」歐巴馬警告敘利亞獨裁者阿薩德，如果對平民使用化學武器，就突破美國的「紅線」，他不會做壁上觀。但是，阿薩德屢次對該國國民使用化學武器，歐巴馬則自食其言、無動於衷。川普感嘆說：「他一直保證會做這做那的，然後從來不履行諾言，最後會怎麼樣？他會失去所有的信用。不知道我們過去偉大的將領，像是麥克阿瑟和巴頓，如果聽到歐巴馬把我們在中東的作戰計畫說出去或是挑釁敵人，他們會怎麼說呢？」

川普的戰術是，保持自己手上的好牌，永遠保持彈性——然後永遠不要秀出手裏的牌。「所謂手段就是擁有別人想要的東西，或是別人需要的東西，最好的是，擁有別人不能缺少的東西。」很多批評川普的人說他「難以預測」，而這恰恰是川普成功的秘訣，不僅在商場上成功，也在治國上成功，他的對手乖乖地按照既定規則玩遊戲，走的每一步都很好預測；他們努力想迎合大眾的傳統觀點，所以，當川普拒絕陪他們玩這個遊戲的時候，他們根本不知所措。川普提及美國國父華盛頓在戰場生「出其不意、攻其不備」的經驗：

在軍事衝突時，亮出自己的底牌是最愚蠢的錯誤之一。我讀了很多歷史，但我怎麼沒聽說喬治·華盛頓將軍有先在福吉谷預定旅館，或是派人先去翠登跟英軍說聲好呢？出其不意才能打勝仗。所以我不會跟對方說我要做什麼，我不會警告他們，更不會讓他們輕鬆地把我歸類成某種很好預測的模式。我不想讓人知道我在做什麼或想做什麼，我喜歡當個難以預測的人。

正是這種「不可預測性」，讓川普在美中貿易戰的第一個階段將習近平打得落花流水。川普一邊說習近平是他的好朋友，一邊毫不猶豫地揮動關稅的大刀；派國務卿龐皮歐到夏威夷去跟中共負責外交的政治局委員楊潔篪談判，同一天卻簽署《維吾爾人權法案》；剛剛讓商務部透露對華爲可以網開一面，立即又讓國防部將華爲列爲解放軍控制的非民營企業，虛虛實實的組合拳讓中共難以招架。

很多自以爲比川普更聰明的人，看不懂川普指揮這場世紀大戰的戰術和節奏，老是自以爲是下指導棋。比如，當中共在二〇二〇年七月一日宣布香港國安法、在香港展開新一輪的鎮壓之際，川普沒有公開說一句譴責的話，立即有人批評川普不關心香港、漠視人權。如果川普像他們想得那樣，一旦中共有所動作，就按部就班地給出回應，不正落入中國的圈套中嗎？川普按兵不動，中共摸不清楚虛實，不知道川普下一步要做什麼？川普就已穩穩占了上風。川普喜歡拳王泰森的名言：「每個人都有他自己的作戰計畫，直到嘴上中了一拳。」川普唯一可以被人們預測的動作就是：積蓄力量，在最恰當的時刻，打出那個讓敵人趴下後再也站不起來的一拳。

2 交易是藝術，交易也是戰鬥
——《交易的藝術》

參選美國總統是我一生中最大的交易，我做過大交易，但與之前的交易相比，這是一個非常複雜的系列交易，我希望這些交易最終能把我們帶到正確的地方，以便讓美國再次變得偉大。

——川普

左派政府是自由市場的破壞者

一九八七年出版的具自傳色彩、銷售百萬的暢銷書《交易的藝術》，被川普自詡爲自己第二喜歡的書，僅次於《聖經》，「民眾知道《交易的藝術》或許是有史以來最棒的商業書籍！」——你或許認為這個人太過自戀、自誇，但正是這種超級自信成為川普成功的前提。

時隔三十多年，這位美國第四十五任總統將這套生意經轉而用在政壇上，既讓他飽受爭議，也讓他前所未有地改變了美國政治的潛規則——此前從來沒有一個當選總統全部實現了其競選中對選民的承諾，即便被人們認為是異想天開的、在美墨邊境的建牆計畫，經過與國會和反對黨之間反覆討價還價，居然一步步地成為事實。

川普說：「我做這些事不是為了賺錢，我已經賺夠錢了，遠遠多於實際所需。做這些事是為了事情本身，交易就是我的藝術形式。有些人可以在帆布上畫出漂亮的畫作，或寫出美麗的詩作，我喜歡做交易，尤其是大交易，我從中得到極大的樂趣。」美國大選對他來說，也像是一場交易。據華爾街日報報導，熟識川普的人都說，他的競選藍圖一直很明顯，只是大家都忽略了。《交易的藝術》一書是在不同情境下所寫，但早已透露許多他與眾不同的思維與作法。川普坦承，書裏很多東西是他競選和執政時爛熟於心的技巧和觀念，而且幫助他打遍天下無敵手。川普的兒子艾瑞克說，書中的許多原則，確實都運用在競選活動上。川普的美女發言人希克斯接下這個位子之前，早已把這本書讀了三遍，由此成為川普的知音。

這本書表面上看是一本成功學，但其含金量遠超過市面上常見的成功學書籍。川普的很多重要的思想觀念都體現在書中，比如：左派政府是自由市場的破壞者。川普從小在紐約長大，從皇后區殺入曼哈頓，紐約是其發跡之地，也是其商業基地。紐約既是最資本主義的地方，也長期被左翼民主黨政客控制，紐約市政府掌握巨大的權力和資源，對本地商業活動和民眾生活的影響遠遠超過美國總統。川普熱愛紐約，卻反對紐約市政府。紐約市政府低效而腐敗，不是著眼於幫助商人、爲商人服務，而是想方設法限制和束縛商人，還要榨取最多的稅收。

川普本人非常自豪的一個項目是重建中央公園的沃爾曼溜冰場。他對紐約市政府修造滑冰場的低效率看不下去：修一個滑冰場，幾個月就行了，怎麼會耗費數年而不成呢？他從政府手中拿過這個案子，結果滑冰場工程數月便順利竣工。在介入此事之前，他特意找到加拿大的冰場公司，詳細瞭解修建冰場的技術問題，並且深入研究市府效率低下的原因，所以他接手後不費吹灰之力就完成了。他的倔驢脾氣、綿密細緻的前期準備、精益求精的標準，讓他人望塵莫及。

還有一次，紐約市政府起訴川普的公司和其他很多公司，說是根據《民權法》，他們在一些房地產開發項目中歧視黑人——「黑人命也是命」運動早已有之，於今爲烈。律師勸川普跟政府和解，交一筆錢了事，很多商人受到政府指控時，都是如此，畢竟胳膊擰不過大腿。但川普堅持認爲，他的豪華大廈對租戶的要求是必須的：能保持清潔、整齊和鄰里的人際關係，收入是租金的五倍，難道單單對黑人降低標準嗎？他告訴律師：第一，他的租戶中有若干黑人，並不存在對黑人的歧視。第二，他沒有義務向不符合條件的人出租房屋，不管是黑人還是白人，而政府無權干涉他的生意。於是，他把官司打到底。最後政府拿不出證據來，他在法庭上被宣告無罪。

正是看到紐約市政府以及比之更龐大臃腫的聯邦政府的種種弊端，川普痛切地感到，僅僅在體制外批評無濟於事，不如自己出馬競選總統，以總統的權力來改變這一切。他確實做到了，這才是一個最美的美國夢。

美，也是可以賣錢的

在《交易的藝術》這本書中，川普罕有地談及其家族史。很多中國人談及家族史時，上溯千年，無限美化，捏造出孔子後裔、黃帝後裔之類的神話，似乎只有祖先的偉大才能彰顯自身的價值。川普跟很多美國人截然相反，他們一點也不掩飾其平民乃至貧寒出身，而以白手起家為榮。川普寫到，他的祖父是從瑞典移居美國的窮人，因酗酒而早逝（或許這是川普本人滴酒不沾的原因），祖母含辛茹苦將幾個孩子拉拔長大。川普的父親為了養家，中學畢業就上建築工地幹活，扛沉重的木頭，然後自己成立建築公司、發家致富。川普的母親是蘇格蘭移民，隻身到紐約闖天下，下船時身上只有全家湊的幾十美元，第一份工作是當富人家的女傭。

川普的父親在布魯克林區和皇后區為中下階層建造僅能獲取微利和薄利的樓房，川普則力爭在曼哈頓最好的地段建設最豪華的房子。他從父親那裏借了一筆錢，再加上自己的積蓄，從華頓商學院畢業後就到曼哈頓尋找商機。川普說：「我並不滿足於一般人認為的好日子。那時，我一心想建功立業，創造值得紀念並只有通過拚命努力才能獲得的業績。」他立志為紐約修建「紀念碑式」的建築。他跟父親的差異從一個細節中就可以看出：紐約川普大廈的外牆用的是整面玻璃牆，比磚牆昂貴得多，而且是市面上最貴的青銅反光玻璃。川普的父親看了一眼後就說：「把它用到四五層高就行了，然後其他部分用普通磚頭，反正沒有人會往上看。」川普評論說：「又是他的老一套，父親站在第五十七街和第五大道的交叉路口上，仍想著節省幾塊錢，我被感動了。當然，我知道他是怎麼走過來的，但我也很清楚，我為什麼沒走他的老路。」

川普努力工作、精打細算、降低成本這點遺傳自父親，著迷於絢麗、宏大、浮華的美學則遺傳自母親。川普寫到一個有趣的家庭瑣事：他的母親對事物有敏銳的感覺，有一次在電視機前一動不動地坐了一整天，觀看伊莉莎白女王的加冕儀式，她被那宏偉的景觀和堂皇華貴的美麗迷住了。他的父親則一邊不耐煩地在旁邊踱步，一邊說：「看在上帝的面上，瑪麗，你到底有完沒完，關掉它。這幫人都是些虛僞的戲子。」而母親連頭都沒擡。他們在這點上完全是兩種不同的人。他的母親喜歡輝煌壯麗的事情，而他的父親卻是腳踏實地，只相信能力和效率。川普取兩者之長，並發展到極致。對於文學評論家和美學家劉曉波來說，美即自由，不惜用博士論文來證明這個觀念；而對於房地產商川普來說，美不僅讓自己和客戶賞心悅目，美也可以幫助自己賺到大筆的錢。

川普提及一個案例：在辛辛那提，政府從破產的開發商那裏收回一批公寓，政府無力經營，低價賣掉。川普趁機買入，第一件事是投資裝上美麗的白色百葉窗，百葉窗立即給冷冰冰的紅磚樓房增添了溫暖又賞心悅目的感覺。「這一點很重要，但也比想像得費錢，因爲要爲一千兩百套公寓安上百葉窗，每一套都有八到十扇窗戶。」接下來，他把每套公寓廉價而可怕的鋁門全部拆掉，換上美麗的克魯尼爾式白色大門。

他給走廊上油漆，給地板上色拋光，把空閒的公寓打掃得一乾二淨，並且美化了環境。如此一來，原先無人問津的一千兩百套公寓很快全部租出去了。

更能體現川普美學追求的是川普大廈前廳的裝修。川普親自從成百種大理石中精挑細選，發現一種叫波尼斯的大理石，這種大理石的顏色爲玫瑰色、桃色和粉紅色的精美混合體，是一種罕見的大理石，令他神魂顛倒。它的價格也高得驚人。川普不惜血本，用此種大理石鋪滿六層樓高的前廳全部地面，使大理石的效果進一步加強，它創造了一種非常豪華、非常激動人心的感覺。「人們一致認爲我們的前廳，特別是大理石的顏色，不僅使人有種親切、友好的感覺，而且令人振奮、衝動，具有人們想購買物品時所需要的所有感覺：舒適、明快，從而促使人們多花錢。」

川普還花費兩百萬美元修建了人工瀑布，它本身成了一件藝術品，像一面雕塑的牆，它比所有能擺放在那裏的藝術品都精美、都吸引人。川普總結說：「如果說大多數封閉式商業街的成功，取決於它們的安全和統一性的話，我相信川普大廈前廳的成功，則出於相反的原因。它高於生活，從它中間穿過有一種昇華的感覺，使人似乎進入了一個神奇的樂園。」

左右媒體，而不是被媒體所左右

川普經營其商業帝國時，深知媒體的力量，他有一個商業原則是「放話出去」。要想讓別人知道，就要大膽地說出來，即便是驚世駭俗、石破天驚的想法，即便產生千夫所指、舉國皆欲殺之後果，也不要害怕。

虛張聲勢是川普愛用的作法：「人們也許不總是有雄心壯志，但他們仍然會被有雄心壯志的人所帶動。這就是爲什麼有一點兒虛張聲勢不會有什麼錯。人們願意去相信那些最大、最棒、最壯觀的。」川普是心理學和營銷學大師，將媒體玩弄於鼓掌之上：

新聞界有一個特點：記者們總是對好的新聞如饑似渴，而且愈是聳人聽聞的，他們的興趣就愈大。這是由這種工作的性質決定的，我能理解這一點。如果你有點與眾不同，或有點專橫無理，或者你所做的事情是大膽的或有爭議的，新聞中就會有你的故事。我做事總有點兒與眾不同，我不在乎有爭議，我做生意總是顯得雄心勃勃。同時，我在很年輕時就已取得了很大的成績。而且，我選擇了一種有個性的生活方式。

結果，新聞界總想寫我的報導。我並不是說他們喜歡我，他們願做正面報導，也做反面報導。但是，從純生意角度出發，從被報導本身獲得的利遠遠大於弊。

川普與媒體的關係可謂愛恨交織、欲罷不能。媒體自身是龐大的資本主義企業，卻喜歡扮演正義使者和民眾代言人的角色，其立場通常是左派，對川普這樣的富豪以批判爲主。有一次，有記者問川普爲何只爲富人造樓——這名記者連最基本的經濟學常識都不具備，商人當然以利潤爲首要考量，商人不是給窮人提供公屋的政府，誰也沒有權力要求商人無償或維持極低的利潤爲窮人蓋房子。川普對這個明顯是挑釁的問題如此回答說：「從我造樓獲益的不只是富人，我使得數以千計的人們找到了工作，每建一個新的項目就爲城市增加了稅收。像川普大廈這樣的建築，也爲紐約新的文藝復興做出貢獻。」對方啞口無言。

川普基本不花錢在媒體上投放廣告，他刻意製造新聞，即便表面上看是負面新聞，比如具有挑釁性的言論。這就使得新聞界不得不報導他的消息，報導就是免費宣傳。免費——這一點完全符合其生意經中「控制開支」的重要理念：不得不花錢的地方才花，不該花的不多花一分。這種「一毛不拔」的作法，讓媒體老闆對其恨之入骨，卻又不能迴避他的存在，最終還要被他如臂使指地利用。

即便在總統選戰中，川普團隊也幾乎不在傳統媒體上投放廣告，當希拉蕊和拜登陣營在傳統媒體上投放數億美金的廣告時，川普選擇用另一項不花錢的「發聲」利器，即微網誌推特，同時經營臉書和Instagram，他在這三個社群媒體上的追隨者達數千萬人。他透過社群媒體直接接觸支持者，從支持者那裏獲取資訊和捐款。他也不爲民調付錢，而是從社群媒體用戶那裏獲得第一手訊息。這跟他進入房地產行業時的作法是一致的：他從不花錢做市場調查，也不看自詡爲菁英的評論家的文章。如果他要在一個街區開發新項目，就坐上計程車甚至步行，與住在那一帶的居民聊天，他相信來自第一線的資訊才是眞實的。不花錢做民調，民調公司當然要壓低他的民調，他的民調永遠落後——對手則沉浸在虛假的民調領先的幻覺中。最後，川普才是大贏家，而民調這種「科學」卻陷入自我羞辱的境地。

必須將敵人打到趴下爲止

《交易的藝術》出版後，雄踞紐約時報暢銷書榜首十三個星期，成爲家喻戶曉的商戰讀物。川普自己沒有時間寫書，曾任紐約時報記者的史瓦茲是該書的代筆者。他貼身採訪川普長達十八個月，將川普的口述資料整理成書。多年後，史瓦茲站出來痛罵川普，並爲自己「跟魔鬼中的魔鬼，做出交易中的交易」而懺悔，他對媒體說：「我眞心相信假如川普勝出大選並得到發射核彈的密碼，可能會導致人類文明終結。」極具諷刺意味的是，作爲民主黨人的史瓦茲承認他當初接下這份工作，是因爲需要錢——太太剛懷第二胎，擔心在曼哈頓找不到住宅。他跟川普簽的合約是：他要分得一半預付金（書商給了川普五十萬美元）和一半版稅，川普慷慨地接受了這個條件。這是史瓦茲一生中最大的一筆稿費，他自己寫一本書，稿費恐怕連這筆錢的零頭都沒有。如今，他既然後悔這個「跟魔鬼的交易」，爲什麼不將「不義之財」捐給慈善機構呢？自以爲高尚的左派，既僞善又缺乏契約精神。

川普視交易爲愛好、爲藝術、爲鬥爭。他直言不諱，其交易風格是簡單粗暴型的，他的行爲原則中重要的一條是「反擊到底」：

> 我是一個很好打交道的人。對我好的的人，我也對他們好。但一旦有人想很惡劣的或不公平地對待我，或想占我便宜，我的一貫態度是毫不留情地給予有力的反擊。

這肯定會帶來危險，起碼會使得本來很糟的形勢變得更糟。但我的經驗是，如果你是為你的信念而戰，即使這意味著在這一過程中你將失掉一些人，但你要相信，事情總會有好的結局。

對川普來說，反擊是一定要的，不論是談生意或競選總統，都像是一場戰鬥，「我不喜歡這麼做，但別無選擇。」而且，他在追求結果的同時，也很享受打敗對手的感覺和過程。他說：「我得小心別把人嚇死，因為當你和我接觸時，無論為公為私，我都能讓你倒大楣。我也不想當個惡毒的人，但是，有時候為了自衛，逼不得已。我不喜歡雙重標準，只有我能做，別人都不行，這樣不好。我認為，如果你用某種方式對待我，那就代表，我也應該可以用那種態度對待你。有些人把這種作法叫『以牙還牙』，但是，我說這叫公平。有的時候，對付流氓唯一的方法就是反擊，讓他們知道自己面對的是誰。公平就是公平。」

川普成為總統之後，也用這些招數跟中國和其他國家打貿易戰。川普目睹了共和黨和民主黨的總統是如何歡迎中國加入世界貿易組織，並給予中國最惠國待遇，看到他們為中國崛起鋪平道路，並使「人類歷史上最大的財富轉移，美國的財富被轉移給了中國。想像一下，得需要多少錢才能令中國擺脫貧困，而美國的中產階級已經幫助他們做到了這一點。」

川普當然知道這是一場艱難的戰鬥：「做好最壞的打算，忍受最糟的情況。」川普傳記的作者韋德說：「川普總統知道，他必須對中國做出的決定，是他將要做出的最艱難的決定。」川普明白，美國人不一定都會完全贊同他的決定，比如對中國的產品徵收高額關稅。中國一定會報復、全球經濟可能受影響，這些都是糟糕的情況，但他早已做好準備、未雨綢繆：「我訂下很高的目標，然後不斷推進、推進再推進，直到得到我想要的東西。」他步步爲營、層層加碼，讓中國猝不及防、一錯再錯。川普還有一句名言，「我永遠不會太過侷限在一個交易或一種途徑。」配合「了解你所在的市場」，才能打到對方的痛處。

《交易的藝術》的英文版出版兩年之後，中國就出版了中文版。從一九八九年到二〇一六年，中國先後出版五個不同版本的中文版，還有一個版本是中共的喉舌、二〇二〇年六月二十三日被美國政府宣布爲「外交使團」（不是媒體）的人民日報出版的。但習近平、劉鶴等人似乎從未仔細研讀這本書，他們不知道對手究竟是個什麼樣的人物，不能知己知彼，就必定一敗塗地。

川普開發每一個房地產項目，從選址到選定建築材料都親力親爲，雖然他也有過失敗的紀錄，但大多數項目都成功了。與之相比，習近平一輩子都是共產黨官僚，對經濟和市場一無所知，從來沒有在市場上靠個人能力賺過一分錢。習近平在河北省正定縣當縣委書記時，曾經動用政府的力量開發一個商業旅遊地產項目——爲吸引電視連續劇《紅樓夢》劇組及遊客，大興土木修建仿古的「榮國府」。這個項目後來淪爲無人問津的廢墟，習近平卻不需要爲項目的虧損和失敗付出任何代價。中國當局炮製了一本吹捧習近平步入仕途的初期經歷書《習近平在正定》，書中對此一歷史事實百般美化。如果人們將《習近平在正定》與川普的《交易的藝術》放在一起閱讀，對美中貿易戰乃至更大範圍的美中對決孰勝孰負就能胸有成竹了。

3 捍衛美國需要錚錚鐵漢

——《永不放棄》

即使是在數百萬人面前，也不要讓恐懼阻止你的腳步。

——川普

這裏是美國，不分土地

《黃石》是我近年來看到的最佳美劇，甚至超過《冰與火之歌》。老戲骨凱文·科斯納扮演的農場主人達頓，如同一頭老獅子，爲了捍衛家園和家人，不惜將敵人撕成碎片；又如同一位將軍，指揮千軍萬馬，禦敵於國門之外。他是美國最大的私人土地的擁有者，他擁有的土地，策馬狂奔數日亦走不到盡頭，比很多國家都要大。他是擁有執法權的畜牧委員會主席，得到不計其數的農場主的支持，就連州長都要讓他三分。他是硬漢中的硬漢，牛仔中的牛仔，他從來不跟對手長篇大論，唯一相信的就是槍。達頓家族的故事，就是一部眞正的美國史詩，是那些不會騎馬的學院派歷史學家寫不出來也無法理解的史詩。代表美國精神的是達頓這樣的農場主，而不是哈佛大學裏早已儒家化的教授。

在《黃石》第一季第七集中，有一個有趣的情節：一輛寫有中文漢字「豪華旅遊」的巴士下了高速公路，來自中國的旅遊團下車觀賞美景，人們紛紛走進明明有標識警告「不得入內」的柵欄，興致勃勃地觀看一頭野熊。這時，達頓正好親自開車巡視自家的土地，拿起獵槍走到這幫不速之客面前，友好地警告他們，趕快後退，離野熊遠點，因爲野熊若被驚嚇到，會傷人的。但這幫中國遊客不理會他的警告，仍然站在那裏給野熊拍照發朋友圈。

於是，達頓告訴會說英文的帶隊女導遊，這是他的土地，從山的這邊，到山的那邊，有圍欄的都是他私人擁有的土地，任何人若沒有經過他的允許就進來，在美國屬於非法入侵，主人有權採取必要措施加以制止。

面對再次嚴正警告，中國遊客們還是毫不在乎。一個看上去像是中國退休官員的老頭反問道：「違法？這裏都是他的？他能有這麼多的地方？我才不信呢！就算這裏全都是他的又怎麼樣啊？他一個人有這麼多地方，我們大家分享不可以嗎！有什麼了不起！」雖然共產主義在中國早已是一場破滅的黃粱美夢，但中國人根深蒂固就有「打土豪，分田地」的文化傳統——中國不會有達頓這樣的農場主的容身之地，他的人和土地都躲不過土改和文革。

達頓問女導遊，中國老頭說什麼？女導遊告知：「他說你一個人不應該有這麼多土地，應該和別人分享！」

達頓終於發現，對於這幫從異國他鄉來的野蠻人，友好禮貌的溝通是對牛彈琴，他們不懂得普通法、大憲章和美國憲法，不明白美國的立國根基是私有財產神聖不可侵犯的原則。於是，他拉動槍栓，向天連開三槍示警——下一步就要對人開槍了！

這幫中國遊客嚇得撒腿就跑。那個剛才還官氣十足的老者連滾帶爬逃向巴士，達頓只對他說了一句話：「這裏是美國，不分土地！」

這一幕場景，無意中隱喻了美中貿易戰以及在美中各個領域展開的新冷戰。中國人在美國的土地上登堂入室、爲所欲爲很久了，軟弱無能、自戀虛榮的歐巴馬，就像電視劇中達頓的哈佛大學法學院畢業的三兒子，毫無榮譽感和尊嚴感，爲了個人野心不惜背叛父親和家族，投靠外來的覬覦者。反之，川普宛如氣勢如虹的達頓，「其言必信，其行必果，已諾必誠，不愛其軀」，入住白宮之後實現了競選時對選民做出的幾乎所有承諾。若非川普的勵精圖治，美國早已被中國踩在腳下。

美國精神就是永不放棄、愈挫愈勇

川普寫過一本名爲《永不放棄》、總結其多年征戰商場經驗的「武功秘笈」，它可以被歸入所謂「成功學」之中。具有諷刺意味的是，大多數撰寫成功學書籍、教授成功學課程的老師，其實都是失敗者，他們從來沒有取得成功，又如何能引導別人獲得成功呢？川普則是如假包換的成功者，他所和盤托出的成功秘訣，大都是實實在在的黃金法則。老子說，治大國如烹小鮮；對川普而言，治理美國這個超級大國，用商場上多年積累的經驗已足夠。

「永不放棄」的精神是川普成功乃至美國成功的首要秘訣。川普在書中坦誠地描述了他跌入人生低谷的時刻以及如何戰勝失敗、東山再起的故事。九〇年代初期，美國經濟進入蕭條期，房地產市場慘淡，川普的公司陷入困頓，他被媒體當作「過氣富翁」或是「洗碗布」一樣對待，沒有人預料到他還能重振雄風。這種逆境反倒激發了川普的鬥志，他告訴自己要「關注解決之道，而不是抱怨出現的問題」。結果，轉折點在當天晚上就出現了，他站在一個新的平臺上，繼續往前衝。多年後，他如此回首往事：

我覺得有過絕處逢生的經歷能幫助我成為一個更好的商人，變成一個更好的企業家。我必須要跳出自己的小巷思維才能讓自己避免葬身商海。

芝加哥地標建築——芝加哥川普國際酒店——的建設過程，也是川普精神之寫照。如果不是意志力超級強悍的川普，這個項目或許早就半途而廢。這棟建築的計畫始於二〇〇〇年，川普的目標是建成世界第一高樓。誰也沒有想到，次年發生「九一一」恐怖襲擊事件，超級高樓的思路因此備受爭議。川普明智地調低了大樓的高度。

然而，施工過程中發現，芝加哥河的河水滲進工地，這可不是小意外，而是大災難。然後，是一位重要合夥人退出，以及負責項目的設計師從建築事務所辭職。這些都是重創，但川普把危機一一化解。他寫道：「作為這支軍隊的統帥，我必須要承認不論你的準備多麼充分，畢竟天有不測風雲，我也要為這種旦夕禍福承擔起責任。我們盡力根據變化來做出調整並讓自己集中精力，同時還要以百折不撓的精神迅速從挫折中振作。我們準備充分而且意志堅定，因此不論遇到什麼樣的困難，我們都沒有退縮。」二〇〇七年，這座耗資八億美金、美輪美奐的大樓終於落成，當時是北美地區最高的鋼筋混凝土結構大樓，也是北美地區第二高的大樓。

在川普的辭典裏，從來沒有「放棄」這個詞，他是一個愈挫愈勇的人。他已七十高齡，看到美國被錯誤的思想、錯誤的領袖糟蹋，作爲愛國者，對此忍無可忍，卻又看不到有值得信賴和支持的、可以帶領國家撥亂反正的人物。於是，他放下日進斗金的生意，投入一場看似沒有勝算的競選。起初，很多人不相信這個政治素人能獲得成功，媒體和知識分子對他冷嘲熱諷。誰知，他果然喚醒了長期被左派羞辱的沉默的大多數，靠著他們的選票入主白宮，並帶領美國回到正軌。

川普在第一個任期前三年所取得的成就，讓雷根以來所有總統都望塵莫及。但在今年（就任第四年），川普遇到一場前所未有的危機：源於中國的武漢肺炎席捲全球，美國成爲遭受打擊最大的國家，死亡人數超過二戰之後歷次戰爭之總和，經濟損失超過二〇年代的大蕭條。這不是川普的錯，川普是第一個宣布與中國斷航的西方國家領導人，當時他的這一決策，在國外受到中國的攻擊，在國內受到在野的民主黨的嘲諷。但是，斷航仍然太晚。冰凍三尺非一日之寒，過去三十年與中國捆綁的政策有其強大慣性，川普尚未讓美國與中國脫鉤，中國病毒就已趁虛而入。這場浩劫讓過去三十年美國從與中國的貿易中所獲得的所有好處全都歸零。

疫情尚未消退，民主黨和中國共產黨共同策劃打砸搶和摧毀歷史塑像的「黑人命也是命」運動，又如同另一場瘟疫般蔓延全國。美國到了建國以來最危險的時刻。如果此時的掌舵者是卡特、歐巴馬之類的弱勢領導人，美國眞有可能招致亡國之禍。幸虧此刻領導美國的是川普，他如漫威動畫中的美國隊長一樣，在重大危機中展現出卓越領導力，和其團隊一起帶領美國人民一步步走出驚濤駭浪。

「鬥而不破」：波頓永遠不懂的大戰略和談判術

前白宮國家安全顧問約翰·波頓被川普免職後，憤憤不平，心懷怨恨，在新書中揭露川普政府的若干「醜聞」。他寫道，川普爲了能連任，私下跟中共領導人習近平進行「交易」，稱讚習近平是「中國歷史上最偉大的人物」，希望中國向美國多多購買農產品，這樣就可以鞏固中西部選民。該書在出版前即率先由各大媒體發表最具爆炸性的片段，使得川普政府阻止其出版的努力失敗了。但法庭的判決書指出，「波頓違背了保密協議的義務，洩露了機密，可能殃及國家安全。」波頓在書中批評了白宮幾乎所有的官員，但多位高級官員包括韓國和日本方面都公開譴責波頓說謊。法國《觀點》週刊在一篇人物特寫中指出，自認爲「鷹派中的鷹派」的波頓，是「整個華盛頓都討厭的人」。

川普當面稱讚習近平，不足爲奇，在其他更公開的場合，川普也曾對習近平有過正面評價，聲稱習近平是他的「好朋友」。這樣的說法必須放在一個大背景下解讀。我當然完全不同意川普對習近平的好評——我對習近平的厭惡從來不加掩飾，但我在某種程度上理解川普爲什麼要做出這樣的評價——這是川普在《永不放棄》一書中多次談到的一種精妙的商業談判術。

個案之一是川普將海湖莊園變成私人俱樂部。當初，川普用八百萬美元買下位於佛羅里達棕櫚灘市的這個莊園——原來持有人的家族難以維持此昂貴豪宅，美國政府也不願接手。川普買下之後，計畫將其改造成私人俱樂部。但這個計畫遭到市政府反對。後來，川普的團隊研究了美國標誌性建築保護委員會和市政府的各個案例，決定以合法權益受到剝奪爲由起訴市政府，讓他們賠償一億美金。當遇到不公正待遇的時候，川普的作法是反戈一擊。市政府眼看要敗訴，便與川普談判和解，最終批准了私人俱樂部的方案。川普達到目的之後，轉而讚揚市長，頗有將其放在炭火上烤的味道。這個頂級的私人俱樂部確實給這個城市帶來活力，包括進步觀念——當時，棕櫚灘市的俱樂部不對猶太人和黑人開放，海湖突破了這種「潛規則」，它不僅成爲一個很好的商業項目，而且成爲一項進步的事業。

今天川普對待中國和習近平的方式也是如此。美國並未實現與中國全面脫鉤（從防疫的口罩到川普陣營競選用的宣傳品，都需要向中國訂購，這不是眨眼之間就可改變的現實），也無意立即與中國進入熱戰狀態——像波頓建議的那樣立即與臺灣建交，顯然不符合美國的國家利益及亞太的安全。與中國保持「鬥而不破」的狀態，是川普對付中國的戰略和戰術。脫鉤是一個漫長的過程。所以，川普一方面對中國祭出貿易戰的殺手鐧，另一方面竭力避免與中國完全撕破臉——在東方文化中，面子觀念極爲重要，如果不給獨裁者面子，獨裁者可能鋌而走險，比如武力攻擊臺灣，或唆使北韓發起新一輪的挑釁。習近平是極度危險的獨裁者，他的手上並非沒有牌可打。聰明人不會故意去刺激一頭瘋狗。

這就是爲什麼即便是反共到底的邱吉爾，在其鐵幕演說中，一方面對以蘇聯爲首的共產集團口誅筆伐，另一方面卻避免直接攻擊史達林。邱吉爾的這篇演說堪稱冷戰的開場白，他對蘇俄的擴張本質有清楚的認識：「沒有人知道蘇俄和它的共產主義國際組織打算在最近的將來幹些什麼，以及它們領土與意識形態擴張傾向的止境在哪裏，如果還有止境的話。」他宣稱，從波羅的海的斯德丁到亞得里亞海邊的的里雅斯特，一幅橫貫歐洲大陸的鐵幕已經降落下來，在鐵幕背後，「到處爭取極權主義的控制，警察政府幾乎在到處都占了上風。」但在同一篇演講中，邱吉爾卻用一種截然不同的語氣談及史達林：「對於英勇的俄羅斯人民和我的戰時夥伴史達林元帥，我十分欽佩和尊敬。」這是否表明邱吉爾前後矛盾、思維錯亂？當然不是，這是邱吉爾所使用的一種戰術。雖然西方對蘇俄的冷戰戰略已確立，但在戰術層面卻可靈活多變。史達林固然並不比希特勒善良，但西方畢竟還沒有跟蘇俄處於戰爭狀態，作爲國家領導人（不是獨立知識分子），沒有必要公開將史達林與希特勒相提並論。

從「止損」到「不戰而屈人之兵」

波頓是鷹派，川普也是鷹派，但此鷹派與彼鷹派之間有很大的戰略和戰術分歧。

法國《視點》周刊的文章分析說：波頓是更多的干涉主義者，他只知道巨棒外交——他說「我不會晃動胡蘿蔔」，按照他的主張，以軍事手段解決危機才是最好的辦法。川普則不然，雖然喜歡扮演強者，但要盡一切努力避免戰爭。川普打趣說，「如果由波頓做決定，今天我們已經捲入了四次衝突。」

波頓反對跟普丁和解，反對從敘利亞等中東地區撤軍，反對向朝鮮領導人金正恩使用懷柔政策，反對讓塔利班代表來大衛營和談。波頓是老布希和小布希時代的舊臣，他們搞砸了伊拉克戰爭和阿富汗戰爭，卻仍然迷信武力可以解決一切問題。他百般勸說川普對伊朗開戰——川普當然知道打伊朗的結局會跟打伊拉克一樣，他寧願選擇更好的方式，即對伊朗聖城軍首腦蘇萊曼尼進行「定點清除」，此舉既震懾了恐怖分子和伊朗當局，又不必付出美軍傷亡慘重的代價。川普是近年來最謹慎地使用武力的美國總統。川普認爲，美國不可輕易對外動武，美國需要「不戰而屈人之兵」——有趣的是，那些出於絕對的和平主義而反對伊拉克戰爭和阿富汗戰爭的美國和西方的左派，這一次卻寧願站在好戰的波頓一邊反對川普，只要反對川普，他們根本不顧自己的立場自相矛盾。

川普清楚地知道美軍應當爲何而戰。二〇二〇年六月十三日，川普在西點軍校對一千一百多位畢業班的陸軍學員發表談話時說：「我們正在恢復根本原則，即美國軍人的職責不是去重建海外的國家，而是強力保衛我們國家免受外敵的侵略。我們正在終結無休止戰爭的時代。取而代之的是重新將重點明確放在保衛美國的關鍵利益上。」他更強調說：「美國軍隊的職責不是去解決很多人甚至從未聽說過的遙遠土地上的歷史衝突。我們不是世界警察。可要讓我們的敵人知道：如果我們的人民受到威脅，我們將毫無遲疑地開始行動。從今往後，當我們投入戰鬥時，我們就只爲勝利而戰。」

在《永不放棄》一書中，川普談到一種特殊情況下的「放棄」——知道什麼時候該止損出局是一項重要的領袖素質。當事情已經無法挽回的時候，出局比硬扛著更加明智。他講述了自己當年錯誤地進入航空業的經歷，他盡一切努力將川普穿梭航空打造成一個優質服務的公司，但航空業受制於外部條件太大了——只要國際油價飆升，就能讓利潤化爲烏有。所以，川普發現公司數月無法盈利，就迅速賣掉公司、退出航空業：

> 有些時候，你會明白最好的決定就是毅然止損退場，把注意力放在其他事情上。這也給我上了很好一課，讓我知道有些行業是不能貿然進入的。

正是出於同樣的思路，川普決定從敘利亞、阿富汗撤軍——那裏沒有美國的核心利益，人民的素質也不足以建構民主政府，美國若拔苗助長不會有成效。美國資深記者、地緣政治學者卡普蘭長期研究羅馬尼亞問題，對其暴君西奧塞古深惡痛絕，對西方不用武力推翻該邪惡政權而耿耿於懷。當伊拉克戰爭開打時，他熱情支持伊拉克戰爭，樂觀地認爲海珊政權垮臺之後，伊拉克人很快就能建立民主政府。但事與願違，伊拉克變成了一個族裔和教派混戰的血腥戰場。他也爲此陷入一種精神抑鬱狀態。由此，卡普蘭以一種全新的方式看待這個世界，他認識到，世界各地像西奧塞古或海珊那樣的政權再怎麼罪大惡極，最終還是要靠那裏的人民解放自己。美國不可能爲他們做這件事。「無論雷根的言論多麼激勵人心、堅持不懈，以前所未有的強度在道德精神層面上武裝美國，以對抗共產主義在中美洲及東歐的壓迫，他和他身邊的幕僚們也絕不可能同意後來美國決定在伊拉克採取的那種軍事行動。」他的結論是，美國的外交政策需要在現實與理想之間取得平衡：「一九八〇年代羅馬尼亞陷入的恐怖在我內心留下的印象從來不曾磨滅，但在伊拉克戰事之後，我比較能理解西奧塞古消亡的時機無論如何恐怕都不會早於他的實際垮臺。雷根也許可以在東歐啓動歷史的進程，但推翻暴君的具體行動鮮少會是外國人的作爲。」

這就是川普的理念和戰略，卡普蘭對羅馬尼亞西奧塞古政權的興衰的描述，同樣可以用在今天中國習近平政權的身上。美國人選舉川普爲他們的總統，是因爲川普的競選口號是「讓美國再度偉大」，而不是「推翻中國共產黨」。推翻習近平政權，美國當然可以提供某些幫助，但主力必須是中國人自己，中國人自己不努力，就只好永遠做奴隸。

4 上醫醫國：川普版本的「國富論」

——《川普、清崎讓你賺大錢》

我希望能再次提醒大家，只有政府受到限制，人民才會有自由。其中的因果關係，就像物理法則一樣簡明、精確：政府擴張，自由收縮。

——雷根

「美國病」是左派政客胡作非爲的惡果

川普的治國思路，早在其三十年前出版的超級暢銷書《川普、清崎讓你賺大錢》中已有相當完整的呈現。這是川普與《富爸爸，窮爸爸》系列暢銷書作者、日裔美國商人清崎的一本對話錄，這兩位有社會責任感的企業家、投資人和教育家，有感於美國中產階級像極地冰山一樣消失，美國日漸成爲兩極化社會，他們想讓更多的窮人變成富人，這樣才能一起幫忙解決自己國家和這個世界面臨的問題。

一般讀者只是將這本書當作投資理財寶典來閱讀，未能洞悉其背後的政治理念及觀念秩序。實際上，在此書中，川普描述了他心目中的美國和美國政府應當是什麼模樣。三十年後，他成了美國總統，開始用書中討論過的方法來醫治根深蒂固的「美國病」。

川普早就看到了「美國病」的癥結所在，並提出一系列庖丁解牛式的解決方案。川普的女兒伊凡卡回憶說，在她還是小女孩時，父親時常撕碎《紐約時報》，並哀嘆美國的菁英們——共和黨和民主黨的菁英們——對美國所做的一切。一直以來，「川普都希望能夠有人去競選總統，並清理和解決這些問題，但從來沒有人這樣做過。」直到川普意識到，這或許就是上帝給他的使命。

在「九一一」恐怖襲擊之前，川普就對恐怖主義頗感擔憂，並對美國國債失控發出警告，「不僅找出問題，而且提出獨特的解決方案。」然而，世紀之交，歷史並沒有給川普解決這些難題的機會和權力，一直等到歐巴馬長達八年的胡作非爲、倒行逆施，將美國帶入「盲人騎瞎馬，夜半臨深池」的境地，選民才紛紛覺醒，選出敢下猛藥的川普來收拾這個「亂」攤子。

當然，美國的危機，並非始於歐巴馬將美國引向「社會主義化」的政策，也並非始於「九一一」恐怖襲擊。危機可追溯到近一個世紀之前的羅斯福新政：

花得比賺得多，貿易赤字猛增；政府變窮，國家外債猛增；弱勢美元使得錢愈來愈不值錢；不勞而獲心態，指望政府救助。

到了歐巴馬執政的八年，美國社會向左擺，到了羅斯福新政以來的最高點。

川普首先從經濟層面看到美國的危機：民主黨和共和黨的建制派都欠缺商人對經濟問題的敏銳度，都迴避一個可怕的問題——他們對全球化盲目樂觀，並未意識到美國把債務交到外國人手中有多麼危險。二〇一〇年時，美國國債有一半爲外國政府和外國投資者所有，歷史上沒有哪一個國家曾經蒙受這麼高的外債。美國根本無法負擔債務利息，而且全球對於美國外債金額的容忍度也有限。美國也把工作機會外移到中國等發展中國家，自身的產業空心化，美國人購買的產品中大部分都不是美國生產的。這些問題的嚴重性，平時人們幾乎意識不到，甚至感到高興，因爲大家都可以在沃爾瑪超市買到廉價的衣服和玩具等日用品；但到了二〇二〇年武漢肺炎病毒侵襲美國，人們才發現，美國連口罩都無力生產，如同喉嚨被人卡住一般。

什麼樣的領袖能拯救美國於狂瀾既倒？

唯有新型領袖才能帶領美國走出重大危機。如川普所說，這種領袖如同商場的贏家，「保持赤子之心，制訂崇高目標，也有熱忱和計畫。他們的夢想可能太狂野，但是總比沒有夢想要好。」這種領袖以洞察力代替恐懼，「他們可以預測不可避免的事。他們本身的教育產生洞察力，有效替代了恐懼，因此大幅提高本身的成功機率。」而「能夠爲自己思考的人，很少屬於任何群體」，他本人並不屬於華盛頓舊有的官僚體系和既得利益群體，才有可能提出並實踐變革的方法。

同時，這種領袖應當有從事商業活動的經驗和能力。川普此前從未擔任過公職，但他在詭譎多變的商場打拼的經驗，可平行移用到總統這一職位上。作爲富豪的川普比只擔任過參議員、養尊處優、「四體不勤，五谷不分」的歐巴馬更「平民化」。川普說：「既會讀書又懂得生存之道是可能的，而且非這麼不可。我的優勢在於我從小跟父親一起工作和觀察他時，見識過不動產的艱苦：錢難賺。我學會在收房租時別站在門口正中央，以免被槍射到，我知道我面臨的社會是怎樣的。我父親深知生存之道，也很有生意頭腦，加上我讀的是華頓商學院，所以我有最棒的理論跟實務面可供學習。」如管理學大師彼得·杜拉克所說，經營一個龐大的企業，跟領導一個超級大國，兩者有相通之處。

在美國國內政治方面，歐巴馬推定極端的政治正確的意識形態，將美國變成了半個專制國家，川普將這一可怕的趨勢撥亂反正。美國保守派評論員卡爾森指出，幾十年來，美國的社會凝聚力一直在被侵蝕。許多人意識到了，這使他們緊張，確實也應該讓他們緊張。對這些人來講，投票給川普就像是買了防範社會混亂的保險。川普吸引選民的核心點就是，當社會眞開始混亂時，他會保護你。如果川普當選，就意味著你可以把你眞正相信的講出來，美國價值的基本承諾可以得到重建，你可以有尊嚴地生活。在川普的領導下，你不會被迫把言論變成你原本討厭的正統說法。你可以大聲宣講，所有生命都是寶貴的，確實所有生命都是寶貴的，因爲上帝創造了所有的人。如果你連這個都不能講，住在美國還有什麼意義？川普不是知識分子，也不是理論家，但很明顯，他的感受很強烈。他的直覺是支持秩序、傳統和穩定的，現在仍然如此。

在經濟政策及國際貿易領域，川普執政以來，美國宣布退出多個傷害美國經濟的「偽自由貿易協定」（如北美貿易協定）並簽署新的更加公平的貿易協定（如美墨加貿易協定），實行大規模減稅計畫，將製造業吸引回美國，創造大量新的工作機會，廢除破壞自由市場經濟的歐巴馬醫保的核心部分，啓動移民政策改革，跟中國展開史詩級的貿易戰，一刀剪開一團亂麻，用最簡單的方式解決最複雜的難題。清崎如此評價說：

> 川普喜歡用簡單的方法做事情。雖然他做的事情可能很複雜，但他知道如何將事情逐一分解。想蓋摩天大樓，就要從藍圖和地基開始著手。我知道，做事要花時間也要有耐心。

川普將若干商戰的原則用在跟中國打貿易戰上。他知道中國的痛處，僅僅發出兩條對中國出口到美國的產品加徵關稅的推特，就讓中國丟盔卸甲。中國官媒遮遮掩掩，並未直接報導其推文的內容，但股市不會說謊，A股暴跌，中國股民莫名其妙地就眼睜睜看著市值蒸發數萬億。川普也善於巧施手段、一擊必中。他深知，美國有中國必須要的東西（比如芯片），而中國沒有美國必須要的東西（中國出口到美國的大部分都是低端的勞動密集型產品，美國可以迅速找到其他國家的生產商作爲替代），他手上有一副好牌。他對中國的中興和華爲兩大公司雷霆般的打擊，中國毫無還手之力——習近平呼籲要「自力更生」，但時不我待、命懸一線的時刻，最終還是不得不低頭請求川普手下留情，乖乖接受川普開出的條件。

實現「美國夢」，要靠你自己，而不是靠政府

川普在《川普、清崎讓你賺大錢》書中指出，大多數人指望選出的政府官員正視貧窮，以及中產階級面臨的問題，這是錯誤的想法。他對讀者說，不能指望政客和政府官員提供解決方案，也不認爲這些人能給民眾保障、讓民眾擁有富裕健康的生活，如同雷根所說：「切記，政府的每一種服務、政府提供的每一項財政保障，都是以個人自由的喪失爲代價的，在未來的日子裏，每當有聲音告訴你讓政府做一件事，都要仔細分析一下，看看所建議的服務是否值得你爲換取這樣的服務而放棄個人自由。」

川普、清崎認爲，你應當讓自己變成有錢人，一起幫忙解決美國和世界面臨的問題。他們在書中將投資盈利的秘訣娓娓道來，他們的建議是：做投資者，而不是儲

蓄者。爲了贏而投資，而不是爲了保本而投資。如果每個美國人都努力讓自己致富，美國自然就能成爲世界上最富強的國家。如果每個美國人都淪爲需要政府幫忙、依賴福利存活的人，美國自然就變得衰弱不堪。川普的這本書是美國版的「國富論」——「國富」的前提是「人富」。川普本人就是「美國夢」的典型代表，「美國夢」是靠個人奮鬥而不是靠政府的幫助實現的。

川普提倡的成功學，跟中國的「厚黑學」截然不同，他所提供的都是積極正向的思考和行爲模式。在美國，成功的秘訣之一是發揮「擴張性、創造性的思考」。川普舉例加以說明：川普在加州擁有一個有宴會廳的高爾夫俱樂部。宴會廳可以俯瞰太平洋美景，可以舉辦很多活動，但只能容納三百人。管理團隊認爲，應當擴建大樓。他們擬好擴建計劃交給川普，該計劃需要數百萬美金和許多時間。川普跟團隊開會討論此方案，他們一起站起來巡視宴會廳。川普發現有位女士很難從椅子上起身，因爲椅子太大了，宴會廳裏都是過大的椅子。他馬上想到，不需要擴建大樓，也不必因爲施工而歇業，宴會廳需要新椅子，體積更小的椅子，換椅子就可以了。這個構想省下數百萬美元，還能賺錢。他們將舊椅子賣掉，扣掉購買新椅子的錢，還綽綽有餘。如今宴會廳的座位超過四百五十個，空間更舒適，舉辦大型活動的次數增加，營業收入大幅提升。川普靈機一動，把原本可能花掉數百萬美元的事，轉變爲獲利。若將這種思路用在治國上，則是國民之幸。

致勝的另一個要素是，一種贏的態度。川普強調說：「把自己看成勝利者。正面思考會奏效，也具備許多力量。不管你天性安靜或喜歡社交，想獲勝就需要正面思考的力量。力量就是優勢，而且正面思考可以讓你安度難關。」川普本人曾深陷負債困境，但他謹記父親的訓示，不屈不撓，拒絕被難關打倒。他拒絕負面思考，把注意力集中在問題上，確信自己會度過難關，東山再起且變得更成功。他說：「我的現實生活跟我的夢想有關，跟數字無關。」到最後，他贏了。

川普的人生格言是「永不放棄」。他的父親曾告訴他一個故事：有一個傢伙很喜歡汽水，他決定經營汽水生意，推出三喜汽水，結果失敗了。他又東山再起，推出四喜汽水，也失敗了。他決定再試一次，這次他推出五喜汽水，盡一切努力想讓產品成功，這次他又失敗了。他知道自己還是很喜歡汽水，推出六喜汽水再試一次，又失敗了，於是他徹底放棄了。幾年後，有人推出名爲七喜汽水的產品，結果在市場上大受歡迎。川普年輕時不了解父親爲什麼一再地跟孩子們說這個故事。後來，他明白父親是要告訴孩子們，絕不要放棄。川普從沒忘記這個故事，也從未放棄過，他就是靠永不放棄的精神在一場別人看來幾乎不能勝利的總統大選中披荊斬棘，直到入主白宮。

紐約是什麼地方？曼哈頓是什麼地方？若能在弱肉強食的紐約和曼哈頓取得成功，就能在世界上任何地方成功。川普說，在這個充滿陷阱和深淵的地方，「不能讓別人嗅到鮮血的味道，否則你就死定了。」他的這個說法一點都不誇張：在紐約的商場，面對的是一群世界上最冷酷、最貪婪的人，「我恰巧就喜歡和這些人鬥，喜歡打敗他們。」他有賭徒的心態，但他一生從未賭博過。正如許多獲得極大成功的企業家一樣，川普是工作狂，注意力高度集中，精力過人，鍥而不捨，吹毛求疵，看問題往往是片面的，有時甚至是偏執而瘋狂的。但川普認爲，只有偏執狂才能取得成功。

爲什麼川普喜歡印度，不喜歡中國？

川普的外交政策，在本書中初見端倪。川普早自上個世紀末即發現，歐洲已無可挽回地走向衰微，亞洲正在勃然興起。無論在經濟上還是在政治上，如果美國忽略亞洲崛起的趨勢，將會在未來的競爭中遭受損失。

對於傳統對手俄羅斯和伊斯蘭世界，川普有一番通盤考量。他認爲，俄羅斯的經濟完全依賴能源出口，俄羅斯在科技和人力資源方面都缺乏競爭力，在未來相當長一段時間內，俄羅斯不可能像昔日的蘇聯那樣挑戰美國和西方。川普絕非左派媒體所汙衊的那樣，是「親俄派」，與其說他是「親俄派」（親近之親），不如說他是「輕俄派」（輕視之輕）。伊斯蘭世界表面上看咄咄逼人，但原教旨主義者用恐怖主義挑戰西方不可能獲勝，伊斯蘭世界與俄羅斯一樣，缺乏內在的經濟、政治和文化的活力。

川普進而發現，未來有可能與美國形成競爭關係的是兩個亞洲大國：中國和印度。關於中國，他在本書中只有簡短幾句泛泛之論：「中國的星巴克已超過美國，上海的摩天大樓已超過紐約。美國媒體對中國的報導比歐洲少。中國勢力龐大，人口眾多。必須研究中國。」川普對中國的認識是慢慢增加的，是基於兩國貿易中對美國的傷害這一角度展開。在二〇一六年的總統競選中，川普對中美的貿易不對等關係大加抨擊，痛批中國正在用商業手段「扼殺美國」，指責中國偷走美國的就業機會，並表示自己是很強的談判者，會在跟北京當局會談時「擊敗他」。

對於印度，川普則給予積極和樂觀的評價。川普指出：「印度是最大、最古老的文明，印度從未侵略任何國家，最大的民主政體，不靠暴力獲得獨立。梵文是歐洲語言的根源。英國入侵印度之前，印度是全世界最富裕的國家。印度人發明了數字系統，代數和三角微積分、圓周率，印度還是最大的英語系國家。」印度的崛起，與美國有競爭性，但川普把印度看作值得信賴的盟友。

川普對中國和印度的看法爲何有如此重大的差異呢？

印度是英語國家，是民主國家，也被視爲西方國家的一員。在地理意義上，印度是亞洲國家；在經濟和政治的層面上，印度已屬於英美體系。川普指出：「美國有百分之三十八的醫生，百分之十二的科學家擁有印度血統。印度人強調教育，許多美國大企業和全球企業，都有印度人經營管理。對我們對未來及身爲關注全球發展的公民而言，印度具有相當程度的重要性。我們必須花時間瞭解這個既迷人又生機勃勃的國家。」在過去一個多世紀裏，印度爲世界提供了諸多卓越的人物和文化思想：泰戈爾、甘地、阿馬蒂亞·森、奈保爾，這張名單可以一直開下去。

川普政府將印度提升到美國核心盟友的地位。二〇一九年九月，印度總理莫迪訪美，以「你好，莫迪」爲名的休斯頓集會，場面空前盛大，莫迪牽著川普的手滿場飛，現場五萬印度裔美國人歡聲雷動。二〇二〇年二月，川普訪問印度並在演講中盛讚印度說：「印度給全人類帶來了希望。在短短七十年的時間裏，印度已成爲一個經濟巨人、一個有史以來（人口基數）最大的民主國家，以及世界上最令人驚嘆的國家之一。」

川普強調，在這個世界上，有通過強制手段尋求崛起的國家，也有通過民主方式崛起的國家，這就是兩種崛起的本質不同。「通過脅迫、恐嚇和侵略來尋求實力的國家（暗諷中國），與通過讓人民自由追求夢想而崛起的國家也就是印度，是完全不同的，印度的崛起更加鼓舞人心，因爲你們是做爲一個民主國家做到的。」

川普高度評價美國與印度的雙邊關係，這是建立在共同價值觀之上的盟友關係，此前的美國領導人一般在談論美國和英國的關係時才會使用這樣熱情洋溢的語言：

是你們對自由社會力量的信念，對自己人民的信心，對自己公民的信任，以及對每個人的尊重，才使得美國和印度之間存在一個自然、美麗和持有的友誼。儘管我們兩國之間有許多差異，但她們都由基本眞理來定義和推動：我們所有人都蒙上帝賜福，每個人都擁有神聖的靈魂。

川普表示：「在美國和印度，我們知道，我們都是爲了尋求一個更高的目標：發揮我們最大的潛力，努力追求卓越和完美，並將一切榮耀歸於上帝。在這種精神的推動下，印度人和美國人一直在努力變得更強大，我們的人民一直在尋求變得更好。我們的國家已成爲文化、商業和文明的繁榮中心，爲全世界提供了光明和活力。」

關於中國與印度的競爭，即「龍象之爭」，不同立場和背景的人有不同的答案。川普的答案是：龍敗象勝，而鷹與龍是敵人，鷹與象是朋友。當川普的思路成爲美國的外交政策（即「印太戰略」）之後，必將對印太地區的既有格局帶來重大改變與衝擊。

5 川普讓美國偉大，也讓自己偉大

——《你錄取了：美國傳奇大亨的五十個致勝思維》

我喜歡長遠思考，我一直想得很長遠。對我來說這是很簡單的事：如果無論如何你都必須思考，最好想得長遠些。大多數人想得太狹隘，因爲大多數人都害怕成功，害怕做決策，害怕當贏家。這讓某些人取得很大的優勢，例如我。

——川普

川普與歐巴馬：讀不同的書，成爲不同的人

就作家的身分而言，川普比歐巴馬強一百倍。歐巴馬在成爲總統之前，是籍籍無名之輩，其著作不會有太多讀者；而川普在成爲總統之前，就已是全美明星級的人

物和超級暢銷書作家，其多本著作擁有數百萬發行量，雄踞各大排行榜榜首。川普不僅是成功的房地產商人，而且是電視脫口秀明星，在其主持的收視率極高的電視節目《誰是接班人》中，他以一句「You're fired！」（你被解僱了！）聲名鵲起。但實際上，川普在公司裏對待人和藹寬厚，很少開除員工。川普也信賴團隊，尤其多年來為他提供金融及法律諮詢的顧問們，如川普所說：「我的一生中，我發現自己很擅長兩件事：克服障礙及激勵人才，讓他們發揮才能。」川普的成功學著作「像冠軍一樣思考」（Think Like a Champion），在臺灣出版的中文版名為《你錄取了——美國傳奇大亨的五十個致勝思維》，這個中文譯名倒是跟他在電視節目中的名言相映成趣。

讀什麼書，成為什麼人。就閱讀書單看來，川普跟歐巴馬完全是兩個世界的人。早在二〇一五年還在任內時，歐巴馬就在年底公布其年度書單，他在推特和臉書帳號推薦喜歡的書籍，並聲稱「對我而言這已經成了一個有趣的小傳統。」歐巴馬所列的二〇一九年閱讀的十九本書，一言以蔽之，大都帶有強烈的左派文青風格，沒有一本是尊重和支持美國傳統價值、帶有愛國主義色彩的著作，大都華而不實、假裝深沉。

比如，有關於當代科技與經濟的：祖波夫《監控資本主義》、歐德爾《如何無所事事：抗拒注意力經濟》。在社會科學與人文思潮方面則集中於女性主義和種族問題的著作——歐巴馬任內刻意挑動性別和種族的身分政治，以此破壞美國公民對美國的認同。純文學著作有號稱「千禧世代小說第一人」愛爾蘭小說家薩莉魯尼的作品《正常人》等。歷史方面包括達勒普爾《安那其：東印度公司的無情崛起》——顯然是批判資本主義的左派史觀。

川普在二〇一九年底開出的書單，主題集中於保守主義觀念秩序、美式愛國主義、基督教信仰以及大量揭露民主黨和左派如何破壞民主、製造假新聞、操縱選舉、試圖將美國帶往社會主義方向等惡劣行徑的著作。這些書籍正是反擊目前的「黑人命也是命」運動的思想武器：

——**《勾結球：選舉舞弊和摧毀總統職位的陰謀》**，作者Andrew C. McCarthy。作者宣稱根據大量證據：「歐巴馬是對川普競選團隊進行間諜式監控的真正幕後黑手。」

——**《反社會主義的主張》**，作者Rand Paul。主要內容是對美國民主黨三位主要總統參選人個人擁有龐大財富卻在選戰中宣揚社會主義的批判。

——**《國族主義的主張：它讓我們變得強大、團結、自由》**，作者Rich Lowry。

—《支持川普的主張》，作者Victor Davis Hanson。

—《選擇不凡人生：上帝成功出人頭地的七個秘密》，作者Robert Jeffress。

—《深層政府目標：我如何陷入推翻川普總統的陰謀中》，作者是知名右派政論家，曾任川普大選時的外交政策顧問。

—《無罪宣告：「華府沼澤」意圖拉下川普總統的失敗圖謀》，作者Dan Bongino。

—《權力遊戲：希拉蕊選戰失敗內幕與川普的勝選策略》，作者Doug Wead。

—《越努力，越好運》，作者Joe Ricketts。

—《川普白宮內幕：總統的眞實故事》，作者Doug Wead。

—《正義的考驗：卡瓦諾大法案人命與最高法院的未來》，作者Mollie Hemingway and Carrie Severino。

—《我們失落的宣言：美國與獨裁政治的對抗，從喬治國王到深層政府》，作者Mike Lee。

—《帕洛瑪想當自由女神》，作者Rachel Campos-Duffy。一本關於少女參觀華府了解美國爲何偉大的童書。作者是福斯電視臺政論家。

——《反對總統的陰謀：國會議員努涅斯揭發美國史上最大醜聞的眞實故事》，作者Lee Smith。

——《奪權：自由派破壞川普、共和黨、和共和體制的計謀》，作者Jason Chaffetz。

——《激進份子、反抗、與報復：左派改造美國的陰謀》，作者Jeanine Pirro。

——《眞實交易：我和川普並肩作戰、贏得勝利的十年》，作者George A. Sorial 和Damian Bates。

——《重建佩克軍士：經歷阿富汗之後，我如何重拾我的靈與肉》，作者John Peck, Dava Guerin和Terry Bivens。

——《抗拒（不計一切代價）：反川普人士如何撕裂美國》，作者 Kimberley Strassel。

——《神聖任務：士兵的阿靈頓公墓之旅》，作者Tom Cotton。

——《贏個不停：爲何美國全力支持川普——還有，爲何我們應該再來一次》，作者Charles Hurt。

——《理所當然：保守主義如何贏回因自由主義受害的美國人》，作者Gianno Caldwell。

——《觸動扳機：左派如何靠仇恨壯大，想讓我們噤聲》，作者Donald Trump Jr.，川普的長公子，川普可謂舉賢不避親。

——《新聞不自由》，作者Mark R. Levin。

——《眞正發生的事：川普如何從希拉蕊手中拯救了美國》，作者Howie Carr。

——《我們爲何而戰：打敗美國的敵人——不留情面》，作者Sebastian Gorka。

——《獵巫：美國政治史的最大集體妄想故事》，作者Gregg Jarrett。

——《請恕我直言：用勇氣和優雅捍衛美國》，作者Nikki R. Haley，曾任美國駐聯合國代表。

中國沒有基本的出版自由，這些書籍當然不可能在中國翻譯出版。然而，在有出版自由的臺灣，卻因爲文化界和出版界普遍左傾，翻譯出版了大量對歐巴馬、希拉蕊等左派歌功頌德以及對川普攻擊抹黑的書；以上川普喜愛的具有保守主義觀念的著作，幾乎沒有一本被翻譯出版。在我看來，即便左派爲王，但臺灣出版界倘若完全忽視美國右派的思想和著述，至少在知識結構和觀念秩序的意義上殘缺不全，這對臺灣自身未來發展及國家安全亦相當不利。

永遠不要當二手的人

白俄羅斯作家阿列克謝耶維奇寫過一本名為《二手時間》的訪談錄，她發現蘇聯解體之後，仍然有很多在蘇聯時代生活得並不好的小人物懷念蘇聯時代，他們被蘇維埃模板化了，「它使視力惡化，瞳孔變窄，使世界失去色彩。那裏只有黑與白，從那裏分辨不出人形，只能看到一個黑點，一個目標」。她感嘆說：「怎麼能如此生活？許多人把眞相視爲敵人，也把自由視爲敵人。」生活在二手的時間中的人就是二手的人。中國媒體人劉維尼如此描述今天中國人生活狀態：「從眼神，就可以分辨得出專制國家的民眾——精神上被征服過，一個隱形的等級意識的籠子植入在心裏。因爲沒有機會，他們沒有參與評論公眾事務的能力，只能說一些沒有觀點的廢話，在社群媒體上貼些吆吆喝喝的廢文，在成長中積澱的文化和修養渠道狹窄，格局單一眼界輕淺。各種思想的束縛，使得他們不得不如履薄冰，欲言又止，用代名詞和符號形容威權，在不許說話的大國崛起中，整個社會的語言體系都變得謹小愼微，刻板乏味，自由和審美的長期缺失，更會導致草率粗鄙，缺乏是非價值的羞恥心病變讓個人的粗鄙和公權力的粗鄙愈發如影隨形。」

川普或許沒有讀過《二手時間》，但他反覆告誡讀者：永遠不要當二手的人。當自己最好的朋友、讓自己變得偉大，是川普的精神源泉，也是美國的精神源泉。在川普的這本書中，他提出五十條商戰和生活中致勝的秘訣，有三分之一跟如何建立自信有關，比如：讓別人知道你的成就、給自己全新的機會、懂得爲自己的信念奮戰、成就更好的自己、大膽行銷自己、運用自己的直覺力、你就是品牌等。這些生活理念與遵奉集體主義、深藏不露、壓抑謙卑的華人文化和儒家文化如此格格不入，以至於華人世界無法理解川普，從而排斥和敵視川普。

川普在書中舉了一個有趣的例子：他有個朋友，非常成功也很有錢，是所謂的億萬富豪。可是有一天，他打電話給川普，希望川普替他在尙喬治餐廳訂位。川普不禁自問，「如果連他在紐約市的餐廳訂個位子都有困難的話，那他的成就究竟有何意義呢？」後來才知道，那位朋友之所以連個位子都訂不到，是因爲沒有人聽過他的名號。他是個很害羞的人，總是不好意思報上自己的名字。結果，他得打電話給別人尋求協助。

由此，川普主張「主動出擊，大膽行銷自己」——「這讓我想到『自吹自擂』理論，我對它深信不疑，這個例子正可充分說明我爲何如此相信這個理論。名字，可以具有非常大的力量，它所能夠開啓的機會，其他東西難以比擬。出名的好處之一，是讓自己可以輕易地在餐廳訂到位子。而我那個超級富有的朋友，卻沒讓自己得到半點好處！」

川普認爲，保有自我、認清自我是一個正確的選擇。「自我」不僅是人們意識的中心，也會讓人擁有目標。沒有自我意識的人，生活的動力很小，而自我意識太強的人，又容易培養出專斷的性格。因此，和人世間的萬事萬物一樣，求得平衡最重要。你的自我意識，可以讓你維持向前邁進的動力——讓你充滿活力，且具高產值，可以讓你專注在工作上。

川普進而強調說，「當自己最要好的朋友」非常重要，如同馬克吐溫所言，要能自在地讚賞自己。人們常常會對你的成就輕描淡寫，也會看輕你的企圖心。如果你能堅定地看重自己，那麼，別人的冷言冷語就不會困擾你。想想看，如果你不替自己說好話，誰會替你說好話呢？不要怕，只要做了任何值得誇耀的事，就要大方地讚賞自己。

當然，成爲一個受人尊重的人、建構一個讓人信賴的品牌，僅有誇誇其談是不夠的。川普是工作狂，將公司治理得井井有條，將公司的產品打造得無以倫比。當他在建造高爾夫球場時，表現出對樹木強烈的好奇心，令人們印象深刻。他費力地找到對某種特定樹種知之甚詳的專家，而且花了很多時間自己研究。有一個助理說，他記得川普把三個浴室用的水槽放在辦公室的沙發上好幾個月，然後問每個進到辦公室的人，他們最喜歡哪一個。對川普而言，這種專注力、這種對細節的精益求精，是達成全面卓越的必要條件。他說：「你必須親自了解細節！二手資訊永遠都是間接的。不要當個二手的人，要自己找出根源。那是通往偉大品牌和良好信譽的起點。任何細節都很重要，無論是一棵樹還是一個水龍頭。」

當川普自己成了一個高價值的品牌，冠以川普之名的房地產項目也水漲船高，川普蓋的一些大樓在蓋好之前就賣光了。爲什麼呢？因爲大家認同川普這個品牌，知道自己可以得到最棒的產品。他們不會有任何的風險。川普說：「這是用品質和正直打造事業的好處。不必費心，產品會把自己銷售出去。」川普正是靠著這些秘訣，在總統大選中一路凱旋、入住白宮，進而引導美國轉危爲安。

從歷史中尋求經驗和智慧

歷史學家喬治·桑塔雅納說過，那些無視歷史的人註定要重蹈覆轍。在川普閱讀的書籍中，歷史類占據了很大的分量，而且大部分是保守主義立場的美國史。川普的致勝秘訣中包括「用經驗與知識獲取智慧」、「多涉獵不同領域的知識」、「歷史是最好的老師」等。

川普知道遇到難題時應當從歷史中尋求答案。他說：「我是那種不需要太多睡眠的人，每晚只睡三或四個小時，所以我可能比別人更有優勢。我用這些多出來的時間閱讀，瞭解世界事件，並閱讀歷史。」他特別強調研究歷史對公司策略乃至國家政策的制定者的重要性：「我們可以向歷史學習，向組成目前世界史的文明與帝國學習。以歷史為指南，不再重覆同樣的錯誤。記得鄂圖曼帝國嗎？記得這個帝國統治多久嗎？這個帝國如何消失？為什麼消失？」此類著作讓川普時刻處於危機感之下。

有記者問川普：「你最景仰的歷史人物是誰？為什麼？」川普回答說：「林肯是其一，他在我國史上最艱困的時期擔任總統，也是自學成功的代表，在擔任總統之前，經歷過多年的磨難逆境。另外一位是邱吉爾，他在世界史上一個重要時刻——二次世界大戰時擔任領袖。他是一位卓越的演說家，透過演講鼓舞了幾千位人民，同時也因其具有時代性的寫作而獲得諾貝爾文學獎。」

這正是川普與敵視美國歷史、美國傳統價值的左派之間根本性的分歧。「黑人命也是命」運動中的激進分子搗毀諸多歷史人物的塑像，甚至試圖推倒白宮對面的傑克森總統塑像、破壞林肯紀念堂中的林肯塑像（英國的左派也污染了邱吉爾的塑像）。左派的華盛頓黑人女市長命令對左派的暴行警察不加干預，川普對此給予強力回擊，直接調動國民警衛隊驅散暴徒並逮捕數十名爲首者，宣布將依法給予嚴懲——十年刑期，終於遏制了此一狂潮。

作家廖亦武說過，我們與邪惡力量（共產黨及形形色色的左派力量）的區別，首先就是審美上的天壤之別。只要對照一下川普的支持者和拜登的支持者（與「黑人命也是命」運動的支持者在很大程度上重合）的外表就一清二楚了：川普的支持者多半陽光、健康、自信、熱情，他們信仰篤定、熱愛美國、珍惜歷史、呵護家庭，他們是個人主義者，努力工作、以勞動爲天職、對自己負責。而拜登的支持者和「黑人命也是命」運動的支持者，多半虛僞、卑劣、暴戾、狂熱，懶惰、放蕩，蔑視乃至敵視婚姻、家庭、國家和基督信仰。

「黑人命也是命」運動不僅要推倒他們不喜歡的歷史人物的塑像（他們部分成功了），更要推翻美國的歷史和美國的建國基石。川普不僅要保護已有的塑像，還簽署行政命令興建美國英雄公園，他深知沒有歷史就沒有未來。正如美國保守派評論家卡爾森所說，如果你不花心思去解釋爲什麼某些思潮不好，如果你不努力捍衛自己的世界觀，那你就輸定了。壞思潮一旦傳開，很快就會轉成常規性的認知，然後你就完了。一旦形勢開始發生變化，變化速度往往會比我們預期得更快：

所有這些都意味著，現在正是起來捍衛我們迫切需要保留的核心體系的最關鍵時機。這些核心體系包括核心家庭、言論自由、小型獨立企業，依法享有無膚色分別的絕對平等，崇高的非暴力抗議的傳統。這些使我們爲能成爲美國人而感到自豪。這些使美國成爲值得居住的地方。我們需要用我們擁有的一切來捍衛這些東西，我們所有人都必須捍衛它，包括川普總統。那就是他再次當選的希望所在。這是我們對一個國家的唯一希望。川普是談判專家，也是靠直覺做出決策的戰略家。

研究白宮政治的歷史學家道格·韋德在《川普的白宮：他的總統生涯的眞實故

事》一書中透露了一個有趣的細節：川普當選之後，與歐巴馬首次會晤，他問還在總統任上的歐巴馬說，自己上任後可能面臨的最大的問題是什麼？歐巴馬回答說：「朝鮮。」

歐巴馬私下告訴川普：「你在白宮期間將與朝鮮開戰。」川普問：「那麼，總統先生，你給他打過電話嗎？」這裏的「他」指的是朝鮮領導人金正恩。歐巴馬回答說：「沒有，他是個獨裁者。」

然而，川普相信，「一個商人能夠挑戰不可能的事情。你先去做最困難的事情，然後再去做下一個最困難的事情。」川普記住了歐巴馬的話，並迅速採取相反的作法，消除了核戰爭的威脅。韋德說：「這是川普的直覺：你對某人有意見？那你就給他打電話。這就是他對待金正恩的方式。」

當川普就任總統時，美國與金正恩政權的關係已經到了破裂的臨界點。朝鮮政權誇口說，其裝有核彈頭的洲際彈道導彈可打擊美國本土，川普政府也威脅要對其發動軍事打擊。川普後來告訴韋德說，當時與朝鮮的戰爭已經「令人難以置信地接近爆發」。

但是，短短兩年以後，川普成爲首位與朝鮮領導人會面的在任美國總統，金正恩也首次越過邊境進入韓國，與文在寅總統舉行南北峰會。兩人承諾正式結束朝鮮戰爭——朝鮮戰爭在一九五三年以停戰協定結束，南北韓並未簽訂《和平條約》。

川普政府還成功促使平壤釋放了三名美國囚犯，以及交還了許多在朝鮮戰爭中失蹤的美國士兵的遺體。朝核問題雖未徹底解決，但北韓不再是讓美國這頭大象深感痛苦的虱子。即便到了二〇二〇年初夏，北韓又採取強硬態度，金正恩讓其妹妹出面張牙舞爪作動武狀，但川普政府寸步不讓甚至不予理會，金正恩只好自己親自出面表示，不會用戰爭手段解決分歧。

川普與安提法組織（所謂反法西斯組織）的對抗也是如此，川普第一時間宣布這是一個恐怖主義組織——如卡爾森所說：這些暴徒的眞實稱號是國家恐怖分子。他們不是抗議者，不是民權活動家，不是有線電視新聞網CNN所報導的正義之士，他們是國家恐怖分子。國家恐怖分子應是政府給與他們的新名稱。要指控他們所犯下的罪行，並以他們眞實身分稱呼他們。

川普說，摔跤是一種生活方式，他不怕強大的對手，不怕面對嚴峻的挑戰。曾經與川普合作多本暢銷書的日本裔商人和教育家清崎在爲此書所寫的序言中指出：「大部分的人應該都認識一些三面人——這些人想一套、說一套、做的又是另外一套。我觀察過這種三面人，他們的成就有限，始終過著矛盾的人生。然而，在和川普共事的時候，我觀察了他的思考方式、傾聽他的話語，以及檢視他的行動，在大部分情況下，其思想、話語和行動是一致的——或許這正是他顯得直率的原因。他之所以直率，就是因爲他的思想、話語和行動之間沒有差別。」在左派牢牢掌控媒體和教育機構的逆境中，川普迅速扭轉了局面，讓美國偉大，也讓自己偉大。

6 美國的第一關鍵詞是「秩序」

──《美國秩序的根基》

「秩序」一詞意味著一種系統的和諧機制──不管是指向個人品格還是共同體。而且「秩序」的內涵也包括在共同體中履行特定的義務和享有特定的權利，因此才有了「公民社會秩序」的說法。

──拉塞爾·柯克

「高格調的秩序」是自由和正義的藏身之處

美國的第一關鍵詞是什麼？或者換一種提問方式，一提起美國，你首先想起的是哪一個政治和社會概念？有人說是民主，美國是世界上最強大的民主國家，托克維爾當年寫過一本名為《民主在美國》的著述，似乎唯有美國配得上民主這個崇高的字眼，民主若在其他任何國家都不會像在美國這樣開花結果、樹大根深。也有人說是自由，自從獨立時期派屈克·亨利喊出「不自由，毋寧死」的口號，「自由」就成了美國的靈魂，縱觀美國歷史上的國會辯論、總統演說、法院判例、外交宣言、各種社會運動和改革的主張、乃至反政府的民兵組織的網頁，「自由」一詞無處不在。美國政治學家埃里克·方納在《美國自由的故事》一書中，從政治自由、公民自由、選擇自由和經濟自由四個方面定義了自由之於美國的重要性。

但是，在被譽為「美國保守主義之父」的政治哲學家拉塞爾·柯克看來，比民主和自由更重要的、美國的第一關鍵詞乃是「秩序」。他認為，秩序是靈魂的第一需要。除非我們認可某些約束自身的秩序原則，否則便不可能愛我們當愛之物。秩序是共同體的第一需要。除非我們認可藉以實現正義的某些秩序原則，否則便不可能與他人和諧相處。靈魂的「內在秩序」和社會的「外在秩序」是緊密相連的，柯克警告說：

如果美國人缺乏很好的個人道德秩序，法治便不可能在美國占主導地位。如果缺乏之有序的政治模式，美國人的個人品德便會墮落到毀滅性的自我中心之中。

柯克似乎預見到下一個世紀各種試圖顛覆美國秩序的左派意識形態會沉渣泛起——在面對來勢洶洶、燒殺搶掠的「黑人命也是命」運動，川普總統毫不畏懼地宣稱，美國是法律與秩序之國，法律與秩序不容踐踏。

柯克引用法國思想家西蒙娜·薇依的名言「秩序是人類的第一需要」，進而提出「高格調的秩序」的概念。秩序有很多種，獨裁者和獨裁政權也喜歡使用秩序這個美好的詞語來包裝自己。比如，一九八八年九月十八日，緬甸一群軍頭成立軍政權，就取名爲「國家恢復法律和秩序委員會」。而柯克所說的「高格調的秩序」，則是自由和正義的藏身之處，宣告著人的尊嚴，它認同切斯特頓所謂的「過來人的民主」——即它既認可先人的判斷，也看重同時代人的意見。這種高格調的秩序所仰賴的基礎是人類幾千年的實踐經驗以及那些富於遠見和才智的前輩的判斷力，用聖經中的話來說就是「凡事總要規規矩矩照著次序行」。

人類社會最可怕的狀態不是極權主義而是無政府狀態。柯克談及一位從俄羅斯流亡到美國的學者向他講述的布爾什維克革命，那位流亡者通過那些恐怖事件逐步認識到「秩序必然先於正義和自由」。布爾什維克奪權後，此人逃到黑海邊上的奧德薩。當時，這座城市正處於無政府狀態。由年輕人組成的匪幫挾持了市內有軌電車，在市中心肆無忌憚地向行人開槍，就像獵殺鴿子一樣。居民的公寓隨時會被某一罪犯或瘋子入侵，他們僅僅爲了一片麵包而殺人。在這種無政府狀態中，正義與自由只是美麗的辭彙。這位俄國流亡者痛定思痛地說：「我當時得到的教訓是，在我們享有正義和自由之前，我們必須要有秩序。我儘管非常痛恨獨裁者，那時卻認爲極權政治再可怕，也比無序好。很多人可能會在極權制度中活下來，卻無人能在普遍的無序中倖存。」

誰會想到同樣的場景會在美國發生呢？二〇二〇年六月八日晚間，大批無政府主義者打著「黑人命貴」的旗號，占領了西雅圖國會山區的警察局，並宣布成立「國會山自治區」。在後來的三週裏，此「自治區」內，犯罪案件激增，當地企業和商店遭遇打砸搶，釀出多起命案，甚至有十六歲的少年中槍身亡。原本放任甚至稱讚示威者的民主黨籍市長杜肯被迫宣布示威者的「自治區」行動屬「非法集會」，警方可依法清場。西雅圖警察局長貝斯特指出：「那裏發生了多起案件，襲擊、強姦、搶劫和槍擊，這必須改變。我們要求示威者離開這一地區。」七月一日凌晨，僅用不到三十分鐘，無政府主義者們占領的警察局和附近幾個街區，就恢復了法律和秩序，至少三十一名抵制清場的示威者被警方逮捕。

今日美國確實面臨著失去秩序的危險。此時此刻，美國人應當好好讀一讀柯克的名著《美國秩序的根基》。

基督教超越政治體系，卻形塑政治體系

柯克認爲，美國秩序的根基無疑是基督教，這顯然是「冒犯」左派的「政治不正確」的說法。「黑人命也是命」運動不僅推倒諸多歷史人物的塑像——從哥倫布到李將軍（羅伯特·愛德華·李），甚至解放黑奴的林肯，還要推倒耶穌像——因爲耶穌是白人，以及焚燒聖經——因爲他們認爲聖經歧視黑人和支持奴隸制。他們的作法跟中國共產黨如出一轍，兩者分享的是同樣邪惡的意識形態。柯克寫作《美國秩序的根基》就是爲了迎接這場屬靈的戰鬥，他堅信，「那些忽視秩序根基的人急需澆灌這些根基——尤其是在他們有了在無序的乾枯荒原遊蕩的經歷之後。」

對根基的認識決定美國和世界處於何種秩序之中。第一種秩序是伊斯蘭教的秩序，是由《可蘭經》規定的秩序；第二種秩序是中國式儒家天下帝國與馬列主義毛澤東思想結合的怪胎，是習近平講述的「中國故事」；第三種秩序是美國所堅守的清教

徒觀念秩序——它已被左派從內部加以腐蝕，如果不倍加呵護，它有可能被顛覆，而它的存亡決定著美國和人類的命運。

柯克從三個層面討論基督教或上帝是建構美國的那雙「看不見的手」。第一個層面是原初的基督教，主要是羅馬帝國時代的基督教，當時基督教與羅馬帝國的關係猶如今天基督教與美利堅合眾國的關係。第二個層面是宗教改革之後的新教，新教塑造了近代文明，尤其是清教徒改變了歐洲和英國的政治、經濟和文化的版圖，並乘坐五月花號及無數類似的船隻來到新大陸。第三個層面是美國的基督教，它具有鮮明的美國特色，即便是同一個教派，在新大陸也具備不同的特質，美國因宗教寬容而形成生機勃勃的宗教市場，宗教市場又打造出某種超越宗派的「公民宗教」。

在羅馬帝國時代，初代教會和基督教為帝國帶來一種全新的生活方式和價值觀。英國歷史學家吉朋雖然嚴厲批判成為帝國國教之後的教會以及中世紀的天主教會的腐敗和專橫，卻高度評價原創基督教的美德與信仰，他描述說：「他們過著嚴肅的遁世生活，習慣奉行廉正、淡泊、儉樸以及一切平凡的家庭美德。由於大部分教徒都從事某種手藝和行業，有責任行使誠實和公平的交易方式，消除世人對他們外表的聖潔所產生的懷疑，也由於世人對他們的鄙視，鍛鍊出謙虛、溫和以及忍耐的習性。他們愈是受到迫害，便愈是緊密的彼此團結在一起。他們之間相互關懷和毫無猜忌的信賴，使許多非基督徒都非常欽佩。」

柯克高度重視奧古斯丁在《上帝之城》中提出的政治哲學——除了聖經之外，它可以說是第二本影響美國最大的著述。柯克如此回答「我們該如何在這個世界上生活？」這個奧古斯丁式的問題：

我們堅韌忍耐，信靠上帝，並希望越過時間和死亡的限制抵達上帝之城。我們盡其可能地生活在共同體之中，與那些試圖依靠新的時代秩序自我治理的人聯合起來，努力幫助其他人抵禦試煉和誘惑。我們在此世的身分是朝聖者、客旅，明瞭眼下的疲憊和危險過後是永恆的歸宿。而且我們不會迷失在塵世生活之中：因爲上帝的護理掌管一切。我們彷彿被帶入一個角鬥場，爲眞理而戰鬥。

當然，聖經不是政治學著作，那些試圖從聖經中尋找對其喜好的政治模式表示肯定的證據的人往往會失望：基督教沒有劃定任何特定的政治體系。教會曾和王國、獨裁政權、貴族政體、寡頭政體、共和國、民主政體，甚至二十世紀的某些極權政體共存。但柯克敏銳地指出：「一旦基督教信仰爲某個民族普遍接受，那麼，任何政治安排都會受到基督教有關道德秩序的教義的影響。這一道德秩序會作用於政治秩序。基督教有關正義、仁愛、共同體和義務的觀念可能會在不急速改變政府架構的情況下轉化一個社會。個人的價値、上帝面前人人平等的觀念，以及對所有世俗權威的限制——這些都將塑造美利堅共和國的基督教信念。」美國是建立在聖經之上的國家，這一不容置疑的歷史事實決定了美國的政治走向。

柯克梳理了英美血脈，卻忽視了日內瓦和加爾文

柯克以四個城市及其象徵的觀念秩序來追溯美國秩序的源頭：耶路撒冷、雅典、羅馬和倫敦。其中，倫敦以及整個英國是其探討宗教改革運動的焦點。肇始於歐陸的宗教改革，傳播到英國之後發揚光大，不僅締造了大英帝國兩百年的強盛，而且英國本身也成爲歐洲與北美的中轉站，北美新大陸的早期移民中，爲數最多的群體就是講英文、信奉新教諸教派的盎格魯撒克遜人。

柯克在討論英國的宗教改革時，花開兩朵，各表一枝：英格蘭選擇了一條中間道路，產生了作爲英國國教的聖公會；蘇格蘭則在加爾文的學生約翰·諾克斯的領導下

展開了一場更徹底的「蘇格蘭宗教改革」，約翰·諾克斯與他的導師加爾文一樣，將其峻急嚴厲的性情賦予了蘇格蘭的這場宗教乃至政治、經濟、文化的全方位的社會革命。而蘇格蘭模式及蘇格蘭人的品格對美國秩序之根基的影響極爲顯著：早期的美國如同蘇格蘭長老會信徒那樣，具有獨立的判斷力，並很在意自己的權力。因信稱義的（即預定論）的教義常常讓他們成爲僅爲上帝、目標堅定之人，這些人很適合耕耘教化一片新土地。而蘇格蘭長老會的聖約觀念，也構成了美國人的《獨立宣言》和美國憲法的重要的背景性因素。

柯克對英美之間的精神和信仰聯繫娓娓道來，這種脈絡不僅是歷史性的，更是現實性的，正如邱吉爾在「鐵幕演講」中所說，如果英國和美國所有「道義和物質的力量與信念」在「兄弟般的合作中」聯手，「將不僅爲我們、爲我們的時代，而且也將爲所有人、爲未來的世紀帶來廣闊的前程，這是明確無疑的。」但是，柯克在論述宗教改革的精神背景時，忽視了日內瓦和加爾文的重要性。在奠定美國秩序的根基的四個城市之外，還應當增加一座城市——日內瓦；在用整整一節的篇幅描述諾克斯在蘇格蘭的奮鬥的同時，至少還應當用同樣的篇幅來描寫加爾文在日內瓦成就的大事——然後再論述加爾文的神學如何影響美國的憲制和政治哲學。

柯克在書裡集中論述加爾文的只有一兩頁篇幅，這是不夠的。他指出，馬丁·路德給改革運動注入活力，約翰·加爾文則將其體系化。他引述威爾的說法，如果說路德屬於擁有宗教直覺的偉人之列——保羅、奧古斯丁的系列——那麼加爾文就與教會的偉大博士和泰斗們同屬一體——特士良、阿奎那的系列。加爾文的《基督教要義》對新教的貢獻，相當於阿奎那的《神學大全》對天主教的貢獻。但柯克偏偏未能進一步對加爾文神學如何打造清教徒觀念秩序這個關鍵問題做出更爲詳盡和深刻的論述。關於此一議題的論述，恐怕要繼續參考小約翰·威特的《宗教與美國憲政經驗》、伯爾曼的《信仰與秩序》以及約翰·艾茲摩爾的《美國憲法的基督教背景》等著述。加爾文的的神學及在日內瓦的改革實踐，包括人性的完全墮落、信徒皆祭司、對聖經律法的強調、聖約神學、有限政府、地方教會治理等，都成爲美國秩序的重要組成部分，所以十九世紀美國偉大的歷史學家班克羅夫特才斷言，加爾文才是「美國之父」。

如果傳統與秩序崩壞，社會主義的大洪水便如期而至

柯克論述美國秩序的第三個層面，是美國本土化的基督教。美國毋須在舊大陸面前自慚形穢，美國教會和美國紳士早已超越了歐洲和英國的前輩。

美國是第一個確立宗教自由、宗教寬容原則並成功實踐的國家。但美國建國初期的宗教自由和宗教寬容是有限度的——它僅僅是對新教各宗派的自由與寬容，在大部分地方明確排斥天主教，更不用說無神論和其他宗教了。美國憲法中國家不得設立國教的修正案，被後世誤解爲政教分離——其實，它只是指在聯邦層級不設立國教，因爲在每個州（自治共和國）都以某一新教宗派爲其國教或準國教，聯邦不可能選擇其一作爲國教。在此一美國特色之下，新教各個宗派百花齊放、激烈競爭，形成比歐洲更有活力的「宗教市場」。在這種「宗教市場」的作用下，又產生了一種美國獨有的、打上基督教烙印的「公民宗教」。柯克在此一部分梳理了過去常常被人們忽視的「新教八大主流宗派」之外，如貴格會等規模較小的宗派的教會建制及基本教義，以及如何影響到美國的憲制和政治生活。

柯克本人當然是基督徒，但他對本身形成某種權力的教會保持一定距離。他指出，有形的教會並非聖徒的群體——它是這個世界的某種避難所，不過它也被玷污。同樣的道理，國家也是一種必要之惡，「出於愛上帝和我們自己生存的理由，我們應該選擇其中最不邪惡者。如果沒有了國家，在強力支配一切的情況下，文明便不可能存在。」也正如歷史學家波特霍夫所說：「美國社會史有力地說明，如果人們顛覆或拋棄內含於設計得很好的制度結構中的價值觀，並因此拆毀文化成就與精神平和的社會根基，他們將自己置於極大的危險之中。」

柯克是保守主義者，他保守的是美國的清教徒觀念秩序。同時，他反對各種激進的意識形態：

> 我們這個時代有各種各樣的意識形態在反對這種高格調的秩序，就是那些常常靠暴力推廣的狂熱的政治信條。意識形態意味著臣服於政治規條，而那些規條不過是些抽象的觀念，並沒有歷史經驗作爲依據。意識形態的口號簡單明瞭，它具有的吸引力一直在挑戰我們當今更富人性的社會秩序。美國現今的秩序並非立足於意識形態，它並非人爲創製的產物，而是生長出來的。

在二十世紀的美國政治哲學家中，柯克是最深刻洞見到美國失序危機的一位。在柯克之前一百年，英國政治哲學家詹姆斯·布賴斯在《美利堅共和國》一書中已挺身爲美國傳統和美國秩序而戰。他在其作爲「反革命的宣言書」的一系列著作中，語重心長地警告美國人：「上帝的意志是永恆和不變的正義，而民眾的意志並非如此。民眾可能而且實際上經常犯錯。我們對這兩種類似的說法都沒有信心：『民眾不可能犯錯』和『國王不可能犯錯』。」布賴斯堅信，美利堅合眾國的天命是協調自由與法律：「美國的使命不只是實現自由，而更多是實現眞正的國家理想；在確保公眾的權威的同時，保障個人的自由——也即在保障民眾主權的同時不會陷入社會專制狀態，在保障個人自由的同時不會陷入無政府狀態。換言之，其使命是實現權威與自由、人的自然權利與社會的自然權利的融合。」柯克對布賴斯的思想遺產的挖掘，是爲當代保守主義尋找有活力的思想源泉。

擊潰「黑人命也是命」運動，擊潰主導「黑人命也是命」運動打著反法西斯旗號的社會主義者、馬克思主義者，除了法律、軍隊和警察，還需要最強而有力的思想的力量。柯克的著作就是美國最寶貴的思想遺產。

7 這是一場爭奪靈魂的戰爭
——《美國精神的封閉》

現代西方人再也不知道他想要什麼——他再也不相信他自己能夠知道什麼是好的，什麼是壞的；什麼是對的，什麼是錯的。

——列奧·施特勞斯

對美國精神的知識考古學：美國為何偉大？

經濟學家麥克洛斯基曾經跟政治哲學家艾倫·布魯姆交流過，他說布魯姆的《美國精神的封閉》一書單單精裝版就賣了五十萬冊，是一本意外成為暢銷書的嚴肅著作。在麥克洛斯基一篇名為〈如果你很聰明，為何還沒有發財〉文章中，布魯姆以開玩笑方式作爲開場白：「我得先聲明，我現在很有錢。」這本書不僅賣得好，也成爲雷根總統的枕邊書，它與雷根時代的精神是一致的：讓美國再次偉大。又過了三十多年，美國迎來一位承襲雷根「讓美國再次偉大」誓言的總統川普，而布魯姆批判的那些試圖摧毀美國精神的思想毒素仍然猖獗，所以，《美國精神的封閉》一書仍然具有鮮活的時代意義。

布魯姆在《美國精神的封閉》書中通過一種文化考古學的方式，爲年輕的美國探尋精神源頭。美國不是一個只有兩百多年歷史的國家，五月花號爲美國帶來的是希臘和希伯來文明的傳統，美國的偉大乃是扎根於這兩大傳統之上；而布魯姆所憂慮的「美國精神的封閉」，指的是現代人向古典的兩希文明封閉——什麼時候美國背棄了兩希文明，什麼時候美國就註定走向衰落。

以希臘而論，布魯姆推崇蘇格拉底、柏拉圖的傳統。他以尊崇的語氣描述了那個時代的那些人：在雅典必然失敗的戰爭期間，蘇格拉底和他的弟子們在如此險惡的政治環境中，並沒有陷於絕望，他們忘我地沉浸於探求眞理的愉悅之中，證明著人類最出色的能力，即不屈從於命運和環境的擺布。「任何柏拉圖式對話的本質就在於，它幾乎可以在任何時間、任何地點重現。」布魯姆期盼當代美國能重現這種追求並捍衛眞理的激情。布魯姆的摯友、與之一起在芝加哥大學開設共同課程的諾貝爾文學獎得主索爾·貝婁在爲本書所寫的序言中，如此描述此種具有使命感的寫作：「一部作品就是一件祭品。你把它獻上祭壇，希望得到接納。你覺得你不是爲同代人寫作，也許你的眞正讀者還沒在這裏，而你的書會讓他們現身。」索爾·貝婁和布魯姆就是以獻祭的態度寫作和思想。

以希伯來而論，作爲猶太人布魯姆從小在嚴格遵循舊約的猶太教家庭長大，對猶太教、基督教傳統了然於胸。他發現了馬克斯·韋伯的困惑——韋伯本人偏離了正統的基督教信仰，但寧願相信加爾文和類似的思想締造者是眞誠的：

> 他們代表著最高層次的心理類型，他們能夠在這個世界上生活和行動，他們懂得如何承擔責任，他們擁有內在的堅定信念和擔當。

與韋伯一樣，布魯姆高度評價加爾文在現代文明史上的地位：「像加爾文這樣的人是價值的創造者，所以他也是歷史行動中的楷模。」他雖然未能展開對美國清教徒傳統的梳理和分析，但他對宗教的態度與那些無神論的知識菁英截然不同：爲了建立資本主義，不僅不能弱化宗教，反倒應當強化宗教，「一切與價值選擇相關的事情都是源於宗教。人們毋須探究別的東西，因爲基督教是我們歷史必要而充分的條件。」在放逐宗教和神學的現代大學中，此言論堪稱驚世駭俗。

布魯姆絲毫不掩飾美國正面臨著一場生死攸關的文化戰爭，否定西方精神傳統的論調，並非來自於西方之外，而是來自於西方的心臟地帶。美國遭受了太多攻擊、誹謗和誣蔑，尤其是美國制度的受益者恬不知恥地以「美國的敵人」自我標榜。布魯姆看到，「文化相對主義成功地摧毀了西方的普世主張或知識帝國主義的主張。」他像唐吉訶德一樣挺身應戰：「西方的特色就是它需要爲自己的生活方式或價值觀辯護，它需要發現自然，它需要哲學和科學。這是它的文化天命。剝奪了它，西方社會就會崩潰。」他更真誠而堅定地爲美國及其代表的價值辯護：

美國這個國家是追求符合自然的美好生活所取得的登峰造極的成就。它能夠建立自己的政治結構，是因爲它運用自然權利的理性原則去塑造一個民族，從而把一己之善與至善統一起來。

必須去除美國精神中被德國思想玷污的部分

布魯姆認爲，美國精神的危機來自於德國思想的腐蝕。有趣的是，他對德國思想的批判，受到兩位德語世界的流亡者列奧·施特勞斯和沃格林的啓發，似乎唯有親身體驗過納粹恐怖統治的人，方能深深領悟德國思想的癥結。所謂德國思想，就是從尼采到馬克思，再到海德格、施密特的無神論、唯物主義、極權主義。這些有毒的思想滲入美國，讓正統的美國精神——以兩希文明爲源頭，再到英國的大憲章、洛克和伯克——發生了嚴重偏差。今天美國的自由派或民主黨人及更危險的社會主義思潮，皆由此衍生而來。列奧·施特勞斯總結說：「一個戰場上被打敗的國家，雖然作爲政治形態被消滅了，然而卻通過將其思想之繩套在征服者的身上，從而搶奪了勝利的最輝煌戰果。這在歷史上已經不是第一次了。」若華盛頓變成柏林將會怎樣？真是不堪設想。而歷史確實不斷重演——當年，滿族人以武力征服中國，卻被儒家文化腐蝕，兩個半世紀之後，清帝國傾覆，而滿族整個民族幾乎不復存在，誰才是勝利者呢？

布魯姆在書中專門列出〈從蘇格拉底的申辯到海德格的就職演說〉一章，將海德格作爲蘇格拉底的對立面。就思想的「穿越」而言，海德格可被視爲殺害蘇格拉底的兇手之一。布魯姆指出：「三〇年代德國大學所發生的一切，已經或正在發生於各個地方。」當初，海德格宣稱大學服務於德國文化，服務於納粹政權，服務於希特勒，從那時起大學就死亡了。「我認爲海德格的教誨是我們這個時代最強大的思想力量，有目共睹的德國大學的危機就是所有大學的危機。」布魯姆用輕蔑的口吻評述說：「我不想評論其納粹身分現已公開得到確認的海德格在納粹時期的表現，我只想說，人們既然更加公開地承認他是我們這個時代最令人感興趣的思想家，這證明我們是在玩火。」當然還有法學家卡爾·施密特，這位納粹的御用學者在希特勒上臺時用其特有的決斷口吻宣告：「在今天的德國，黑格爾已經死了。」與納粹相似，蘇聯曾斷言，人民在先鋒黨的呵護下成了理性的人民，大學不需要特殊地位——也就是說，它要受黨的控制。具有諷刺意味的是，海德格和施密特在當代中國學界炙手可熱，在八〇年代新威權主義的鼓吹及今天習近平的稱帝鬧劇中都扮演「外來的和尚好念經」的角色。

德國思想已然統治了美國大學和媒體。德國思想的表現之一是反宗教的科學主義。啓蒙運動之後，歷史上第一次出現這樣一種可能：「暴政不是建立在無知上，而是建立在科學的基礎上。」德國思想侵入美國之後，大學對宗教的曖昧性有一種科學的輕蔑態度——「宗教作爲已經被我們超越的歷史的一部分，可以用學術方法進行研究，但是作爲信徒就有些愚昧或病態了。」當科學成爲新的上帝，舊的上帝就被宣告死亡：「啓蒙運動或馬克思主義的幽靈依然在這片大陸上四處遊蕩；宗教和科學的關係被等同於偏見和眞理的關係。」

德國思想的表現之二是相對主義——絕對的相對主義。用布魯姆的話來說：「現在有一種關於『善惡』的全新語言，它源於人們企圖『超越善惡』，使我們不再有信心繼續談論善惡。甚至對當前道德狀況痛心疾首的人，也使用反映這種狀況的語言。這種新語言就是價值相對主義。」德國毒素最初的症狀，第一是虛無、第二是激進，然後演變成「政治正確」的「多元」與「相對」——把所有價值都抹煞掉，用羅爾斯的話來說，就是不管好的、壞的眾生平等——平等是最高價值，平等是正義化身。左派以反對霸權（所謂「西方中心主義」）自居，自己卻成了話語霸權。

德國思想的表現之三是浪漫主義。浪漫主義是「德國對希臘的背叛」，用以賽亞·伯林的話來說：「浪漫主義最基本的要點：承認意志以及這個事實；世上並不存在事物的結構，人能夠隨意塑造事物——事物的存在僅僅是人的塑造活動的結果。」美國神學家尼布爾在評論最肯定美國文化的德國流亡作家湯瑪斯·曼時敏銳的指出他的悲哀在於，他無法切斷自己與德國浪漫主義之間的聯繫，而德國浪漫主義正是納粹思想的源泉。耐人尋味的是，湯瑪斯·曼對此一批評表示了極大的寬容與忍耐，覺得這篇評論「顯示出不同尋常的美麗與智慧」。

大學的危機就是國家的危機

如布魯姆所論，自由的大學只存在於自由民主政體之中，而自由民主政體也只存在於有自由大學的地方。美國的自由民主尚未崩壞，但美國的大學教育遭遇前所未有的文化危機，勢必影響美國自由民主政治制度的延續。大學的危機就是國家的危機。在布魯姆看來，作爲一項制度的大學，必須補充民主社會中個人缺乏的東西，必須鼓勵其成員參與它的精神生活。「作爲政治自身的最高層次的智能與原則的儲備庫，它必須強烈地意識到它在平等個體之外的重要性。它必須蔑視輿論，因爲它本身就包含著獨立自主的源泉——遵循自然、探尋和發現眞理。」

布魯姆如此闡釋民主國家中大學的任務：首先，爲哲學提供起碼的生存空間。大學必須爲不受保護且膽怯的理性提供幫助，它提供一種氣氛，使統治者意志的道德優勢和自然優勢不至於嚇跑哲學上的懷疑。第二，大學要始終把永恆的問題放在第一位，放在中心位置。大學要成爲開放精神的典範。第三，提升人們的精神高度。重新體驗人的唯一方法，就是在亞里斯多德和霍布斯等思想家的幫助和引導下，獲得難以擁有的體驗。第四，對於民主社會中的宿命論傾向，應對之策是訴諸古典的英雄主義。傳承古典英雄的精神，以應對民主社會中人們的軟弱，在莎士比亞和邱吉爾之後續寫當代英雄的知識譜系，應是當代大學努力的方向。

但是，今天美國的大學，特別是帶有神光圈的東岸常春藤名校，獲得的捐助愈來愈多，但它們能擔當得起呵護眞理的神聖使命嗎？布魯姆生前沒有看到的情景是：哈佛和耶魯的校長們，熱衷於吸引中國留學生、尤其官僚子弟就讀。他們頻頻訪問中國，受到中國領導人接見時，宛如被俘的埃及女王叩拜羅馬帝國的皇帝。他們抱有一個天眞得近乎愚蠢的想法——如果共產黨政治局常委的孩子們都到哈佛、耶魯留學，當這些畢業生接掌大權之際，就會按照美國模式來改變中國。這種想法跟數百年前到中國的傳教士利瑪竇等人一樣，認為只要皇帝皈依了基督教，整個帝國就成了基督教國家。歷史已然證明，這是一場了無痕跡的春夢。

今天美國的大學已成爲左派大本營，尤其是人文科學和社會科學，所培養的大都是左派憤青。學術自由已消失得無影無蹤，保守主義者幾乎無容身之地。在川普勝選後，哈佛校園內鬼哭狼嚎，有人痛不欲生，師生們發現過去所學無法解釋此一事實。三天後，哈佛學生報在社論中引用哈佛校訓 Veritas——拉丁文「眞理」——呼籲校方提供更多政治多元性：「追求眞理能強化我們的智性生活，這不僅需要社群裏的每一位成員能自由辯論政治，也需要傾聽不同政治觀點。在校園裏壓抑這類討論，不僅有損學校的政治少數派同學，對我們的教育成長也有害。」

基於同樣理由，布魯姆不惜耗費接近一半篇幅描述這段步入歧途的大學歷史。他認爲，在所有機構中，大學是最爲依賴於其每個成員內在信仰的一個部門。那些表面上的問題，如管理者的不佳、意志的薄弱、紀律的缺乏、資金不足、對基本功訓練的關注不夠等，不是其關注的重點。所有這些都是因爲大學的職員們缺乏深刻信仰的緣故。大學的源頭是蘇格拉底的「學園」——千萬不應忘記蘇格拉底不是教授，他是被人處死的，對智慧的愛存活下來，其部分原因是他個人的楷模作用。「這才是眞正重要的，爲了知道如何捍衛大學，人們必須銘記這一點。」

年輕一代爲何要讀「偉大之書」？

有人將布魯姆的《美國精神的封閉》看作是施特勞斯思想的普及之作，是《自然權利與歷史》的最新續篇。這本書出版並受到雷根總統讚揚之後兩年，柏林圍牆倒下了。受這本書啓發，共和黨參議院領袖的金瑞契起草了一份《美利堅契約》，堪稱美國保守主義的集大成之作，如果用布魯姆的話來說，就是美國精神的開放宣言。孤獨求敗的布魯姆迎來了晚到的勝利。

但是，對於布魯姆而言，政治的勝利（共和黨的勝選）遠遠不是眞正的勝利，眞正的勝利是文化和觀念的勝利，而這種勝利的前提是：「新一代美國大學生喜歡讀書，特別是大書（great books），如蘇格拉底、柏拉圖、洛克、霍布斯的著作，並從閱讀中得到精神樂趣和提升。」

然而，年輕一代似乎都不讀「大書」，只讀《哈利波特》和《星球大戰》。就連三十多年前精裝本賣了五十萬本的《美國精神的封閉》也不讀——我跟一位哈佛大學唸政治學的華裔高材生聊天時發現，他不知道施特勞斯、沃格林和布魯姆爲何許人也。正如布魯姆擔憂得那樣，缺乏古典教育的直接後果是，大學生一見到啓蒙思想就要追求，卻分不清精華與糟粕、見識與宣傳。主宰新一代美國人精神生活的是被當作「文化」本身的「膚淺文化」，其中沒有西方古典文化的蹤跡，只有一些與搖滾、金錢相匹配的膚淺的意識形態。當電影背叛了文學之後，大學生沉溺於電影、不好讀書，既削弱了自己洞察力，也助長了最致命的傾向——以爲此時此地就是一切。「大學生要想使自己不致沉溺於卑微不足道的欲望，並發現最嚴肅的東西，他需要使當代生活同高度的嚴肅性保持距離，從只知道眼前生活的電影中是找不到這種距離的。」布魯姆又舉例說：設想一下，一個年輕人漫步走過巴黎盧浮宮或佛羅倫斯的烏菲茲美術館，他對聖經和希臘羅馬的古蹟一無所知，對他說拉斐爾、達芬奇、米開朗基羅、林布蘭是在對牛彈琴。他能看到的只有色彩和形狀——現代美術。布魯姆哀嘆說：

失去典籍薰染的大學生變得愈來愈狹隘和平庸。他們得過且過，超越的渴望日益淡化，他們的心靈像是一面鏡子，反映的只是周圍世界的雜亂無章，而不是世界的眞相和生活的原來面貌。他們失去了洞察世界的能力，遲鈍得令人吃驚。

無獨有偶，另一個布魯姆——耶魯大學教授、文學評論家哈羅德·布魯姆也高揚「西方正典」的價值。在女性主義、多元化主義、文化唯物主義、新歷史主義、非洲中心論等各種新潮理論引領風騷之際，哈羅德·布魯姆逆流而立，重申智識與審美標準的不可或缺。艾倫·布魯姆聚焦於政治學和哲學領域的「偉大之書」，哈羅德·布魯姆則整理出文學領域的「西方正典」——他意識到當前流行的大學英語系並不能使人們眞正瞭解語言文化，相反，英語系中講授的諸如搖滾樂、迪士尼樂園、好萊塢等流行文化會使本來應該爲語言文化之正宗的莎士比亞、但丁趨向邊緣，最終縮減爲類似拉丁語一樣由校園裏頑固的幾個教授組成的陣容。所以，他以莎士比亞爲西方經典的中心，並在與莎氏的比照中，考察了從但丁、喬叟、賽凡提斯一直到喬伊絲、卡夫卡、博爾赫斯等二十多位西方一流作家，揭示出文學經典的奧秘所在：經典作品都源於傳統與原創的巧妙融合。

英國文學家和神學家C·S·路易斯在二戰最激烈的時刻，矚目的不是倫敦上空的納粹飛機，而是戰後將迎來的更嚴峻的屬靈戰爭：如何與馬克思、佛洛伊德以及所有反對西方文明核心的思想鬥爭？如今，美國所面臨的最大挑戰，並非中國的新極權主義，亦非伊斯蘭的極端主義，而是來自於美國本土、來自於美國精神內部的那些敗壞的部分——大學、媒體、好萊塢、華爾街都生病了，而且病得不輕。艾倫·布魯姆的《美國精神的封閉》是一帖清晰的藥方——若美國精神「回歸正典」，就能從封閉走向開放。

8 常春藤大學何以成為左派洗腦的瘋人院？

——《耶魯的上帝與人》

基督教與無神論之間的決戰是世上最爲重要的一場決戰。同時，個人主義與集體主義之間的鬥爭是上述這場決戰在另一個層面的翻版。

——小威廉·法蘭克·巴克利

當耶魯學生只會使用「大詞」，他們其實不知道自己在說什麼

在「黑人命也是命」運動中，一位名叫黃愛琳的耶魯大學三年級的華裔女學生寫了一封題爲〈我們和非裔站在一起〉的公開信並徵求簽名。這篇文章通篇充滿平等、正義、自由等「大詞」，但她似乎並不知道她在說什麼——她說的不是美國華裔社群

面臨的眞問題，不是常識和眞相，而是耶魯大學的白左教授們灌輸給她的極左理念。這位在美國長大的ABC，花著父母含辛茹苦掙錢爲她繳納的巨額學費，卻心甘情願地被白左洗腦成黃左，進而譴責父母及華裔社群是種族歧視的加害者一方，這眞是滑天下之大稽的荒唐事。

這位從未試圖理解父母輩在美國艱難求存、奮鬥打拚經歷的大學生，居高臨下地聲稱：「我特別想談談亞裔美國人社區中，盛行的對非裔的歧視和敵視態度。如果我們不認眞反省，這種態度會給我們所有人招來暴力。」她進而聲稱：「我們之所以有坦然地成爲『模範少數民族』的自由，並不是因爲我們比別人更好或因爲我們努力，而是靠其他被邊緣化群體多年的鬥爭和支持得來的。」

她對自己父母輩靠勞動和智慧實現的美國夢不屑一顧，甚至將父母看作「邪惡資本主義社會結構」的一部分。她的父母唯一的的錯誤就是讓她在溫室中長大，所以她才會如此矯揉造作地宣布：「我拒絕以犧牲他人爲代價來呼籲對我們自己社區的種族公正。貶低或壓制其他少數群體的正義根本不是正義。」華裔和亞裔等少數族裔的成功，難道是貶低或壓制其他少數族裔的結果？這明顯是邏輯錯亂。如果說白人的自虐因爲祖輩的原罪，那麼華人的自虐就只能用變態來形容。

她最後呼籲說：「白人至上主義幾百年來一直在威脅我們所有社區。在這個許多享有特權的少數族裔都站在白人至上立場的時候，我要問：你和誰站在一起？」這又是睜開眼睛說瞎話：你想跟黑人站在一起，黑人卻從不願跟你站在一起。以針對亞裔的暴力犯罪而論，大部分犯罪分子是「黑人」而非「白人至上主義者」。在此前洛杉磯的暴亂中，黑人犯罪分子打砸搶的不是好萊塢白人巨星居住的高尚住宅區，而是普通的亞裔社區。

在此次騷亂中，我看到一位黑人青年痛斥一位白左女性的一段影片，建議黃愛琳同學看一看。白左女性說：「我支持『黑人命貴』！」黑人青年說：「本質而言，『黑人命貴』就是個恐怖組織。」白左女性說：「你是找碴，你不正常！」對於跟自己觀點不一樣的黑人，她立即用種族歧視的語言來攻擊了，可見她追求的種族平等是謊言。黑人青年說：「妳不要激動，我要告訴妳眞相，美國有百分之十三的非裔美國人，但全美跟槍枝和毒品有關的兇殺案有百分之五十五是非裔犯下的。其中，高達百分之九十五是黑人攻擊黑人。我作爲一個非裔，被其他非裔槍殺的機率，是被其他族裔包括白人警察槍殺機率的兩千倍。是我們黑人在自相殘殺，這是眞正的問題所在。我感到痛苦和悲哀，是黑人群體有問題，必須有人說出來。歐巴馬不說，因爲他需要黑人的選票。不要再玩弄身分認同的遊戲了。」而美國各大名校所傳授的就是身分認同、身分差異的政治正確。

以學術自由爲名的強制灌輸有多麼可怕

黃愛琳就讀耶魯大學英文系，大概沒有選修世界史方面的課程，即便選修了也是左派的世界史。她或許從不知道這麼一段歷史：賴比瑞亞共和國是十九世紀初數百萬解放後的美國黑奴回到非洲後建立的國家，其國名在英文中有「自由」（liberty）和「解放」（liberated）的意思。它是非洲最早獨立的現代主權國家，也是非洲唯一沒有被西方白人殖民過的國家。它的憲法幾乎是美國憲法照抄而來，它的國旗模仿美國國旗只是星星僅有一顆，它甚至用美元作爲官方貨幣。但這些從美國回去的黑人，才剛擺脫奴隸身分，又將原住民當作奴隸來奴役。這個國家既沒有解放也沒有自由，長達一百零二年都是一黨專制模式，軍閥推翻並殺害獨裁的總統甚至將其耳朵割下吃掉。人民生活在水深火熱、朝不保夕之中，想重新移居美國而不得。賴比瑞亞的悲劇該由誰來負責？那裏可沒有白人至上主義者來充當替罪羊。

黃愛琳看似正氣凜然卻顛倒黑白的公開信，顯示了耶魯教育的失敗。關於耶魯教育的失敗，早在半個世紀之前，耶魯畢業生巴克利就在《耶魯的上帝與人》一書中發出警鐘長鳴——黃愛琳肯定沒有讀過這本書。

巴克利是作家、保守主義政治評論家，政論雜誌《國家評論》創辦人，並主持該雜誌長達三十五年之久。他一生的政治活動主要在於將傳統的政治保守派、自由放任經濟思想及反共主義統合起來。他於一九四六年到一九五〇年間就讀於耶魯大學，在進入大學之前，他已形成其一生的世界觀和價值觀。他堅信，對於上帝的積極信仰和對於基督教原則的忠實遵奉，是形成一種向善的生活所必須的基礎。他也堅信，只要具備了對於經濟學的微薄知識，自由市場和政府的限制原則就能夠很好地服務於這個國家。

那時，巴克利剛服完兩年兵役，懷抱著對於基督教的堅定信仰和對美國制度與傳統的深深敬意來到紐哈芬市，對於進入耶魯大學來尋求對抗世俗主義和集體主義的同盟者可謂是望眼欲穿。然而，當他進入大學之後才發現，這所名校早已淪爲左派思想的策源地。

耶魯大學中以「學術自由」爲名，充斥著爲無神論、反對市場自由的思潮。這些思潮被校方安排在本科生必修課程中進行強行灌輸。巴克利逐一考察了社會科學部、哲學系、經濟學系學生的課餘生活等領域後發現，耶魯的教授們爲強行向學生灌輸其觀念而濫用「學術自由」原則。在巴克利看來，這是一種對個人權利的侵犯和否定，「任何形式的強制性價値灌輸都不應該被容忍。」學術自由應當回歸到其原本的含義：「任何人都有自由和權利去管理他們所監督與支持的學校的教育行爲和目標。」

美國名校居然推行反美國和反基督教的教育

耶魯大學是由教士們所建立的，兩百年間，它的理事們都是傳播福音的專職牧師，它的董事會會議至今仍然由吟誦禱文者召開，而它的每一個象徵也都應該用增進信仰上帝者的鬥爭力量。但是，巴克利驚訝地發現，耶魯的無神論氛圍愈來愈濃，甚至有反對基督教之嫌，大學年復一年地容忍了一種對於基督教的不公正對待。

巴克利的說法並非空穴來風，他用詳盡的數字和論據來證明其看法：只有不到百分之十的學生選修由宗教系教師開設的課程，而大量必修課是反宗教和反古典主義教育的。即便是宗教系本科生必修課程的講授者，大多數缺乏對基督教的堅定信仰。巴克利援引一位猶太裔教授古德諾在課堂上的言論，儘管該教授被視為是「優秀的公理會教友」，但他曾在學生面前宣稱自己是「百分之八十的無神論者和百分之二十的不可知論者」。宗教系的教授尚且如此，其他系的教授就明目張膽地詆毀基督教了：在社會學系，宗教被當作一種迷信甚至是有害的愚昧，社會學導論課程的教授雷蒙德·甘迺迪指出：「當今教會的聖職人員如同古代巫醫的翻版」，「宗教就是某種關於鬼怪、精神與情感的事物。」對宗教的偏見在社會學系中普遍存在，「說得好聽點，宗教不受待見，說得難聽點，宗教就是被批判的對象。」巴克利認為，大多數教授都致力於讓學生遠離信仰，「在耶魯校園中對基督教有明顯偏好的教師都是鳳毛麟角。」

大學課堂上，比反基督教更風行的是反美國的教導。美國跟基督教緊緊相連，美國是由清教徒創建的國家，美國立國的根基是聖經。所以，很容易推論出，仇恨基督教的人必然仇恨美國。唯有在大學課堂上，宣講反美言論能贏得比在其他任何地方更多掌聲。在美國的大學教授中，仇恨美國的比例是美國人群中最高的。冷戰時代，很多教授公然讚美蘇聯的社會主義制度，無視數千萬無辜者被蘇聯極權政府關押在古拉格群島中受苦和死去。在今天，美國大學將吸引中國留學生作為改善其財務狀況的重中之重，大學領導者放任中國政府在美國大學設置如同「國中之國」的孔子學院，孔子學院既是一個特務（大外宣）機構，又肆無忌憚地破壞學術自由和言論自由。（編按：美國有超過一百所孔子學院，其中已關閉約四十所。美國國務卿龐皮歐宣布，將致力於在年底關閉所有的孔子學院。比利時、法、荷、德等國也陸續跟進。）

巴克利是一位是天主教徒，卻在「新教的概念下限定基督教的含義」，當年有評論者即如此指出，「他的經濟學思想較之天主教而言，更具有加爾文主義的傾向。」這並非孤立的個案，當新教的主流教派缺乏活力和放棄文化使命感時，上帝反倒興起一批具有清教徒觀念秩序的天主教徒，這就是美國天主教與歐洲天主教的差異——美國的天主教長期浸淫在清教徒的文化氛圍之中，變得愈來愈接近清教徒的偉大思想傳統，如川普的副總統彭斯就是一位讓人敬重的保守主義的天主教徒。美國基督教領袖拉爾夫·里德指出：「川普挑選彭斯這樣的副總統，給我們提供了一個能夠預見到他會採取雄心勃勃的、大膽的保守派執政風格的視窗。」川普政府的司法部長威廉·巴爾在聖母大學的一場演講中直截了當地指出：「作爲天主教徒，我們忠於使這個國家偉大的猶太、基督教價值觀。作爲法律人，我們應該尤其積極地參與正在法律層面上進行的反對宗教的鬥爭。我們必須警惕和抵制世俗化勢力將宗教趕出公共領域並侵犯我們信仰自由的企圖。」比起很多信仰淺薄浮華的新教教徒來，這些天主教徒反倒繼承了清教徒傳統。

大學應當培養思想競技場上的角鬥士

大學裡面傳授的，不單單是知識，更是思想和觀念，如巴克利所說：

學校的教育是教授那些未來思想競技場上的角鬥士的實踐之地。預料到終有一天他們會挺身而出並且參與到反對謬誤的鬥爭中，學校教育將教會他們如何使用自己的武器、識破敵人的引誘與計策，並且會因為他們所投身事業的美德而受到鼓舞。

然而，即便是耶魯這樣的常春藤名校，也未能承擔此一使命。

巴克利發表《耶魯的上帝與人》一書時年僅二十五歲，此書讓他一舉成名。他為出版此書而突破左派設置的重重障礙——校方取消由他代表畢業生所做的畢業致詞（他將未能使用的演講稿放在書的附錄中），更找來給耶魯捐助巨款的大亨並打電話給他，建議他「不失體面地撤回書稿」，卻被巴克利斷然拒絕。

自從書出版之後，巴克利就將美國左翼自由主義視為頭號敵人（他們無恥地竊取了自由之名），認爲當代的核心危機在於羅斯福新政傳統中的「社會工程師」和那些捍衛「有機道德秩序」的「眞理信徒」之間的鬥爭，他本人就是一位思想觀念競技場上戰鬥不止的角鬥士。歷史學者納什稱許：「巴克利可以說是美國二十世紀後半最重要的公共知識分子」、「對一整代人而言他是美國保守主義的顯著聲音和第一位舉世知名的人物。」傳統基金會主席艾德溫·福伊爾納在追悼巴克利的聲明中說：「沒有巴克利就沒有《國家評論》，沒有《國家評論》就沒有保守主義運動、沒有傳統基金會、也沒有雷根總統以及今天的美國。」英國保守派政治評論家約翰·沙利文將巴克利視爲五〇年代將美國不同支派的保守主義者團結起來的關鍵人物，「雷根的成功（部分）源於巴克利的思想。」

儘管巴克利和盟友共同促成了雷根時代保守主義的復興，但雷根之後情勢又急轉直下。巴克利對布希父子的政策評價不高，尤其認爲伊拉克戰爭會讓保守主義運動積累的成果毀於一旦。果然，伊拉克戰爭的負面影響導致極左派歐巴馬上臺執政八年，將美國破壞得千瘡百孔，然後才有川普效法雷根「讓美國再次偉大」，喚醒沉睡和沉默的選民，將美國從懸崖邊緣拉回來。但是，從大學裏面歇斯底里反對川普的浪潮就可看出，比起巴克利的時代來，大學的「左膠化」不僅未能緩解，更已病入膏肓。

美國學者強納森·海德特和葛瑞格·路加諾夫在《爲什麼我們製造出玻璃心世代？》一書中指出，目前美國大學左右觀念嚴重失調，基本上是左派一統天下。在人文及社會科學的核心領域，左右派人數比幾乎全都超過十比一。這種失衡情況在新英格蘭名門大學更嚴重。人文和社會科學領域唯一例外是經濟學，經濟學教授的左右派人數比是四比一。

這兩學者從這一系列數據中看到多元觀點喪失，導致學術自由蕩然無存的嚴峻後果：每一位學者都有確認偏誤的問題，亦即傾向積極尋找能確認自身既定主張的證據。而大學最美好的特質之一是：若能運作得當，它可以成爲學者之間相互消除確認偏誤的社群，這個過程稱爲「制度性消除確認」。但是，如果一所大學或某個學術領域的人都站在同一陣線，每個人的確認偏誤都一樣，後果就會很嚴重——會毀了消除確認過程，學術研究的品質和嚴謹會跟著打折，處理政治議題的領域尤其如此。

這兩位學者繼而指出，大學教師之間缺乏政治多元性，會從三個方面給學生帶來負面後果。第一，很多大學生很少或沒有接觸政治光譜另一邊的教授，畢業時對保守派、政治和很多美國的事理解不清。第二，教師之間沒了觀點多元性，代表學生對政治爭議學到的主張往往「左偏」，與眞相存在落差。一般說來，如果學生能聽學養豐官的學者從不同角度辯論難題，他們能更接近眞相。第三，有些學術社群（尤其是位在美國最「進步」區域的那些）可能正面臨「相變」風險。他們的政治同質性太高也太過凝聚，以致產生與大學正常目標背道而馳的集體實體特徵。當集體實體爲行動而動員，他們更可能是爲了貫徹政治正統，而不是爲了容忍對其核心意識形態信念的挑戰。若走到最後一步，民主國家的大學也會變得跟專制國家的「一言堂」一樣，學術活力日漸枯竭。

今天的美國，審視一所大學是否眞具有學術自由和言論自由，端看其少數派的教授和學生敢不敢大聲支持川普——當然，這個標準本身就讓人感到悲涼，在自由的美國，支持民選總統居然需要具備對抗「政治正確」的巨大勇氣。川普在亞利桑那召集的一次集會中，有多位大學生上臺講述他們因爲堅持保守主義的政治觀而受到學校打壓的經歷。川普安慰他們說，他已經簽署了一項行政命令，以確保得到聯邦政府資助的大學不得打壓思想自由和言論自由——憲法已經被拋棄或失效，還需要總統以行政命令來改變大學淪爲瘋人院之現實，你能想像這種可悲的情形居然發生在美國嗎？

9 川普與歐巴馬的對立，就是諾齊克與羅爾斯的對立

——《無政府、國家、烏托邦》

假如沒有政府的狀況是可怕的，那麼國家就將成為一個較好的選擇對象。

——諾齊克

諾齊克早就否定了「黑人命也是命」運動：無政府主義比獨裁更邪惡

二〇二〇年夏，「黑人命也是命」運動宛如一場星星之火可以燎原的美式文革，讓美國社會陷入南北戰爭以來最大的分裂和危機之中。「黑人命也是命」運動的領袖提出美國政府應當爲當年的奴隸制賠償黑人族群十四萬億美元的訴求，如果美國政府不同意，則「立即摧毀這一系統」。他們進而占領西雅圖市中心的幾個街區，成立

所謂「自治共和國」。極左派的西雅圖市長命令警察撤出，拒絕聯邦政府派遣國民自衛隊平息暴亂，並稱讚暴力打砸搶的人為「正義之士」，聲稱他們創造了一個「愛之夏」。結果，短短三個星期，「自治共和國」就發生多起謀殺案和強姦案，「革命者」們像林沖火拼王倫一樣自相殘殺，最後自我崩潰。

「黑人命也是命」運動的共同發起人庫勒斯在二〇一五年錄製的一段影片中提到，她和「黑人命也是命」運動另一位發起人艾麗西亞·加爾薩都是「訓練有素的馬克思主義者」。這句話明確地昭示出「黑人命也是命」運動的思想基礎。當然，他們沒有說出來的另一個思想脈絡乃是羅爾斯之《正義論》——絕對的平等才是正義，這是用左翼自由主義包裝的、美國版的馬克思主義，用羅爾斯的學術話語來說就是：「社會基本結構要被安排來最大限度地提高在一切人享有的平等自由的完整體系中的最少受益者的自由價值。這確定了社會正義的目的。」

羅爾斯在哈佛大學的同事諾齊克全盤否定羅爾斯的正義論，指出那是一條海耶克所說的「通往奴役之路」。二〇〇二年去世的諾齊克沒有親眼看到「黑人命也是命」運動的爆發，但他早就指出：「如果無政府的狀態是相當可怕的，我們就理應防止一個特定國家的崩解和毀滅，並理應避免無政府的狀態取代特定國家存在的狀態。」西雅圖那個無政府狀態的「自治共和國」比獨裁專制國家更可怕，在諾齊克看來，在無政府狀態和國家之間如何選擇，是決定你屬於左派還是右派的關鍵標尺。

正是出於對無政府狀態的反對，諾齊克在《無政府、國家與烏托邦》一書中專門列出「禁止個人私自強行正義」的小節。他綿密而細緻地論證說，一個獨立者可能被禁止私自強行正義，這或者是因爲人們知道他的行動程序太過危險。而如果他經常這樣做，他可能使所有人都感到恐懼——甚至那些並非其受害者的人亦然。如果存在許多容易造成錯誤之懲罰的獨立者，這將增加對所有人造成危險狀態的可能性。換言之，如果私刑肆虐，則秩序和安全蕩然無存，於是，建立在契約之上的共同體及其最高形態——國家——就是必須的。這就是爲什麼五月花號上的人們在登岸之前要簽署一份《五月花號公約》，要在共同體中一起生活，有些規則是所有人都必須遵守的。這份公約後來成爲美國獨立宣言和憲法的根基。

諾齊克的父親是來自一位來自俄羅斯的猶太裔企業家，他本人在紐約出生，但小時候一定聽過父親講述布爾什維克革命初期無政府狀態的恐怖歲月，他比一般的美國人更知曉革命和無政府狀態的可怕。這是很多俄國移民共同的夢魇，也反過來使他們更熱愛美國並捍衛美國憲制。作家納博科夫的父親是舊政權的司法部長，他們一家在共產黨展開大規模殺戮之前逃離俄羅斯，少年時代的納博科夫看到了無政府狀態的俄國有多麼可怕，他宣布永遠不會回到作為警察國家的俄羅斯。他在一次受訪中說，寫作生涯中最大的遺憾是「沒有更早來美國」，「在粉紅色的流亡生涯中，努力發展對與美國（我的新故鄉）的懷舊。」出身於俄羅斯猶太富商家庭的安·蘭德，也在逃亡路上目睹布爾什維克暴徒肆意搶劫、殺戮和強暴的場景，《安·蘭德和她創造的世界》作者安妮·C·海勒在書中指出，安·蘭德並不只是資本主義狂熱擁護者，而是一個充滿詩意的逃難者，與其說她謳歌，不如說她恐懼於那片最後的避難所將消失。歷史學者劉仲敬指出，安·蘭德捍衛美國，如同「蠻族將領保衛羅馬」，「她在反對的時候最強，維護的時候反而比較軟弱。因為她雖然維護自由，但她並不真正瞭解美國新教社會的來龍去脈，也不瞭解普通法傳統和新教的傳統。她反對蘇聯，而她卻是非常瞭解蘇聯的。她為美國而反對蘇聯，她瞭解的是她的敵人，不瞭解的是她的朋友。這就是她一生的基本軌跡。」

觀念的對決，從五十年前就開始了

諾齊克的《無政府、國家與烏托邦》一書，基本上可以說是將七〇年代末以來美國的保守主義運動推向一個哲學論證層次。如果說奧地利經濟學派的大師們米塞斯、海耶克、傅利民等人從捍衛市場經濟出發為保守主義或古典自由主義正名，並指出計劃經濟或凱恩斯主義是「通往奴役之路」——米塞斯說，計劃經濟不是資本主義的替代物，它將摧毀所有能使人體面生活的制度，指出這一眞相乃是經濟學的主要任務，正如講授鉀氧化物不是營養品而是一種致命毒藥，是生物學和化學的主要任務一樣，那麼，諾齊克是從自由至上主義的政治哲學的角度來為保守主義或古典自由主義正名，他批判的矛頭不是凱恩斯，而是羅爾斯及其學派——羅爾斯有學派，諾齊克沒有學派，如吳爾芙所說：「諾齊克不像羅爾斯，他在學院的政治哲學家中追隨者極少。然而，就實際政治角度而言，在大約最近十年來，我們已經看到一種離開羅爾斯所捍衛之左翼的福利主義之趨勢。就此而言，諾齊克似乎更貼近當前這個時代的政治精神。」

諾齊克將羅爾斯作爲辯論對手，他發現羅爾斯的《正義論》是繼密爾的著作以後「所僅見的一部有力、深刻、精巧、論述寬廣，且有系統性和道德哲學的著作」，「政治哲學家們必須在羅爾斯的理論框架內工作，要不然就必須解釋不這樣做的理由。」他所做的是拆掉羅爾斯精緻迷人卻又高度危險的理論大廈的工作，他清楚地知道這樣做會引火燒身乃至千夫所指，但他不能保持沉默，因爲他看到了羅爾斯思想的危險性——這種危險性就是將美國變成蘇聯，如果那樣的話，他的父親當年又何必從蘇俄逃亡到美國呢？諾齊克不能眼睜睜地看著他熱愛的美國和美國價值淪亡，這才奮起迎戰。納格爾稱讚說：「諾齊克與眾不同。他的天性似乎毫無被動成分，其意志堅定，架構清晰，加上個人與智性的魅力，造就他令人難忘的存在感。不論在個人、政治還是知識層面，諾齊克都十分敢言，就算可能遭到強烈反對，他寧願表達明確立場，也不願委婉修飾避免衝突。諾齊克不相信旁敲側擊，因爲他明白這麼一來定義便輕易稀釋，艱難的抉擇遭到擱置。這的確是一種勇氣：他深知必得持續精進，不畏迎戰，才能完全主導自己的論述、行動與觀點。」

諾齊克確實是少數派，聽他課的學生遠遠少於羅爾斯，羅爾斯的關鍵詞「正義」更加對青春熱血的年輕人的胃口。諾齊克承認：

我不喜歡下面這個事實：大部分我所熟悉和尊敬的人們，不同意我的觀點。我在這方面的遺憾，無疑大過那種通過強有力的證據來支持一種人們不喜歡，甚至嫌惡的觀點，從而使人們感到受刺激或吃驚的快樂——那種快樂不全然是值得讚美。

面對庸眾和比庸眾還愚蠢的、自以爲聰明的菁英，掌握眞理獨自前行、「雖千萬人吾往矣」的諾齊克享有「少數派的榮耀」，卻也快樂不起來。在左派意識形態一統天下，右派在大學和媒體中遭到「政治不正確」瘋狂打壓的今天，連支持諾齊克都需要莫大的勇氣。爲《無政府、國家和烏托邦》一書中文版作序的臺灣學者何信全寫道：「放眼當前，市場經濟正在世界各個角落展現空前的、無比的活力。顯然，我們不必盡然同意諾齊克的觀點，卻無法忽視諾齊克此書在當今世界的重要性。」他在肯定諾齊克此書重要性的同時，仍要小心翼翼加上「我們不必盡然同意」的定語，從這個定語中可以看出背後的知識界有多麼肅殺的氛圍。

川普與歐巴馬的對立，右派與左派的對立，保守主義與進步主義的對立，在政治哲學層面就是諾齊克與羅爾斯的對立，正如經濟評論人蘇小和所說：「目前的局面，幾乎所有的左傾自由主義都是拿著羅爾斯的思想體系在和以基督信仰爲根基的保守主義作戰。這是一場屬靈的戰爭，川普所代表的保守主義眞正的對手是羅爾斯。」從這個角度來看，才能理解爲什麼最近的幾次美國總統選舉不再是政見之爭，而關係著美國的清教徒觀念秩序的生死存亡。

最好的國家是「守夜人國家（小政府主義）」

羅爾斯在一九四三年參軍之前曾考慮過成爲神職人員。可是，到了一九四五年六月，太平洋戰爭中的經歷讓他放棄了基督教信仰。一九九〇年代，羅爾斯在一篇題爲〈我的宗教〉的文章中回顧了他放棄信仰的過程：他對萊特島基內山脊之戰前，牧師佈道中「上帝支持美國人」的說法感到震怒、親密戰友迪肯在呂宋島陣亡，以及在軍中看到納粹屠殺猶太人的新聞影片（幸虧他在太平洋戰場，沒有如《麥田捕手》的作者沙林傑那樣在歐洲親眼目睹集中營的慘狀而造成終身的精神傷害），這三件事讓他「排斥神意至上的思想，視之爲邪惡和有害的」。從此以後，羅爾斯致力於建構無神論體系中的「公平即正義」理論。但是，公平或平等如何實現？放逐了上帝，便只好由國家來充當上帝——不公不義的社會現實和社會制度，只能由國家來矯正。但是，如何保證取代了上帝的國家（以及掌握國家權力的人）是良善的呢？羅爾斯無法給出讓人信服的答案。

諾齊克對羅爾斯的批評焦點是：國家是否應當擁有實現所謂「分配正義」之功能？羅爾斯的學生、德國學者湯瑪斯·伯格如此概括諾齊克的批評意見：諾齊克反對的是把羅爾斯的正義判斷以結果論的方式引導到分配方案這一點。他發覺與此相關的兩個問題：為了建立任何分配方案，一個人必須推翻現存的財產權。而且，即使在有這樣徹底的干涉以後，還需要進一步的分配干預，以便維護所要求的分配方案。像羅爾斯這樣的正義觀念要求極度干預主義的政府，正如福利國家時代所典型表現的，這樣的政府持續地干涉公民間的自由協議。任何尊重自由的人，都必須拒絕所有承諾某些分配方案的正義觀念。對於諾齊克的質疑，伯格代替老師做出這樣的辯護：羅爾斯不是革命的鼓吹者，他只是要求修改規則使得其更符合其正義觀。但這個辯護是軟弱無力的：因為修改規則就必然顛覆諾齊克所說的「歷史的正義觀念」。

諾齊克與羅爾斯的根本性分歧在於對國家功能的看法，這是所有的政治哲學家都無法迴避的議題。羅爾斯認為，國家的重要功能之一是實現分配正義，但諾齊克認為，沒有任何基於分配正義之前兩個原則（即獲取和轉讓原則）的論據，可以支持這種多功能的國家。諾齊克關於國家的主要結論是：一種最小限度的國家——即一種僅限於防止暴力、偷竊、欺騙和強制履行契約等有限功能的國家——是被證明爲正當的；而任何功能更多的國家，都將因其侵犯個人權利而被證明爲不正當。由此得出兩個值得注意的啓示：國家不得使用其具強制力的機構，迫使一些公民幫助另一些公民，亦不得以同樣的方式，禁止人們追求自身的利益或自我幫助。

諾齊克提出「最小限度的國家」的概念，認爲這樣的國家才是道德上可取的國家以及道德上唯一正當的國家——

> 最小限度的國家把我們視爲不可侵犯的個人：即不可被別人以某種方式用作手段、工具、器械或資源的個人；它把我們看作是擁有個人權利及尊嚴的人，經由尊重我們的權利來尊重我們；它允許我們個別地，或者與我們願意與之聯合的人一起地——就我們力所能及，並在與其他擁有同樣尊嚴的人之自願合作的援助下——來選擇我們的生活，實現我們的目標，以及我們對於自己的觀念。

顯然，雷根的名言「最好的政府是最小的政府」即是受其啓發脫口而出。從雷根到川普，持保守主義觀念秩序的總統，都竭力削減聯邦政府的規模和權力，進行自我縮權的改革。政府或國家絕對不是上帝，誰試圖將政府或國家打造成無所不能、無所不知、全知全能的上帝，誰就必然黃袍加身成爲暴君。

平等，平等，多少罪惡假汝名而行！

在「黑人命也是命」運動中，很多高喊「吃大戶」、「取消資本主義」的暴徒（黑人、白人均有），跑去衝擊洛杉磯富人區比佛利山莊，以爲可以大撈一票。殊不知，那裏早就部署了強大的警力。在此前的洛杉磯騷亂中，警察和國民自衛隊繞過唐人街和韓國城等少數族裔居住區，火速趕往明星和金融巨頭、科技新貴雲集的比佛利山莊，這一次也是如此。暴徒們沒有搶劫成功，反倒落入警察的天羅地網。具有諷刺意味的是，警察保護的大都是歐巴馬、希拉蕊的好朋友與重要捐款人，也都是捐款給「黑人命也是命」運動的金主，他們還是支持解散警隊的「正義之士」，他們爲什麼需要警察來保護呢？比警察更好的保平安的方式，難道不是在門口像當年的中國人掛毛主席像那樣，掛上歐巴馬御賜的親筆簽名畫像？

警察保護富人和權貴，不符合羅爾斯的正義觀念。按照其正義觀，警察應當保護那些被不公正的社會制度傷害的弱勢群體，乃至爲他們的搶劫行動保駕護航。既然政府不願主動實現分配正義，底層民眾就有權自行執法。那麼，哈佛大學及哈佛大學教授的家，應當是劫富濟貧者的目標，羅爾斯的書房裏，還能擺下一張安靜寫作的書桌嗎？

羅爾斯論述正義、平等、民主這些「大詞」，通常是從抽象的意義上著手。他很少舉出現實生活中活生生的例子，因爲一旦舉出具體事例，他的理論就顯得自相矛盾，難以自圓其說。而諾齊克的論述則從生活中摘取鮮活的例子，清晰、生動、一目了然，讓人信服。羅爾斯不得不承認人在才能上是有差別的、不平等的，一個人對自己的才能擁有權利，特殊才能的行使能得到報酬；但他又堅稱，才能在道德上是毫無意義的，安排施展才能的獎懲制度「必須採取看起來是促進公共善事的最佳設計方式來進行」，但是，誰來決定哪些事情是「公共善事」？哪些作法是「促進公共善事」的「最佳設計方式」呢？羅爾斯對此語焉不詳。

諾齊克一語道破羅爾斯「宏大敘事」背後的「幽暗意識」——那些理直氣壯地倡言平等的人，很可能是出於嫉妒。嫉妒的人如果不能夠擁有一件別人的東西或才能，他寧願別人也不擁有它——比起別人有而自己沒有來說，嫉妬的人寧願大家都沒有。

川普在關於防疫的記者會上說過一句被主流媒體口誅筆伐的話：富人和名人確實

有時會得到優待（比如NBA籃球明星優先得到測試），「可能這就是人生。」這句話描述了今天人類社會的實際情況，不管你喜不喜歡，它就是事實，只是如同房間裏的大象，人們都不說，川普將其說出來，但說出來就有罪乃至大逆不道嗎？諾齊克指出，不應爲富人享有更好的醫療而大驚小怪，醫生有權根據病人支付的費用來決定給予其什麼樣的服務。他說，一個理髮師有權向顧客提供不同的服務，如果某人成爲理髮師是因爲他喜歡與許多不同的人談話，那麼，他把他的服務分配給那些他最願意與之談話的人們是不公正的嗎？或者，如果他是爲了掙學費，他可以只爲那些出手闊綽或給小費的人理髮嗎？政府不能強迫理髮師用同樣的標準來分配他的服務。同理，一個醫生的情況與此比較有什麼不同呢？難道因爲他是醫生，他就應當承擔按需分配的代價？在從事醫療工作的特殊環境中，爲什麼他要比別人少一些追求自己目標的權利呢？如果是社會或國家付錢給他讓他這樣做或許可行，但社會和國家爲什麼必須這樣做呢？由此看來，所謂的絕對平等是經不起論證和追問的。

再說工作的平等，羅爾斯主義者堅持認爲，在一個工作體系中處於從屬地位將損害人的自尊，因此應當致力於讓所有工作都平等。但諾齊克反問說，一個交響樂團的成員們不斷在接受樂團指揮專斷的命令，而且指揮並不諮詢他們對工作的整體意見，得到掌聲和鮮花的往往也是指揮。這是不平等嗎？樂隊成員們應當打破這種不平等、自行其是嗎？軍隊也是如此，士兵可以不服從將軍的命令嗎？社會主義國家如蘇聯和中國的軍隊爲實現「官兵平等」，一度取消軍銜制，將軍和士兵都穿沒有軍銜標誌的統一軍服。後來發現，這樣的軍隊在戰爭中根本沒有戰鬥力。一九四三年一月六日，蘇聯最高蘇維埃下令恢復肩章制度，一九一七年時曾被士兵不屑地從帝俄軍官肩上拔下的肩章現在又掛上了，史達林將共產革命時期的平等主義「復辟」爲強調階級的軍事「正統」。有趣的是，與此同時，蘇聯要求英國軍援紅色及金色的綬帶。正在「大西洋之戰」中苦鬥，連節約物資都還來不及的英國人，一開始實在不太想去理會這個「胡鬧」的要求，但這對紅軍而言卻是一個分水嶺。可見，即便是聲稱絕對平等的社會主義國家，平等也只是寫在紙上的謊言，「新階級」很快應運而生——正如歐威爾在《動物農莊》中對史達林體制的諷刺，「所有動物生來平等，但有些動物比其他動物更平等。」

羅爾斯的文字與大部分左派的文字一樣大而無當、枯燥乏味、味同嚼蠟，諾齊克的文字則與大部分右派的文字一樣細緻入微、娓娓道來、引人入勝，宛如一場辯證的盛宴，展示最高層次智慧的敏銳迅速，卻又卑之無甚高論地回到普通人都能理解並接受的常識。

10 如果船長及其團隊想把船弄沉?

——《當我們被困在同一艘船上》

智慧與同理心是有爲領導人的必要條件。你必須關心你所說統領的百姓,如果你鄙視自己的孩子,又怎能成爲好父母?如果你不關心士兵死活,又怎能成爲好軍官?

——塔克·卡森

兩黨合流,怒海危船

塔克·卡森是福斯電視臺知名節目《卡森今夜秀》主持人,也是美國首屈一指的保守派時事評論家。他的新書《當我們被困在同一艘船上:自私的執政團隊如何把國家推向革命邊緣》是臺灣出版的極少數保守派的著作——臺灣出版界熱衷於出版美國左派假大空的宣傳品，以此滿足那些假掰文青們的胃口，而視保守派思想為洪水猛獸，避之唯恐不及。果然，這本對美國現實極具批判力（對臺灣社會的若干病灶亦可對號入座）的書在臺灣並不暢銷。

這本書的英文原名為「愚人船（Ship of Fools）」，典故來自柏拉圖。柏拉圖鑒於希臘城邦的民主衰敗，以愚人船的故事表達其憂慮。他寫道：「船主，不論在體魄和力量上都是超乎一船之中的一切眾人之上的，但是耳聾、重聽，目光短淺而對於航海事務的一無所知。水手們，互相吵鬧，爭奪掌舵的權力，每一個人都認為應該由他掌舵，儘管從未學習過技術。」這樣一艘船，如何能平安航向目的地？

無獨有偶，清末的劉鶚在《老殘遊記》中也描寫了一個有趣的夢，夢中看到大洋中有個輪船，船體已有些殘破，在驚濤駭浪中航行。船上有四種人：一是船主和掌舵、扯帆的，二是具體管理船的水手，三是在船上演說的，四是不計其數的男女乘客，「那八個管帆的卻是認真的在那裡管，只是各人管各人的帆，彷彿在八隻船上似的，彼此不相關照。那水手只管在那坐船的男男女女隊裡亂竄，不知所做何事。用遠鏡仔細看去，方知道他在那裡搜他們男男女女所帶的乾糧，並剝那些人身上穿的衣服。」這艘船的結局當然會像鐵達尼號那樣悲慘。劉鶚哀嘆說：「棋局已殘，吾人將老。欲不哭泣也得乎？」

本書的中文譯名並不準確，卡森的意思不是說大家都被困在同一艘船上，而是說船長及其團隊並不想跟乘客同舟共濟，彼此同船異夢。船長及其團隊是一群想將船弄翻、弄沉的壞人，他們早已準備好救生艇安全離開，而乘客們只能坐以待斃。在卡森看來，今天的美國已陷入類似的危機之中：在位者犯錯毋須受罰，昏庸無能者逐步高升，並沿途破壞一切。

卡森是保守派，是共和黨人，卻發現共和黨建制派與民主黨逐漸合流、坐地分贓，兩黨的差異愈來愈不明顯。比如，兩黨都不願觸碰貧富懸殊這個燙手山芋，共同打造一個極度不平等、容易走向崩潰的社會；兩黨的領導階層都與社會脫節乃至與世隔絕，拒絕傾聽民眾排山倒海的憤怒呼聲；兩黨的總統近年來幾乎所有的重大外交政策都是一場災難，但對於扶持傀儡國家和無意義戰爭的熱情卻不斷增長；兩黨從九一一恐怖襲擊事件中學到的主要教訓是認爲，打擊恐怖主義的最佳方法是歡迎來自伊斯蘭極端主義地區的大量移民。尤其是共和黨的民主黨化，乃是共和黨覆亡的前兆，所以前些年才有茶黨的興起，而川普的出現是共和黨絕地求生的轉折點。

深層政府，寡頭政治

卡森認爲，美國的民主危在旦夕，統治者假冒民主但其實是寡頭政治，不斷做出讓人民抓狂的事。兩黨高層不惜破壞憲法也要維護自己的權力，政權愈是在傾頹的時候反而變得愈專制。他們高唱言論自由，但不允許意見分歧。如果用川普總統的說法，美國政治已被可怕的「深層政府」牢牢控制，如果此「深層政府」不變，換了總統亦無濟於事。

菁英治國並不必然邪惡。美國的國父們個個都是菁英，美國是一個由紳士創建的共和國。但是，當代美國的菁英全然喪失了清教徒觀念秩序和公民德性，連基本的服務精神和愛國心都不具備，眼中只有金錢和權勢。僅以美中關係而論，退役空軍准將、曾任白宮參謀長聯繫會議主席中國戰略顧問的中國戰略專家羅伯·斯伯廷在《隱形戰》一書中指出，美國遭到中國的嚴重滲透是美國的權力菁英自找的，他們短視近利，枉顧國家安全，不管是民主黨還是共和黨的政客，都爭先恐後向中國下跪，這是兩黨的又一個共同點。歐巴馬的副總統暨二〇二〇年總統候選人拜登，當年在出訪中國時帶上兒子，他的兒子在此後不到十天就完成了一筆跟中國的十億美元的生意合約。《紐約郵報》評論說：「這樣的搭配以前可沒見過：中國政府身爲美國最強悍的競爭對手，竟然會和美國政界最具權勢的決策者的兒子攜手做生意。」更奇怪的是，美國的司法機構對此不聞不問，數年後老邁的拜登鹹魚翻身，居然成爲民主黨推舉的總統候選人。共和黨也不甘落後，共和黨參議院領袖麥康諾是政壇不倒翁，不管哪個共和黨總統在位都必須跟他合作，才能在國會通過法案。在小布希時代，他的妻子趙小蘭出任勞工部長，在川普時代更出任交通部長。趙小蘭的父親是江澤民的同學，其經營的航運集團從中國拿到無數合約，趙小蘭的妹妹趙安吉更出任中國銀行董事，而美國司法機關對趙小蘭家族展開的調查，幾次都無疾而終。「深層政府」勢力之大，超乎一般人的想像。

卡森在書中用很大的篇幅描述柯林頓家族的腐敗。柯林頓入主白宮時，經濟窘迫，剛付完房貸，卸任後卻富可敵國，屢屢赴中國演講，一場活動的報酬就高達五十萬美金。柯林頓與希拉蕊的掌上明珠雀兒喜才能平庸，卻因爲出身不凡，哈佛大學和牛津大學都向其敞開大門，一畢業後就能「找到」高薪工作並一路飛黃騰達，後來負責管理父母擁有數億資產的基金會，在紐約更擁有價值千萬美金的豪宅。雀兒喜出版一本平淡無奇的書，卻立即得到媒體的肉麻吹捧，彷彿她比諾貝爾文學獎得主更有才華。希拉蕊敗選之後，左派媒體甚至鼓吹下一次由女兒代母出征。雀兒喜要風得風、要雨得雨，用「三千寵愛在一身」來形容並不過分，她跟習近平隱居深宮的女兒習明澤相比，特權指數不遑多讓——兩個公主還是哈佛校友。

卡森尚未寫到柯林頓涉入的更邪惡的事件——性侵未成年少女。二〇一九年八月十日，因遭指控組織未成年人性交易而被捕入監的紐約富豪傑佛瑞·艾普斯坦在監所離奇死亡。川普發推特評論說：「艾普斯坦有比爾·柯林頓的資訊，然後他就死掉了。」暗示艾普斯坦之死非同尋常，有可能是被「深層政府」殺人滅口。艾普斯坦案比電視劇《紙牌屋》的情節還要離奇。此前，一個由獨立記者們組成的網路媒體BNL在推特上曝料說，有若干頂層民主黨人，包括前總統柯林頓，乘艾普斯坦的私人飛機去他的「戀童島」，因此艾普斯坦被稱爲「元首級」淫魔。柯林頓百般否認此事實，但飛行紀錄和艾普斯坦管家的證詞都顯示這是鐵的事實。（二〇二〇年七月，艾普斯坦的英國名媛女友季絲蘭·麥斯威爾在紐澤西被捕，但願她不會「被自殺」，希望她供出驚天內幕。）

川普崛起，不是民粹

權貴階層以爲他們隻手遮天、爲所欲爲，殊不知，人們不是麵團，可以任由他們蹂躪。卡森認爲，川普的崛起是因爲選民想對權貴「比中指」——代表了選民對幾十年來自私愚昧的統治階層的許多草率禍國政策的怒吼，人民受夠了。川普有很多缺點，他也從不掩飾自己的缺點，但選民就是喜歡他，即便選民第一次投票的時候根本不知道川普有沒有執政能力、是否會兌現其承諾？但他們至少知道此前的那些錯誤政策都跟川普無關，川普不是「華盛頓的沼澤」中的成員，川普承諾要抽乾那個禍國殃民的沼澤地。

正是因爲川普做出這樣的宣誓，「深層政府」對其百般阻撓、恨之入骨。共和黨建制派不遺餘力地反對川普，甚至比反對民主黨對手還要賣力。川普贏得共和黨初選後，共和黨大佬們立即密謀如何在大會上奪走他的提名。贏得普選後，菁英們開始算計要讓選舉人團的普選結果無效。總統就職典禮後，華府常任官員們則努力杯葛川普的施政團隊，首任國家安全顧問弗林將軍遭到暗算。共和黨最有權勢的布希家族和兩位曾經代表共和黨參選總統的重量級參議員麥凱恩和羅姆尼都竭盡全力反對川普，甚至揚言說要投票給民主黨，因爲川普的新政會觸及他們的既得利益，斷人財路，甚於殺人父母，「深層政府」當然要全力反抗。

「深層政府」所控制的主流媒體無所不用其極地抹黑川普。卡森寫道，美國的統治階級並沒有因川普勝出而停下來傾聽、思考、改變，反而採取了防禦性的蹲伏姿態。從川普當選的那晚起，他們就用許多彷彿暑期動作影片那般不合邏輯的理論來解釋自己的挫敗：川普之所以勝選是因爲假新聞哄騙了思維簡單的選民、是因爲俄國特工幫助川普、是因爲川普宣揚種族主義和民粹主義、是因爲川普很有錢……等等這些無稽之談——講的多半是他們自己。

卡森嚴厲批評美國在中東地區勞民傷財的愚蠢戰爭，他發現一個耐人尋味的眞相：「小布希時代登上政壇的新保守主義不是眞正的保守主義。」卡森用數十頁篇幅來討論後雷根時代最具影響力的共和戰略家比爾·克里斯托——他是新保守主義創始人歐文·克里斯托的兒子。克里斯托是伊拉克戰爭及其他幾場戰爭的重要鼓吹者，認爲美國可以輕而易舉地在中東地區和世界其他地方移植或複製美國式的民主制度，但當戰後的重建遭遇重大困難時，他卻像面對房間裏的大象一樣選擇對伊拉克、阿富汗、利比亞國家的解體視而不見。當川普在二〇一六的競選中首次公開說出反對伊拉克戰爭的觀點，克里斯托立即成爲川普的激烈反對者，轉而支持獨立候選人。當川普大獲全勝之後，他在電視上差點哭出聲來。好戰的新保守主義失去了保守主義的眞諦：民主必須靠公民美德、法律和秩序才能維持。

川普執政以來，迅速擊敗了外國的敵人，結束了幾個毫無必要的戰場，他知道美國的力量及其限度。小布希總統時期，美軍在中東陣亡超過五千人。歐巴馬總統時期，美軍中東陣亡超過兩千五百人。川普執政以來，美軍陣亡僅六十三人。在歐巴馬八年任期內，伊斯蘭國（ISIS）恐怖分子攻城略地，讓全世界聞風喪膽；而川普僅僅用了不到三年時間，在二〇一九年十月就基本上正式終結了伊斯蘭國。

對內，川普也肅清了共和黨的反對派，重建了共和黨。那些反對川普的共和黨議員不得不面對選舉內巨大的民意壓力——不支持川普也就是意味著在下一次選舉中落選，民意對川普這個品牌的信任度遠高於對共和黨這個品牌的信任度。經過整合，共和黨對川普的支持率高達百分之九十七，這是雷根以來共和黨總統得到的最高的黨內支持率。

在行政分支機構，川普一步步地讓那些犯錯的人離開其職位。他新啓用的「天啓四騎士」掌握了重要的行政部門，充分貫徹其意志，他們是：國家安全顧問歐布萊恩、聯邦調查局局長瑞伊、司法部長巴爾、國務卿龐皮歐。

儘管如此，「深層政府」並未心甘情願地退出權力場域，他們不會因爲川普幫助他們解決了爛攤子而給川普掌聲。卡森充滿諷刺地指出：「除了愚蠢之外，美國外交政策機構的最大特徵是自尊的復原力。無論犯了多少錯、無意中製造了多少災難，他們似乎從來都沒有感到難過，當然也不會自責。部分原因是因爲他們大多數人都住在華盛頓。」唯一的深刻懺悔，發生在近半個世紀之前——越戰時期的國防部長麥納馬拉，這位曾在福特汽車公司和五角大廈都創下管理奇蹟的「神童」，晚年在回憶錄中承認越戰是「美國歷史上最糟糕的一場戰爭」，他本人難辭其咎。

身分政治，仇恨教育

卡森出版此書時，「黑人命也是命」運動還未驚濤拍岸，但他早已覺察到「身分認同政治」之暗潮洶湧。他發現美國社會出現種種「反向種族隔離」的跡象——哈佛大學專門爲黑人學生舉行畢業典禮，拒絕白人參加；很多大學專門爲黑人設置餐廳和宿舍，白人遭到驅趕。大學變成仇恨教育的基地。在某些極左派的操弄之下，「身分認同政治」成了最高的政治，成了不容置疑的「政治正確」。你必須認同「黑人命也是命」，在國歌奏響時用下跪的方式向黑人道歉，如果你站著，你就是種族歧視者，如果你認同「所有人都命貴」，你更是種族歧視者，甚至會遭到射殺。

歐巴馬用「身分認同政治」的方式獲得選票，也用這種方式掩飾自己的無能，更用這種方式讓美國陷入更大的分裂之中。卡森評論說：「如今再也聽不到我們領導人發表任何種族和諧重要性的看法了，幾乎沒有人主張人人在皮膚底下都一樣，而是著重於我們的差異，這就是多樣性議程的本質。」他敏銳地指出，「身分認同政治」的前提基礎是：「每位美國人都隸屬於一個群體，通常是以種族為類別區分。實現政治權力的關鍵，就是設法把資源轉移到自己的族群裏，用另一個詞來說就是部落主義。這是讓一個國家分裂最容易的方法。因為他們並不是基於理想觀念，而是基於與生俱來的特徵。」這樣，黑人罪犯就可以振振有詞地宣稱，他們犯罪乃是因為種族不平等的外部環境，其本人不用承擔任何責任。

「黑人命也是命」運動將川普描述成惡劣的種族歧視者。這是這個時代最大的謊言。川普確實說過「黑人的犯罪率最高」，媒體每天都抓住這句話將川普形容為希特勒。可是，媒體刻意不報導川普接下去說的第二句話：「我們要幫助解決黑人社區的教育和其他問題。」三年來，川普簽署了自選學校法案，加大撥款支助給黑人大學和學院，歷史悠久的黑人大學（HBCU）獲得的資助增加了百分之十四以上。二〇一八年，川普簽署了具有開創性的《第一步法案》，這是一項刑事司法法案，使司法系統更加公正，並幫助前囚犯成功重返社會，該法案解決了量刑法律中的不平等現象，從該法案的追溯量刑減少中受益的人有九成以上是黑人。川普的社區振興計畫的受益者，很多都是黑人居住的貧民區和犯罪率高的地區。在美國遭遇武漢肺炎病毒襲擊之前，由於就業機會豐富，美國的貧困率降至百分之十一點八，爲十七年來的最低點。非裔美國人和西班牙裔美國人的貧困率已達到自美國開始收集此類數據以來的最低水準。這些眞相，媒體從來不報導。

與之相反，那些倡導多樣性和身分認同政治的政客和菁英人士，卻鮮少爲改變黑人的境遇做過什麼實事。歐巴馬靠其黑人身分入主白宮，但他八年任期拿不出任何好的政策和數據證明黑人的生活狀況有所改善。他在講話中故意煽動種族矛盾，彷彿他不是美國總統，而是要顛覆美國體制的革命家列寧。更適合他的地方，似乎不是白宮而是延安的窯洞，在那裏他可以向毛澤東學習革命方略。當然，歐巴馬和他的極左派同僚們不會忍受延安窯洞的簡陋生活，甚至不會居住在美國生活水準和治安條件稍稍差一點的區域。從他們在哪裏買房、住在哪裏，就可以看出他們何其言行不一。卡森歷數了這些僞善左派的實際生活狀況：希拉蕊和柯林頓身價數千萬美元，免費享有特勤局終身保護，大可安全地居住在更多黑人的哈林區或紐約東部，但他們的房子卻買在黑人比例不到百分之二的紐約郊區的高級住宅區。歐巴馬和蜜雪兒同樣非常富有，身邊有保鑣隨侍，他們的孩子都在昂貴的私立學校就讀，學區如何與他們無關。但他們還是選擇在華盛頓白人最多的社區居住，黑人鄰居還不到百分之四。紐約市長比爾·白思豪是個極力倡導多樣性的政客，他的妻子是黑人——他似乎身體力行。但他居住郵政編碼區，卻是紐約白人最多的一區，黑人比例不到百分之五。民主黨參議員華倫自稱擁有印第安原住民血統，卻從未在印第安保留區生活過，她住在哈佛大學所在的麻薩諸塞州劍橋市，郵政編碼區的黑人比例不到百分之六。他們處心積慮地運用「身分認同政治」獲取個人的權力和名望，絲毫不考慮這種做法對美國社會造成何種傷害。在此意義上，這些左派是美國的公敵。

翻轉美國被左派壟斷的仇恨教育和身分認同政治，讓美國回到建國之初的清教徒觀念秩序上，美國才能再度偉大。幸運的是，如果遇到想把船弄沉的船長，美國人還擁有最後一個殺手鐧——美國憲法，他們可以通過選舉將不稱職的船長趕下船，然後換上稱職的船長重新揚帆出海。美國永遠不會變成委內瑞拉。

11 為什麼鐵銹地帶的選民愛川普？
——《絕望者之歌》

政府讓人靠著福利就能無所事事，他們根本是在羞辱我們這個社會！我們是努力工作的人，卻因爲每天工作而被嘲笑！

——傑德・凡斯

《絕望者之歌》揭示了川普當選的秘密

在美國生活的華人中產階級，大都居住在經濟最發達、文化最多元的東西兩岸以及新興產業增長強勁的德克薩斯州。他們未必能融入主流社會，分享由白人盎格魯撒克遜新教徒和猶太人所壟斷的政治、經濟和文化權力，但身爲擁有高學歷的專業人士——一般都充當軟體工程師，即自我調侃的「碼農」，至少獲取較高薪水、過著富裕的中產階級生活，並為下一代提供優越的教育條件。這群華人白領，跟傑德·凡斯這種自稱「鄉巴佬」的、身處中部地帶的「另類白人」宛如生活在兩個美國，他們無法想像傑德·凡斯在自傳《絕望者之歌》中描繪的鄉巴佬生活狀貌。只到過東西兩岸「精華地帶」的華人旅行者和留學生，更不知道還有傑德·凡斯筆下的另一個美國和另一群美國人。

以族裔和階級身分而論，傑德·凡斯自我界定說：

> 我雖是白人，卻屬於美國數百萬蘇格蘭—愛爾蘭裔的勞工階級。對於這些傢伙而言，貧窮是家族傳統，他們的祖先是南方奴隸經濟體系中的臨時工，之後成為佃農，再成為煤礦工，近年來又成為機械技師和磨坊工人。美國人稱他們為鄉巴佬、紅脖老粗及白人垃圾，但我稱他們為鄰居、朋友及家人。

經濟和階級地位的差異，大於種族的差異。某些白人與另一些白人之間的差異，大於某些白人與某些華人及其他人種之間的差異。就地理環境而言，這類鄉巴佬生活在大阿帕拉契山脈地帶，深受阿帕拉契亞大山谷文化的影響。這個區域很大，從南部的阿拉巴馬州一路延伸到喬治亞州，再往北直到俄亥俄州及紐約部分地區。他們長期自我封閉、自給自足，卻在二十世紀末期這場無遠弗屆的全球化浪潮中，如同滾筒洗衣機中飛舞的泡沫般身不由己、前途莫測。整個工業鏈條迅速繁榮，又更加迅速地衰敗，他們猝不及防，夢想幻滅、家庭破碎、生命斷裂。

新自由主義預言全球化帶來世界大同，但長期以來這群鄉巴佬被東西兩岸的主流社會和菁英階層遺忘、背叛、蔑視，光鮮的美國夢跟他們毫無關係。東西兩岸愈是亮麗，中南部就愈是黯淡，兩者的「反向命運」存在著草蛇灰線般的關聯性。左派牢牢掌控的媒體和頂尖學術機構，聯合封殺鄉巴佬的聲音；「政治正確」的緊箍咒，又讓他們只能「沉默是金」。歐巴馬在談起中西部小鎮上的失業人士時輕蔑地說：「那裏的工作已經流失二十五年了，沒有新的工作出現，這群人變得忿忿不平也不足爲奇。於是他們依戀槍枝或是基督教，或者對與他們膚色不同的人感到反感，或通過反移民和反貿易的情緒，來表達他們的挫折。」這種居高臨下、帶有侮辱性的說法，似乎是說，你們的失敗都是你們自己的錯。這種說法讓美國工農大眾更加憤怒，他們於是成爲川普的強烈支持者。

「不在沉默中滅亡，就在沉默中爆發。」當川普在一場激烈的大選中捕捉到他們的心聲並毫不隱諱地替他們說出來時，他們的憤怒如決堤的大洪水，「驚濤拍岸，亂石穿空，捲起千堆雪」，成爲一股將川普這個「非典型」政治人物推進白宮的重要力量。歐巴馬執政八年，將政治鐘擺擺到羅斯福新政以來左翼的最高點，美國的傳統價值和立國根基遭遇前所未有的侵蝕。如今，政治鐘擺猛烈往回擺動，這是不是鄉巴佬們所期盼的福音呢？

他們是全球化和新自由主義經濟學的受害者

傑德·凡斯的家族來自東肯塔基州的山區，是蘇格蘭、愛爾蘭白人移民，從東岸平地來到山裏謀生，定居在此。這裏曾因伐木業及礦業發展出繁華小城，二十世紀初政府開始保護阿帕拉契山林木，加上煤礦業沒落，廣大居民失去工作機會，經濟及社區發展一蹶不振。

隨著二十世紀上半葉鋼鐵、汽車等工業興起，鄉巴佬們移居平原地區的新興工業城市，成爲大型工廠中裏的工人。他們享受到城市化的榮景，擁有現代化住宅、穩定的收入、水準不錯的公立學校，美國夢似乎近在咫尺。誰也不曾料到，二十世紀末、二十一世紀初，在經濟全球化的衝擊下，美國的鋼鐵和汽車等工業顯現疲態，工廠紛紛離開美國，老闆去人力成本更低的亞洲或南美開新廠。正要蛻變爲城裏人的鄉巴佬們，在地圖上連中國都找不到，卻被中國從未謀面的農民工奪去工作機會。鄉巴佬們不是全球化的受益者，而是全球化的犧牲品——雖然他們與普通的美國消費者一樣，可以在沃爾瑪等超級市場買到中國製造的廉價商品，但他們失去了工作，也就失去了消費能力，他們失去的比得到的多得多。當然，這些夾在鄉巴佬和城裏人之間身分曖昧的美國勞工，境況並未糟糕到中國沿海勞動密集型工廠裏不堪壓力跳樓自殺的農民工的地步，但他們被鎖定在日漸衰敗的城市中、找不到新的工作機會、公立學校水準不斷下降、家庭破碎、暴力及毒品泛濫，由此形成惡性循環。他們的希望逐漸破滅，被絕望所籠罩。

這就是傑德·凡斯的童年和青少年時代的生活環境。他的母親是從山區移居城市的第二代工人子女，她原本是一位優秀高中畢業生，還被選爲畢業致詞的代表，大有希望進入大學學習，卻未婚先孕、生下孩子，失去以高等教育改變命運的契機，人生軌跡直線下墜。在凡斯的成長過程中，他的母親至少換了十六位男友，他至少有過五個繼父。喪失自控能力的母親，沉溺於藥物和毒品，失去醫院護理師的工作，成爲被孩子照顧的對象。像凡斯母親這樣的「人生失敗者」，在其親友和鄰里之中比比皆是。外部環境的惡化和內心的崩塌，使他們無力改變命運。更可怕的是，第三代的孩子大都憤世嫉俗，認爲「我再怎麼努力也沒用」，自暴自棄、自取滅亡。

東西兩岸的菁英階層對鄉巴佬群體視而不見。他們倒是享受到全球化的好處，股票扶搖直上的矽谷高科技企業、華爾街的投資者和律師、華盛頓的政客和遊說者、好萊塢的明星，這些人「理所當然」地成爲美國的「臉面」。殊不知，美國的「裡子」卻在潰敗和腐爛。

深入研究二〇一六美國大選的外商資深策略顧問葉立錡撰文分析說，歐巴馬任內的政策如減碳、發展綠能以降低暖化速度，立意看似良善，但勢必降低化石燃料使用、增加營運成本甚至關閉工廠。自由貿易協定（ＦＴＡ）雖有助全球化與加強與盟邦互惠，卻會伴隨「去工業化」及工廠移出，這些政策受害最深的是中西部各州的鄉村小鎮，以及在全球化下工廠大量關門的鐵鏽帶——密西根、俄亥俄、賓州等州。美國不分政黨，三位總統柯林頓、小布希到歐巴馬，都是全球化與自由貿易的支持者，藍領與中產的反體制忿怨，讓川普在共和黨黨內初選階段輕鬆擊敗以體制派爲主的十六位參選者。

川普是極少數體察到鄉巴佬的憤怒和痛苦的政治人物，他在總統就職演講中說：

長期以來，我們國家首都的一小批人從政府獲得好處，而買單的是人民。華盛頓繁榮了，但人民卻沒有分到好處。政客發達了，但是工作流失了，工廠關閉了。既得利益集團照顧了自己，但是沒有保護我國公民。他們的勝利沒有成為你們的勝利。他們的成功沒有成為你們的成功。母親和孩子陷於市區的貧困當中，廢棄的工廠像墓碑一樣遍布全國各地，教育系統資金充足，而我們年輕可愛的學生卻無法獲得知識，犯罪、幫派和毒品奪走了太多的生命，也奪走了我們國家太多未能發揮的潛力。

川普上臺之後確實扭轉了這種「只讓東西兩岸菁英受益」的全球化趨勢，透過重新簽署與外國的貿易協定，讓更多的工廠和工作機會轉移回美國。

他們爲什麼從民主黨人變成共和黨人？

凡斯靠個人奮鬥以及好運氣，擺脫了鄉巴佬的厄運。當他躋身於從常春籐名校畢業的「高等美國人」行列之時，也沾染上波士頓、紐約和矽谷的「政治正確」，他是共和黨人，卻沒有投票給川普；他的那些仍在鐵鏽地帶等死的鄉親們，聽到川普的講話，熱血沸騰、心有戚戚焉，都是川普的熱切支持者——傳統的媒體不願傾聽鄉巴佬們的心聲，不會料到川普具有如此強大的民意基礎，在總統選舉中大獲全勝。

書中最發人深省的部分，是作者分析這群鄉巴佬，如何從「堅定的民主黨人」轉化成「堅定的共和黨人」，甚至因爲傳統共和黨人向中間立場靠攏，轉而選擇堅持更草根、更堅持共和黨基本價值的川普。川普與希拉蕊的對決，鐵銹地帶的幾個中部州的翻盤，至爲關鍵。威斯康辛、密西根、俄亥俄、賓夕法尼亞等州，向來是民主黨的鐵票倉，民主黨認爲工人和工會必然支持他們——希拉蕊從未去過這些地方催票。選票開出來之後，這些州全都由藍轉紅，民主黨那些滿口仁義道德、滿肚男盜女娼的政客悔之晚矣。

爲何不到一個世代的時間，阿帕拉契山區及其南側區域會從民主黨支持者轉變爲共和黨支持者？有人從種族和宗教的原因來解釋——白人和基督徒更願意投票給川普。凡斯的回答卻是：比貧富懸殊和種族差異更重要的是，長期以來對鄉巴佬的忽視和蔑視，終於種瓜得瓜，種豆得豆。他們是貧窮的鄉巴佬，但持守自己的尊嚴，可以忍受貧窮，卻不能忍受政府和菁英對其尊嚴的剝奪。民主黨政府偏好於施行「幫助窮人」的福利制度，反倒點燃窮人的怒火——這套制度是在剝奪鄉巴佬所剩無幾的尊嚴。過去美國人可以不用每年花數萬美金取得大學學歷，在家鄉附近鎮上一家小公司或小工廠找份正常工作即可過活。在全球化後，美國本土製造業沒有競爭優勢，非知識工作者多數只能做沒有員工福利的兼職工作，領著微薄時薪，「這群人要繳上個月的電費都很困難，怎麼會想到綠能、全球暖化跟自由貿易」。愈來愈貴的歐巴馬健保，看著歐巴馬政府花大錢保護中美和中東難民，社會貧富差距愈來愈大，他們當然轉而投票給川普——「鐵鏽帶」的藍領對《北美自由貿易協定》讓工廠與工作機會移至墨西哥、世界貿易組織（WTO）導致大量中國商品進入美國等結果極度不滿，選民統統都在二〇一六年宣洩在選票上。鐵鏽地帶的鋼鐵工人約翰告訴媒體，自己一直是民主黨支持者，但因爲川普競選時對鋼鐵行業的承諾，而改投共和黨一票。

歐巴馬把自己打扮成窮人總統、平民總統，但鄉巴佬們對其極爲痛恨。凡斯用充滿諷刺的筆調寫道：

> 歐巴馬的出現立刻引發我們最深刻的不安全感：他是個好父親，我們大部分人都不是；他上班穿西裝，我們穿連身工作服（首先我們還得想辦法找到工作）；他的妻

子告訴大家不該餵小孩吃某些食物，我們恨透她這麼做——不是因爲她說錯了，而是我們知道她說得沒錯。

歐巴馬推動的那些所謂進步價值，更是讓鄉巴佬們怒火中燒。虛僞者通常會以高尚爲旗幟，行卑劣之事。比如，歐巴馬強行讓公立學校設置無性別的廁所，允許那些「自我界定性別」的人自由出入男女更衣間，他自己的兩個女兒卻就讀於昂貴的私立學校，不必擔心實施此政策讓女兒成爲性侵事件受害者——反正受害者是別人的女兒。歐巴馬及其民主黨同僚對基督教的敵對和攻擊也達到美國歷史上的最高點，這也是鄉巴佬們無法忍受的。對於凡斯的外婆這樣將上帝和美國視爲生命支柱的老派美國人而言，歐巴馬政府去基督教化的作法，是對他們信仰和信念的打擊與摧毀。

歐巴馬似乎是全世界人的總統，偏偏不是美國人的總統，大概沒有人比他更仇恨美國的美國總統了——反倒是歐洲人很喜歡他，僅僅因爲他的膚色和「進步」的講話，在其剛剛上任、尚未做出任何政績時，就把諾貝爾和平獎頒發給他。然而，諾獎的光環不足以讓歐巴馬受到鄉巴佬們愛戴，他們不知道諾獎是什麼東西。鄉巴佬們舉雙手贊同川普對歐巴馬的批評：「大家都知道我不喜歡歐巴馬總統，我認爲他是個很糟糕的總統——他沒經驗又自大，把我們國家給害慘了。」

如何找回美國的清教徒傳統？

凡斯價值觀的轉變，發生在十七歲那年。外婆爲了讓他明白金錢來之不易，讓他假期到百貨公司兼職當收銀員。正是在收銀員這個卑微的職位上，凡斯看到了決定社會政策的菁英們在辦公室中看不到的人間百態。他發現，很多所謂的窮人，挖空心思鑽福利制度的漏洞，分批結帳，用食物券買食物，再以折扣價賣出換現金，最後用現金購買啤酒、葡萄酒和香煙等奢侈品。這整個過程都在他眼皮子底下施施然地發生，他無權制止，也無法舉報。

凡斯的外婆苦口婆心地教育他說，一定要努力工作、不能不勞而獲，盡力不要成爲領取政府福利的人。然而，在民主黨的社會政策之下，勤勞工作者得不到尊重和保障，偷奸耍滑者反倒游刃有餘。凡斯舉例說明福利制度帶來的不公：「每隔兩週我會收到微薄的薪資支票，然後注意到聯邦政府會從薪資中扣掉所得稅。在此同時，一位住在附近的用藥上癮者也會以差不多的頻率來買丁骨牛排。我窮到買不起丁骨牛排，但託山姆大叔的福，我得替其他人買的丁骨牛排結帳。」他心裏非常憤怒：「我實在搞不懂，我們家辛苦度日，這種人卻可以靠福利津貼享受這些我完全沒有機會嘗試的小玩意。」凡斯得出結論：民主黨號稱代表工人，其實言行不一。

《絕望者之歌》最可貴之處在於，作者在質疑左翼世俗主義思潮的同時，也對當下美國教會做出深刻反思。凡斯指出，與一般人刻板的印象相反，大阿帕拉契山區會上教堂的人比中西部、西部山區及密西根州與蒙大拿州之間的人還要少。「在我出生的俄亥俄州南部，辛辛那提和代頓這樣的大都會區其實很少有人上教堂，比例大概跟極度自由開放的舊金山差不多。」但在接受民調時，基於對傳統的尊重，大家都說謊，聲稱每個禮拜日都去教堂，因而造成「聖經帶」信仰穩固且繁榮之假象。實際上，在鐵銹地帶，宗教機構雖然幫助許多人維持穩定的生活，但面對製造業衰敗、失業率高企和濫用藥物等嚴重問題，教堂已然無能爲力，信徒大量流失。

如果該地區的信仰眞的穩固而鮮活，凡斯的外公怎麼會酗酒並死在外面？凡斯的母親怎麼會一次次婚姻破裂並染上毒癮？遺憾的是，教會的神學和講道刻意迴避信徒的現實困境。凡斯的外婆是虔誠的基督徒，卻極少去教堂做禮拜，她發現教堂裏的牧師在講臺上「耍蛇」——這不是一個比喻，極端靈恩派教會確實如此，他們像雜技團的藝人那樣耍蛇，似乎表明其擁有舊約時代先知摩西的能力。凡斯的外婆是鄉巴佬之一員，從未受過高等教育，不具備強大的理性精神，她憑藉長年在生活中提煉出來的常識，對極端靈恩派的作法不屑一顧。確實，無論牧師耍蛇的本事有多高，只能讓人拍案驚奇，但無法帶來廣大信徒信仰的復興。近半個世紀以來，在新教各宗派中，美國靈恩派教會信徒數量的增長最快，但並未帶來從政府政策到家庭婚姻的整體性的翻轉。

在高中時，凡斯跟生父短暫相處了一段時間。他的生父常去教堂，也帶他一起去，打下他的信仰根基。在敏感多思的青少年時代，凡斯觀察到教會的種種情形，不能讓人點頭稱善。很多基督徒的言行不具基督徒精神，整天如驚弓之鳥，憂心忡忡、患得患失——擔心世俗資訊洗腦年輕人、擔心藝術裝置污辱信仰、擔心菁英迫害讓世界成為恐怖而陌生的國度。牧師在講臺上攻擊同性戀將導致世界末日、地球毀滅，卻很少宣講基督徒應有的美德，「我所學到的基督徒的道德觀，反而呈現在消極反對他們不接受的主張，譬如同性戀議題、進化論、柯林頓的自由主義或者婚外性行為。」這種視野和思想被狹窄化的、處於防禦狀態的基督信仰，喪失了基督信仰的精髓。

今天，無論美國教會還是美國社會，都應謙卑地追尋建國之初的清教徒傳統，從中發掘醫治「美國病」的藥方。歷史學者霍爾在《改革中的人民：清教與新英格蘭公共生活的轉型》一書中指出：

我們是否正確理解了清教徒爲什麼如此重要？一個簡單的答案是：它很重要，是因爲我們的公民社會和他們的公共生活一樣，有賴於把權力的使用和公益的道德聯繫起來。在我們這個社會，自由已經出現了很大的問題：人們過於關注權利而忽視了對整個社會的義務和責任。權力被濫用、公益缺乏的現象隨處可見。正確理解清教徒不會改變我們在感恩節吃什麼，但是可能會改變我們感恩的對象和內容，可能改變我們想像更好的美國的方式。

凡斯回顧耶魯求學生涯時，一個小小細節深深打動了我：他剛到耶魯，跟一幫法學院同學去餐廳狂歡到深夜，垃圾扔得到處都是，他不忍心讓可憐的侍者獨自清理，便決定幫忙。十幾位同學中只有另一位同樣出身貧寒的同學留下來幫忙，因爲其他人全是有錢人家的孩子，不會有同情心，也不願弄髒自己的手，認爲多給小費就心安理得了。然而，改變，正是從同理心和同情心開始。

12 川普的大棋局已旗開得勝

——《狂妄而務實的川普要什麼？》

如果國家利益和完美的宏觀戰略能得到清晰的闡述，一定會在時機成熟時贏得美國人民的支持。

——沃爾特·拉塞爾·米德

川普並不狂妄，川普相當務實

川普上任以來對美國和世界帶來的巨大改變，二戰以來唯有雷根可以相比。川普所策畫的一盤大棋局，西方的左派媒體和左派知識菁英不願或不能理解，除了繼續謾罵和誹謗，他們做不了其他有價值、有意義的事情。

早在二〇一六年的競選期間，川普在賓州蓋茨堡發表的政綱已經將其願景袒露無遺。當時，一位資深競選顧問告訴記者：「蓋茨堡是林肯拯救美國的地方，川普將在這個具有歷史意義的地方宣布他自己上任第一天就要開始推動的政策和計畫。」

川普在演講中指出國內及外交政策包括十一條：第一，美墨邊境的城牆由美國人自己先付錢，將來找墨西哥還錢。第二，將中國列爲貨幣操縱國。第三，停止向聯合國繳納涉及改善氣候變暖的經費，將這筆資金投入到美國基礎設施的建設中。第四，白宮僱員和國會議員在離職後五年內不得加入遊說公司，任何白宮僱員成爲遊說者之後不得爲外國人服務。第五，給國會議員設定任期。目前很多國會議員長期任職，導致他們和自己的選區人民漸行漸遠，愈來愈融入華盛頓的名利場。第六，限制聯邦機構過度招聘僱員。目前聯邦政府共有僱員四百萬人。第七，限制政府制定大量規章，但凡要制定一項新規定就要減少兩項舊規定。第八，推翻歐巴馬醫保法案。第九，減稅。第十，要停止從容易被恐怖主義控制的國家接受移民，並啓動遣返兩百萬非法移民的計畫，被遣返後重新偷渡進入美國的那些人將面臨牢獄之災。第十一，在效仿林肯的同時，學習另一個倍受歡迎的共和黨總統——羅斯福，以其打擊壟斷巨頭的事例爲榜樣。

川普執政以來，他的絕大多數競選承諾都實現了。即便那些非常不喜歡川普的人，也不得不承認在實現競選承諾這一點上，大概很難找到比川普更誠實的總統了。

在諸多研究川普的著作當中，商學院背景的學者丹尼爾·奎恩·密斯和史蒂芬·羅斯菲爾德合著的《川普：美國外交政策的現實與未來》（或許出於市場的原因，臺灣的譯本取了《狂妄而務實的川普要什麼？》這個奇怪的名字。）這是一本讀懂川普的心思意念並極具遠見卓識的專著。密斯博士在哈佛商學院任教逾三十年，從事領導力、戰略學、人力資源和個人發展等領域的教學工作，他曾為多家大企業提供領導、戰略和金融投資等相關議題的諮詢，是彼得·杜拉克非營利管理基金會思想領袖小組成員之一。羅斯菲爾德在哈佛大學分別獲得蘇聯區域研究的文學碩士及經濟學博士學位，其研究領域包括蘇聯經濟與比較制度理論，包含亞洲經濟體系、勞工管理公司與國際貿易，他曾擔任美國國防部長辦公室及瑞典國防研究機構顧問，蘇聯解體後，其注意力聚焦於亞洲。兩位學者合著的這本書論述了今日美國及世界的危機，二戰後所形成的「世界主義」的衰落，以及川普所主導的美國全球政策的再定位。兩位作者的觀點未必與川普的外交政策完全重合，卻大致符合川普已經在做的和即將要做的事情。

「虛僞的謙虛」與「崇高的邪惡」：歐巴馬是加速美國衰落的元凶

作者認爲，長期以來，美國傳統的政治人物的教育背景和思維方式，存在兩大「先天不足，後天失調」的致命缺陷：其一，美國政府普遍選擇那些擅長政治手腕、欠缺長遠眼光、沒有領導能力、只會操弄政治遊戲的人來擔任領導職位，這些人就是「圓桌人」。美國政客大都出身律師，律師屬於典型的「規則導向」，而非「結果導向」的人。美國政策與軍事機構內部有許多此類圓桌人，僅有少數「結果導向」的人，這麼多圓桌人的存在，說明爲什麼美國政策成效不彰。而歐巴馬就是這種圓桌人的代表。與之相比，川普的商學院和商人背景，使得他具有「結果導向」之特質。

其二，大部分美國政客都缺乏軍事經驗，也沒有以個人或團體的榮譽感及支持來展示對軍事文化的尊重。長期以來，好萊塢文化盲目反戰，貶斥軍人，五角大廈或中央情報局被妖魔化爲顚覆國家的陰謀中心。然而，美國擁有世界上最大且最強的軍事力量，這是美國乃至自由世界必須的保障。美國政治人物理應擁有相稱的軍事知識，美國總統至少應該擁有一定的軍事背景。歐巴馬是當代最疏遠乃至敵視軍隊的總統，他在任期內不斷削減美軍軍費，使得美軍難以應對新時代的挑戰。反之，川普雖不曾從軍服役，卻畢業於軍校中學，受過一定程度的軍事訓練，其內閣高官中退役將軍數量之多，爲和平時期所罕見。

書中毫不留情地指出，以歐巴馬爲首的左派政客是美國隕落、政策失效、世界失序的直接責任人。蘇聯東歐共產集團崩潰之後，歷史並未像福山預測那樣的走向「終結」，美國及西方則面臨更加錯綜複雜的挑戰。先是「九一一」恐怖襲擊，伊斯蘭原教旨主義氾濫，若干伊斯蘭背景的國家出現「返祖」和「反西方」兩大趨勢，名爲「伊斯蘭國」的恐怖組織在中東亂局中順勢而起，一度攻城略地，震驚世界。接著是中國搭上全球化「順風車」，以超越納粹德國的「國家資本主義」模式挑戰以美國爲代表的西方普世價值。西方左派政客並未意識到這場危機的嚴峻性，尤其是歐巴馬八年執政，如兩位作者形象式的比喻，是「驢子引導獅子」，讓美國的國際地位和國家信心陷入比越戰失利更可怕的低谷。

作者用「虛僞的謙虛」一詞概括歐巴馬的性格和政策。歐巴馬外表光鮮、口才便給，但他說得愈多，愈被人輕看：「歐巴馬喜好在國外發表演講，他也坦率承認美國體制具有嚴重缺陷。但或許他沒有意識到，他的謙虛只是更加深了國外許多人對美國極力在全世界推廣制度的厭惡感。」歐巴馬認爲，伊斯蘭世界是西方帝國主義的無辜受害者，美國應該提供穆斯林援助，那些恐怖分子是害群之馬，根本不是眞穆斯林。在法國《查理週刊》遭到恐怖分子襲擊之後，歐巴馬表示，記者不該批評伊斯蘭武裝分子，但又表示言論自由不會受到限制。「面對這兩個相左的立場，只能推論出歐巴馬希望成爲唯一能夠限制記者表達權利的人。」其實，用「虛僞的謙虛」來形容歐巴馬是舉重若輕，恰如其分的形容詞是「崇高的邪惡」，即以崇高面貌呈現出來的邪惡本質。歐巴馬以林肯爲標竿，所爲卻背道而馳，他不僅沒有減少美國的分裂和紛爭，反倒使之大大加劇。歐巴馬比美國的敵人更仇恨美國的立國之本，仇恨美國國父們的精神價值，仇恨美國樸實無華的勞動者，仇恨基督教。美國並不欠伊斯蘭世界什麼東西，他卻恨不得像爲大屠殺而下跪的德國總理勃蘭特一樣，向伊斯蘭世界下跪、割地、賠款。

危機中的美國不需要律師總統，而需要商人總統

川普當選，左派媒體無法理解美國選民的選擇，自我安慰說，這是民粹主義的例

外或錯誤，下一次民眾會糾正過來。作者卻指出，川普當選，絕非偶然，表明此前美國既有的政治模式已經失效，川普將領導美國開始新一輪的變革。

《狂妄而務實的川普要什麼？》用三分之一的章節論述戰後美國「世界主義」政策的破產。川普代表美國勞工階級和中產階級的立場，反對「世界主義」的政策取向。過去三十年來，在此取向下，勞工階級和中產階級遭到政府及國際機構的個人利益所壓榨，知識分子則沾沾自喜於向世界施恩（當然他們也分到了殘羹冷炙）。川普提出「美國優先」的政策，他眞正想說的是：「如果美國近幾十年來眞的是帝國主義者，那麼中產階級今天的日子應該過得更好。」

歐巴馬是律師型的領袖，以爲談判可以解決所有問題；川普是商人型的領袖，堅信商場如戰場，實力才是決定因素。歐巴馬在外交上倡導「從背後領導」，在若干關鍵時刻遲疑不決，而機會稍縱即逝，最終釀成大禍，如伊斯蘭國坐大；川普則說到做到，處理北韓、伊朗、伊斯蘭國等棘手難題，快刀斬亂麻、有立竿見影之效。

很多人誤解，川普提出「美國第一」的口號，是要放棄美國作爲世界領袖的地位和責任，回到「孤立主義」時代。其實，川普堅信，美國仍要成爲世界的燈塔，但不能充當善良卻愚蠢的「東郭先生」——美國在國際事務中每投入一分資源，都要有一分收穫。這本書概括了川普國際戰略的基本原則，此「十二項基本原則」構成具體政策的基礎：第一，政策應以國家核心利益原則爲依歸，既非利益，亦非國內政治的權謀盤算。第二，以外交爲手段實現國家利益，除非對抗侵略，否則不訴諸武力。第三，一次只面對一個主要對手，不求同時面對所有潛在對手。第四，支持並鼓勵海外優秀政權，而非推銷民主形式。第五，在國內與國際舞臺上，不再做陳腔濫調的僞君子。第六，美國國家利益優先於其他國家利益。第七，審愼從事國際干預，事先規劃並善用退場機制。第八，專心處理重大議題，不要分心。第九，絕不忽視最危險的潛在敵人。第十，釐清目標，不要混淆思緒。第十一，不要過度劃分。第十二，稱霸全球要付出代價。

歐巴馬的「縮頭烏龜」政策讓美國在全球範圍的聲譽下降到最低點，美國似乎無法維繫戰後的國家秩序。川普如何妙手回春？川普政府斷然扭轉了美國外交領域長期盛行的失敗主義和綏靖主義，像二戰初期的邱吉爾，挺身面對美國歷史上的「黑暗時刻」。作者指出，川普的國際戰略包含十一個要點：第一，與俄羅斯打交道，俄羅斯是美國最具潛在威脅的對手，但可以將其變成半個盟友。第二，應對伊朗與伊斯蘭主義，他們是美國積極的對抗者。第三，接受中東國家邊界的重組。第四至第八點是關於如何應對中國這個日益活躍的對手，包括：對中國本身採取恩威並具、軟硬兼施的策略；加強與日本的關係；加強與印度的關係；支持東盟各國，與泰國、越南、柬埔寨等國合作，以便遏制中國。第九條，與歐盟打交道，容許歐盟向解體方向發展。第十條，處理西半球潛在的問題來源，特別是支持委內瑞拉和古巴的政治自由。第十一條，整頓削弱美國經濟的貿易政策。

或許因爲作者之一的羅斯菲爾德是俄國問題專家，書中仍將俄國列爲美國之頭號敵人。但在包括十一個要點的國際戰略中，對付中國的部分占整整五點——差不多一半，顯而易見中國是比俄國更危險的敵人。川普本人以及美國副總統、國土安全部、聯邦調查局、中央情報局、國務院等核心政府部門負責人發表的演講和報告中，不約而同地指出，中國對美國的威脅是長期、全面而深刻的。

結束中東亂局，集中資源對付中國

川普當選之前，西方世界瀰漫著對中國崛起的綏靖主義言論。頗具代表的是倍受西方菁英群體推崇的《經濟學人》雜誌發表評論，說西方應當「理解」並且默認中國在南海的擴張。作者批評說：「《經濟學人》已經在事實性質、甚至道德價值上預設立場，掩蓋了其一向標榜的客觀性，並局限在預先選定的特殊地緣政治區域；而《經濟學人》從論斷引領的輿論風向是大幅降低美國在遠東的影響力，以支持中國擴張的企圖。」

作者批評此前美國的對華政策充滿著矛盾和慣見的虛僞。比如，美國國會幾乎一致決議通過，要求中國改善其不光彩的人權紀錄，但接著美國國務院又讓中國領導人放心，即使中國不重視人權也不會引發負面後果——

這種明顯僞善的作法，源自個人價值原則與不干涉主權國家內政原則之間的不協調。如此重大的原則衝突，身爲人權維護者與國際法擁護者的政府當局，卻從未向美國人民解釋過。

川普政府終結了美國政府「自廢武功」的困局。此前二十年，「交往派」占據對華政策之主流，該派希望以國際體系的網路把中國纏住，加上認爲中國也獲利不少，便一廂情願地認爲中國的行爲模式更傾向於合作而不是競爭。後來，「交往派」升級爲「調適派」——美國要調適自身態度以適應中國崛起。歐巴馬爲了使中國願意留在國際體系內，慷慨地給予「戰略再保證」的承諾。在川普版的〈國家安全戰略〉中，批評過去的「對中交往策略」並未達到美國期待的效果，否定了「交往、利害關係者、戰略再保證」等支撐過去二十年的對中政策原則。川普政府不僅認為美中有全球性的競爭關係，還認為中國在侵蝕美國的自由與經濟發展、輸出新的體制對抗西方民主制度。這些作法表明，中國不是柯林頓時代的「利益攸關者」，也不是小布希時代的「戰略競爭者」，而是嚴重威脅美國制度和生活方式的敵人。

要對付中國，美國就要從中東亂局中抽身而出。美國的頁岩油開採技術實現突破，美國由石油輸入國變成輸出國，未來將成為世界上最大的能源輸出國。中東在地緣政治上的價值大大降低。川普履行競選中做出的從中東撤軍的承諾，宣布先從敘利亞撤兵。

結果，土耳其卻趁機出兵攻擊敘利亞境內的庫德人居住區。二〇一九年十月九日，川普向土耳其總統艾爾多安發出一封措辭嚴厲的信，警告說如果他不在敘利亞問題上改弦更張，土耳其將受到制裁。這封信不同尋常的文風引起格外關注。這封信一開始就說：「讓我們達成一個了不起的協議吧！」川普接著說：「你不想為成千上萬的人的死亡負責，我也不想為摧毀土耳其的經濟負責——但是我會的。在牧師布倫森的事情上，我已經給你小試牛刀。」他警告艾爾多安總統：「如果你以正確和人道的方式處理這件事，歷史會看好你的。如果沒有好事情發生，歷史會永遠把你當作魔鬼。別做硬漢，別像個傻瓜似的。」這封信措辭直白，沒有一句多餘的外交禮儀術語，有美國媒體形容說：「這封信太古怪了，以至於我們需要向白宮確認是不是眞的。」這是川普的個人風格：單刀直入，實話實說，絕不拐彎抹角、含沙射影。

據土耳其官媒報導說，艾爾多安讀了這封短信後大爲惱怒，將其丟進「字紙簍」。中國官媒大肆報導此一細節，大概是要表彰艾爾多安「堅定不移的反帝精神」。然而，這不過是與「東亞病夫」同病相憐的「西亞病夫」的虛張聲勢。面對美國經濟制裁的「難以承受之重」，艾爾多安沒有別的選擇。當川普派出副總統彭斯和國務卿龐皮歐出使土耳其，對其施加壓力，土耳其很快答應停火，讓庫德居民和平撤離。川普並未拋棄與美軍並肩作戰、對抗伊斯蘭國的庫德人，只是庫德人不能將所有的希望都寄託到美國身上，他們必須以自己的力量建立一個自治且民主的政權。

川普對艾爾多安的警告，也是說給習近平聽的：美國是列車司機，中國是搭順風車的小弟，隨時可能因爲逃票而被驅趕下車。那麼，美國該如何對付中國這個極端危險的敵人？歐巴馬是政客，政客敷衍塞責、無所作爲；川普是商人，商人在商場上如同「逆水行舟，不進則退」。川普深知：「我如果想在市場上生存，就必須比競爭對手還要聰明。」歐巴馬害怕得罪中國，川普卻知道，美國不必擔心失去中國的市場，「美國固然需要中國，中國更需要美國。我們要利用我們的影響力改變現狀，把情勢轉到對美國和民國人民有利的位置。」所以，「第一步就是對中國人擺出強硬姿態。其實我們手上的牌組非常好，可惜我們的政客不是太遲鈍就是太蠢，沒辦法理解這件事。」

川普在對中國的第一輪貿易戰中取得空前的勝利。他執行「有理，有節，有利」的政策，從氣勢上壓倒習近平，緊握美中關係的主導權。在戰術上，第一步就是對中國人擺出強硬姿態，第二步是保持彈性，然後永遠不要秀出手裏的牌，必須「出其不意才能打勝戰」。在戰略上，貿易戰只是開頭，背後乃是針尖對麥芒的國家利益和價值觀。川普看準習近平的斤兩，美中貿易戰只是第一步。我們且看這齣好戲如何演下去。

13 川普重啓「傑克森主義」的外交戰略

——《美國如何丟掉世界：後冷戰時代美國外交政策的致命錯誤》

冷戰時期，美國的目標是圍堵；到了後冷戰時期，美國外交政策的推力是改造。冷戰的核心是西方的防衛；後冷戰的外交政策期望延伸西方的政治和意識形態。

——曼德爾邦

美國力量的限度和美國模式的非普適性

一九九一年十二月二十五日，蘇聯總統戈巴契夫宣布辭職，將國家權力移交給俄羅斯總統葉爾欽，當天晚上七時三十八分，蘇聯國旗在克里姆林宮上空緩緩降下。如果將這一刻視爲冷戰的終結，那麼持續至今的「後冷戰時代」就是美國獨領風騷的時代。美國成爲有史以來最強大的帝國，此前，沒有一個帝國能跨越大西洋或者同時深入歐洲和亞洲的腹地。但極具諷刺意味的是，美國在同一時期幾乎丟掉了大半個世界，正如美國學者麥可·曼德爾邦在《美國如何丟掉世界》書中所說：「美國未能讓中國政府保障人權，未能在俄羅斯建立順暢的自由市場或眞正的代議制體制。美國也未能在索馬利亞、海地、波斯尼亞和科索沃等國扶立運作良好、普被接受的政府。它沒有把阿富汗和伊拉克改造爲寬容、有效的國家。它沒有給中東帶來民主，也沒有在以色列和阿拉伯人之間締造和平。」

在後冷戰時代，美國發動的軍事任務全都成功了，但隨後的「政治宣教」，即改造美國軍事戰勝地區的努力卻大都失敗了。曼德爾邦所說的「政治宣教」包括兩個任務：首先是「建設國家」，即是在不同背景的族群中培養國家共同體的意識；另一個是「建設國家機制」，也就是創造可運作的、民主的政治體制。無論共和黨還是民主黨的總統、國會及絕大多數美國人都深信，美國價值能適用到全世界，美國的體制對全世界都有用，美國有責任將兩者盡可能傳播出去。

然而，在美國最強大的時刻，這種自信心卻遭受重大挫敗。美國人不得不承認其力量的限度。打贏一場戰爭是一回事，改造一個族群或國家的國民性又是另一回事。

伊拉克和阿富汗正面戰場的戰爭很快結束，但建立有效且民主政府的努力卻遲遲不見成效。問題的關鍵在於，「很多地方缺乏必要社會條件支持美國想要樹立的公共體制。這些體制需要當地人民具備某些他們根本沒有接觸過、也不能接受的行為模式，畢竟體制要能運行，得靠他們才行。」他用一個看似幽默卻很苦澀的比喻形容美國的尷尬處境：「美國已經把馬帶到水邊了，可是馬兒不喝水呀。」美國在二戰後成功改造日本和德國的經驗並未在更多地方複製，因為戰前日本和德國已是現代化國家，只是暫時走入歧途；與之相比，伊拉克、阿富汗、索馬利亞、海地等國家的文化和社會的政治效忠太狹隘，「不足以支持美國想在其中移植的公正無私的規範之體制。」

美國穩如磐石的民主共和制度是兩百多年來人類最偉大的奇蹟，美國的民主自由具有普世價值的地位和意義。但普世性並不等同於普適性。托克維爾的《民主在美國》的書名，不可以隨意換成民主在其他某個國家，因為托克維爾指出，民情對美國維護民主共和制度具有關鍵的影響。他所用的「民情」一詞的含義與拉丁文的mores一樣，指一個民族的整體道德和精神風貌。一九〇二年，梁啓超在訪問美國時敏銳地發現：「美國之獲自由，其原因必有在革命以外者。謂美國人之自由，以獨立之後而始鞏固則可；謂美國人之自由，以獨立後而發生則不可。自十六世紀殖民以來，（各殖民地）即已星星點燈，爲許多之有機體，立法、行政、司法之制度具備焉，純然爲一政府之形。故美國之共和政體，非成於其國，而成於組織一國之諸省；又非成於其省，而成於組織一省之諸市。必知此現象者，乃可以論美國之政治。必具此現象者，乃可以效美國之政治。」換言之，任何國家和族群想要效仿美式民主制度，都必須先具備美國式的民情。

美國是怎樣失去俄羅斯的？

曼德爾邦在書中討論了美國推廣民主的外交政策在世界各地的失敗，如中東、南歐、非洲、南美等地，而最大的失敗是對俄羅斯和中國外交的失敗。

「北約東擴」是柯林頓政府一項重要的對歐洲和對俄羅斯政策。柯林頓認爲，讓若干東歐國家加入北約，可提供他們更多安全保障，而俄羅斯無力阻止這一趨向。然而，「冷戰之父」喬治·肯楠批評說：「北約東擴將是整個後冷戰時期美國外交政策最致命的錯誤。」一九九〇年五月五日，蘇聯解體之前一年，肯楠即在日記中寫道：「我們的政府在北約強硬派盟國（英國和法國）的壓力下，準備利用俄羅斯當前危險而混亂的局勢，將它從各個方面，尤其是歐洲大陸的安全事務中排擠出去，讓北約盟國接手。我想，利用另一大強國羸弱的間隙獲取平時得不到的利益，終歸不太合適，讓我說，這樣做日後一定會遭到報復。」肯楠是當代美國最具睿智與遠見的外交家，他在戰後不久就被迫退出政府，儘管他自嘲說：「除娛樂圈和政界的人物以外，我或許算是國內最受尊敬的人之一。」每一屆總統都會邀請他到白宮橢圓形辦公室徵求意見，但聽了之後如風過耳。

果不出肯楠所料，俄羅斯這個受辱的北方巨人，一旦經濟狀況好轉，且找到一位雖然不像史達林卻像沙皇的政治強人普丁，立即向美國展開報復行動。曼德爾邦寫道：「北約東擴惹惱了俄羅斯，傷害了西方和美國在歐洲的目標。它使俄羅斯反對相當有利的後冷戰和解局面。它使得只要美國有任何國際倡議，俄羅斯幾乎不假思索地一概反對。」俄羅斯吞併克里米亞、出兵烏克蘭、介入敘利亞內戰，在這幾輪交手中，美國屢屢處於下風。這就是柯林頓好大喜功、急功近利的惡果，他要顯示美國和北約的力量打遍天下無敵手，卻搬起石頭砸了自己的腳。造成這種外交誤判的原因是，絕大多數美國總統在上任之前毫無外交方面的履歷和經驗，其信任的幕僚也好不到哪裏去，這是美國民主制度的弱點之一。

在後冷戰時代，俄羅斯不是美國的首要敵人，中國才是。美國卻繼續冷戰時代的策略，將俄國當作主要敵人，這是冷戰思維的慣性，更是利益攸關：那些「吃蘇俄飯」的政客和戰略學者，不願承認俄羅斯的危險性下降了——俄羅斯的危險性下降意味著他們的重要性也隨之下降。一些戰功卓著的軍方高級將領也未能審時度勢、與時俱進，曾任國防部長的馬提斯將軍的戰略觀即停滯在冷戰時代，認為美國的戰略重心應當在歐洲，主要敵人是俄國。他未能意識到美國的戰略重心必須盡快轉移到亞洲、「美國的主要敵人已是中國」的新局面。川普靠其直覺捕捉到這個變化，馬提斯和前國家安全顧問波頓都是跟不上這個變化而被免職的人。最早意識到美國不該以俄國為首要敵人的川普，即便貴為總統，仍受到既得利益集團之杯葛，為此他們炮製出「通俄門」來彈劾川普。既得利益集團維護其私利而不惜損害國家利益，這就是川普斥責的「深層政府」和「華盛頓沼澤」。

川普的俄羅斯政策是正確的，那些以批評俄羅斯和批評川普來彰顯「政治正確」的民主黨政客和美國主流媒體則錯了。正如戰略學者密斯博士和羅斯菲爾德所說：「俄羅斯位於對抗伊斯蘭國家和中國野心的最前線，所以自然是美國在中東與遠東地區的盟友。然而，美國政客卻不斷地抨擊俄羅斯，彷彿美俄又回到冷戰時期的極度敵視態度。這是非常嚴重的失策。」俄羅斯不是民主國家，但比起中國的極權主義來，俄羅斯威權主義的威脅要小得多。美國若不明智地將俄羅斯推到中國一邊，同時對付中國和俄羅斯必將更爲吃力。正確的作法是：「美國不需要將俄羅斯視爲對手，美國沒有充足的理由反對普丁在某種程度上重建俄羅斯的領土；如果要反擊中國與伊斯蘭國家、以及制衡日益自信的德國，確實需要一個強大的俄羅斯。」

正確的對華政策是將中國阻擋在鐵幕的那一邊

曼德爾邦指出，中國經濟迅速發展，卻並未變成民主國家——當中國愈富時，外交政策沒有如美國預期那樣的發展，反而變得更強悍。「中國人在意他們是文明古國，更曾是東亞霸主的身分，其政治文化裏有根深蒂固的願望，希望能恢復往日的光榮，中國人莫不渴望將他們的經濟奇蹟轉化爲政治影響力。讓中國對外採取更強硬作風的另一個因素，則是它對世界的怨恨十分濃厚。中國共產黨當局相當強調中國人在列強手下受到的百年恥辱。」所以，中國的擴張政策不單單源於共產黨鞏固其統治合法性的需要，也源於中國的文化傳統和政治邏輯本身。對華外交政策的失敗，共和黨和民主黨建制派皆有不可推卸的責任。老布希時代，中共血腥鎮壓天安門學生運動後，老布希即派出國家安全顧問斯考克羅夫特秘密訪華，向鄧小平示好，放過了強力制裁中共的機會。美國前駐中國大使溫斯頓．羅德接受美國之音專訪時披露，在其任期內最令他失望和痛苦的事情並非北京的高壓，而是白宮的退縮和示弱。

到了柯林頓時代，柯林頓在就職演講中將「北京屠夫」與「巴格達屠夫」相提並論，似乎要推行強硬的人權外交。一九九八年，柯林頓訪華時，我在北京大學聽到他為民主自由的有力辯護，頗為振奮。然而，雖然柯林頓斥責中國領導人「站在歷史錯誤的一邊」，卻沒有料到美國人想要中國人改的，恰是中國領導人強烈要維護的，中方願意付出高昂的代價維護它，這事關共產黨政權的生死存亡。相比之下，美國總統、他的政府和他的國家想要推動中國變革的承諾，卻只有三分鐘熱度，且不在美國外交目標清單的首頁。於是，柯林頓政府從它原先的中國政策撤退，因為它很尷尬地發現，它並沒有權力執行把人權和經濟關係掛鉤處理。美國的對華政策從試圖改變中國內政，變成善加利用中國提供的經濟機會。柯林頓政府自欺欺人地宣布：「促進人權的第一個方法是鼓勵市場改革和貿易。」負責對華政策的，不再是政治與軍事方面的官員，而是處理全球經濟事務的官員——他們自願充當新時代的「洋買辦」，與中共太子黨一起發大財。

到了小布希時代，因突發九一一恐怖襲擊，美國將焦點轉向伊斯蘭恐怖主義，其對華政策基本沿襲柯林頓的作法。小布希政府的副國務卿佐立克希望中國在國際上做「負責任的利害關係人」，承擔起維護開放的全球貿易和金融制度的責任。然而，中國的行徑卻比較像是經濟學家所謂的「搭便車」，利用系統的漏洞圖謀私利，不顧整體利益。三十年來錯誤的對華政策，讓美國養虎爲患。川普掀起的美中貿易戰扭轉了這一足以讓美國自取滅亡的勢頭。肆虐全球、沉重打擊美國經濟的武漢肺炎，更是宣布全球化的幻滅，並加快了美國與中國脫鉤的過程。美國無法讓中國走向民主，除非中國國內自發生成追求民主的主流民意；美國更不能讓全球化成爲持續輸血給中國的機器，中國的富有只會讓獨裁變本加厲。美國剩下的手段就是將中國像當年的蘇聯那樣封鎖在鐵幕的另一邊。

中美貿易帶給美國的弊害遠遠大於好處。唯一的好處是商店裏充斥著中國製造的廉價商品，同時卻帶來三重傷害：傷害自由貿易和公平貿易的原則，傷害美國的政治制度和立國根基，傷害美國的國家安全。二〇二〇年三月十九日，美國聯邦參議員湯姆·科頓和眾議員麥克·加拉格爾提出「保護我們的藥品供應鏈免受中國侵害法」，旨在消除美國對中國藥品和必需品的依賴。科頓說：「中共因自己的失敗而引發大流行病，卻反過來威脅要切斷美國獲得重要藥品的渠道。是時候將美國的救命藥品供應鏈從中國撤出了。」企業研究所研究員馬克·蒂森同日在華盛頓郵報撰文說，美國應該在社會和經濟上與中國保持距離，疫情爲美國重新審視與中國的關係提供了機會：「中國政府的行爲導致冠狀病毒大流行，是美國重新評估其與北京的經濟聯繫並發展藥品和關鍵技術替代供應鏈的機會。中國關於病毒的謊言使我們陷入衰退。現在該使我們的經濟和國家安全擺脫對欺騙政府的依賴。」美國依賴中國的許多產品，但「從中國購買便宜的衣服和運動鞋是一回事；依靠殘酷的中共極權政權提供拯救生命的藥品以及通信基礎設施，則另當別論。」中國問題專家史劍道和卜大年此前發表共同聲明指出，美國應該在對國家安全、繁榮和民主價值觀非常關鍵的領域與中國切割。美國對華政策的「新共識」已隱然成形。

讓美國更加偉大，讓世界更加和平

既然過去美國的外交政策犯了大錯，該如何進行糾正呢？曼德爾邦的這本書，重點在於批評過去的錯誤，而非爲未來指點迷津，他謹慎地評論說：「美國在當今時代應當扮演的角色是國際和平的維護者，而非個別國家內部結構的改造者，因爲後者並非美國能力所及。」古往今來每一個想統治世界的帝國都失敗了，美國也毋須統治世界，用盡可能少的資源維持基本的世界秩序就足夠了。

美國外交政策專家米德在《美國外交政策及其如何影響了世界》書中指出，美國現在面臨歷史上眞正重要的轉折點，它必須做出以前從未做過的改變：爲了美國在和平時期的世界領導地位，形成一貫的、在政治上能起支持作用的戰略。從一戰到現在，一個多世紀以來，美國一直是世界上最強大的國家，但是它強大的目的是什麼？應該如何運用這種強大的力量？對這兩個問題做出一致的回答，確實是一個嶄新的課題。美國的持續強大和安全，在很大程度上有賴於國家在選擇和追求目標時表現出的智慧、勇氣和決斷。

由此，米德接著提出一系列問題來追問：美國需要什麼樣的霸權？爲什麼需要這種霸權？應該制定什麼樣的政策才能最大程度地保障美國從中得到好處？降低維持全球主導地位帶來的風險和代價？美「帝國」存在的意義是什麼？是帶來富足、帶來安全還是建立一個更加美好的世界？美國社會對這若干絕對核心的問題，幾乎缺乏公眾討論，也許這就是今天美國人爲歷史健忘所付出的代價。

俄裔美籍作家納博科夫評論說：「我斷然反對那些蠢人或不誠實者的看法，他們荒謬地將史達林與麥卡錫相提並論，將奧斯維辛與原子彈相提並論，將殘酷無情的蘇聯帝國主義與美國對困難國家進行眞誠無私的援助相提並論。」毋庸諱言，美國是像藍波那樣充滿肌肉和力量的霸權，但又是有史以來最爲仁慈的霸權。米德指出，美國人有四種看待外交政策的基本方式：漢密爾頓主義者認爲，國家政府與大企業之間的強大聯盟是國內穩定和國外有效行動的關鍵，他們長期關注國家以有利的條件融入全球經濟的需要；威爾遜主義者認爲，美國負有向全世界傳播美國民主和社會價值觀、創造接納法治的和平國際社會的道德義務和重要國家利益——這是曼德爾邦認爲最應當避免的「傳教士式」的外交；傑佛遜主義者認爲，美國外交政策應當少關心向外傳播民主，多關心國內的安全，少捲入沒有必要的海外同盟關係，如此可降低戰爭風險；傑克森主義者即人民主義學派認爲，美國政府在外交和國內政策方面最重要的目標應該是美國人民的物質安全和經濟富足，美國不應主動挑起國際爭端，但在其他國家對美國發動戰爭時，傑克森主義者同意麥克阿瑟的觀點，即「除了勝利，別無他求」。米德認爲，傑佛遜主義學派的聲音是美國最應傾聽的。我則認爲，傑克森主義者的主張才是「對症下藥」——恰好川普總統是傑克森總統的粉絲。承認並接受世界並不美好，謹慎地施展美國的力量，不必試圖叫醒他國裝睡的人民，這是美國的外交政策決策者所需要的基本的謙卑。

外交政策的形成，需要邱吉爾、雷根式政治人物的高瞻遠矚，需要大學和智庫學者專家的智慧結晶，也需要民間社會耐心的討論及群策群力，還需要超越總統任期的持續性和前瞻性。美國犯過很多錯誤，但美國的偉大在於它具備糾錯能力，正如米德所論：「如果領導層不斷培養出的政治家，無法有效地維護傑克森主義美國的尊嚴，那麼這個國家實施有效外交政策的能力將會受到嚴重阻礙。同時，那些嚴謹的美國政策學者以及那些志在領導國家的人面臨的任務，是在歷久不衰的美國政治傳統中找到有效方法，與美國人民的願望和價值取向取得共鳴，贏得他們堅定不移的支持——進而制定出的政策能讓人民在將來某一天爲維護它而付出有意義的犧牲。」重啓美國外交傳統中的「傑克森主義」的川普，正走在正確的道路上。

14 美國精神不是「反智」，而是「反左」

——《美國的反智傳統》

為什麼竟然有如此多的知識分子厭惡這個社會，而去讚美專制制度呢？

——雷蒙·阿隆

為什麼納粹和共產黨不會在美國掌權：美國與歐洲的分道揚鑣

在二戰中，以《麥田捕手》一書聞名於世的作者沙林傑是一位美軍士兵和反情報官，他是率先見證納粹政權全貌的美國人之一。他在一九四五年春天進入德國集中營，見到了難以想像的慘狀：焦屍，一堆堆的焦屍。他寫道：「燒人肉的氣味留在鼻孔裏，怎麼也無法完全消除，活再久也一樣。」

後來沙林傑傳記的作者描述說，成堆的裸露屍體讓沙林傑看不下去，屍體一堆又一堆，看似全是死人，但有時裏面會傳出聲音，士兵會發現裏面竟然有人還活著。他們發現有些倖存者瘦得不可思議，頰骨明顯到宛如臉上長了角，腕骨也暴凸，皮膚繃成猶如尼龍褲襪，薄到看得見骨頭。軍人見識過太多慘狀了，而沙林傑經歷幾場激戰，不能說經驗不夠，但經驗再豐富的軍人也無法不被這種慘狀嚇倒。

美軍統帥艾森豪第一時間巡視了布亨瓦德和達豪集中營，立即請全球攝影記者前來記錄歷史。他找來巴頓將軍和其他將領，說：「你們非看看不可，因爲以後不信這種事的人一定大有人在。」

沙林傑很快因創傷後壓力症候群而在紐倫堡入院治療，讓他心靈不堪重負的最後一根稻草是他在集中營見到的一切，歐洲是一座猶太人的墳場。他是拯救者，也是受害者，他的身心和性靈都受重創，一生都無法復原。

此一場景也是美國與歐洲分道揚鑣的標誌，美國從此不必在歐洲面前自卑，不必再羨慕歐洲的文化、學術和智慧。歐洲沉淪的一個重要原因是奉行「知識分子治國」的原則：希特勒的宣傳部長戈培爾是哲學博士，海德格與施密特是大學校長、大學教授，希特勒的內閣中有太多博士；史達林身邊也充斥著主修「馬克思—列寧神學」的專家和推行計劃經濟的技術官僚，很多國家科學院院士參與了古拉格群島的建設和管理，一切都井井有條。希特勒和史達林雖然算不上知識分子，但他們都熱愛歌劇和芭蕾，他們也給予飽學之士足夠的尊重與重用。

在美國，知識分子從未取得在納粹德國和蘇俄的崇高地位，美國人不願讓知識分子治國。這本《美國的反智傳統》指出，長期以來，美國雖然成了世界工業領袖國，卻被視爲西方世界的「文化盲都」，但在二戰前後，歐洲在文化和道德上逐漸失去對美國居高臨下的地位。最關鍵的原因在於，歐洲誕生了法西斯主義和共產主義。

霍夫士達特承認，法西斯是美國人前所未見的極權政治與暴政，歐洲民主列強對它的包容討好也實在是西方民主制度下的一個敗筆。納粹與蘇聯在一九三九年的協定——只有那些最容易受騙的人才看不出來布爾什維克的外交手段與法西斯一樣——戳破了蘇維埃是民主同路人的假象，也使得世人知道共產社會與民主社會的確是不同的。作爲一位明顯傾向左派思想的大學教授，霍夫士達特敢於大聲譴責法西斯的暴行，卻對共產主義陣營同樣駭人聽聞的暴行一筆帶過，索忍尼辛的《古拉格群島》太過遙遠，中國歷史學家高華揭露延安眞相的傑作《紅太陽是怎樣升起的》在西方的讀者遠遠比不上斯諾充滿謊言的《紅星照耀中國》，而中國作家、記者楊繼繩關於大饑荒的傑作《墓碑》的英文版出版後似乎無人關注。

霍夫士達特不可能背叛其學院派知識分子的「小世界」，他在書中對美國的「反智傳統」提出尖銳批評。但他不得不承認，美國不需要借鏡外國的政治制度或意識形態——在二戰末期，當法西斯死亡集中營的新聞傳出後，美國歷史上曾經發生過無論多麼醜陋的事件都算小巫見大巫了。歐洲的傾頹與苦難，讓美國承擔起對世界的責任。美國作家埃德蒙．威爾遜說：「美國在政治上現在是全世界最先進的國家。」而美國二十世紀的文化是「民主文化的代表，在立國之初就如是，而在內戰後更蓬勃。」他認爲二十世紀美國有了藝術與文學上卓越的振興——美國人有理由懷疑知識分子主宰的世界「眞的會好嗎」？在很多美國人看來，隨便從黃頁上找來二十個人組成內閣，一定比從哈佛大學挑選二十個教授組成的內閣更好。

「反智主義」遏制了「知識分子鴉片」的氾濫

霍夫士達特是一位才華橫溢的學者，他的研究將思想史、社會史和政治史融爲一體，且博聞強記、妙筆生花，《美國的反智傳統》出版後既暢銷又成爲學術經典。這本六〇年代出版的著作，今天又引起很多人的興趣，歷史學家余英時指出，「這是和川普當選總統分不開的。」換言之，人們將川普當選視爲美國「反智傳統」的極端體現，霍氏的著作可充當「批判的武器」。

霍氏從美國的宗教、教育、商業和民主政治等四個面向展開對「反智傳統」的批判。然而，他迴避了一個至關重要的眞相：這個美式「反智傳統」，與其說是「反智」，不如說是「反左」，它是捍衛美國觀念秩序的最後一道防線，如果沒有這道防線，美國或許就淪爲美洲版的納粹德國或美洲版的蘇聯了。霍氏承認，「我們不應該過度美化智識的功能，所以任何務實地評量智識在人類世界中的位置之舉動，不應該被看成是反智。」他也同意被政治學家柯克視爲保守派重鎭的詩人艾略特的觀點，「智識背後如果沒有人性作爲指引，則我們對它只能像看待會下棋的天才兒童，純欣賞而已。」他也承認此一歷史事實：三〇年代，共產主義對於知識分子的吸引力的確大於對社會其他人的吸引力，而且眞的有過若干特殊而引人注目的例子——某些知識分子對於共產主義的過度信仰使得他們背叛了國家。其中，有個讓人沉痛而尷尬的案例：一九三九年八月，納粹與蘇俄簽訂和平條約前夕，有四百位美國知識分子聯合發出宣言反對詆毀蘇俄是「極權政體」，而且認爲蘇維埃是「人類和平的中流砥柱」。

霍氏雖然是左派，但他這種具有古典氣質的左派還算有良心和常識，不像今天的左派連良心和常識都喪失了。

今天的美國知識界，最需要的不是捍衛僵化專橫的「政治正確」、反對「反智傳統」，而是「反左」，因爲知識界已淪爲左禍氾濫的重災區。美國學者強納森·海德特、葛瑞格·路加諾夫在《爲什麼我們製造出玻璃心世代？》一書中所說的「反智」，內涵跟霍夫士達特的「反智」南轅北轍。該書的副題很長「本世紀最大規模心理危機，看美國高等教育的『安全文化』如何讓下一代變得脆弱、反智、反民主」，該書揭示了美國教育界、文化界是如何運用「政治正確」的教條壓制言論自由和思想自由的。

法國保守派知識分子領袖雷蒙·阿隆指出，法國歷史上有一種左派情結，「在法國，左派享有的威望如此之高，以至於溫和或保守的黨派也絞盡腦汁，從對手的辭彙表中，借取某些修飾語。人們彼此試著看誰最有共和主義、民主主義、社會主義的信念。」他對知識分子掌權充滿質疑：一個讀書人，哪怕才華過人，學富五車，也會在一些簡單的問題面前是非不分。因爲有一些觀念像鴉片一樣，讓吸食的人陷入幻覺。他決心去梳理這些觀念，他把這些觀念稱爲「知識分子的鴉片」。因爲美國知識分子跟權力的距離相對較遠，美國是受「知識分子的鴉片」荼毒較小的國家。

然而，數十年之後，雷蒙·阿隆所批判的法國知識界由左派一統天下的糟糕狀況，幾乎在美國重演。川普當選那一天，哈佛大學如喪考妣，校方下令停課，徵召心理醫生爲心靈受創的師生服務。而在一所小學，有一位跟川普同名的孩子遭遇了「反川普的師生」之霸凌——西方左翼跟極權主義之間只隔一層薄薄的玻璃紙。

市場是檢驗智慧的、即便不是唯一的也是重要的標尺

霍氏在書中以專章梳理了美國知識界與商界彼此敵對的歷史與現實。美國知識分子視商業活動爲智識的敵人，更透過媒體和好萊塢將商人描述成「萬惡之源」，商人都是貪婪、冷酷、自私、道德敗壞的人渣——在「〇〇七」系列電影中，無所不能的英國情報員龐德面對的敵人，很多都是富可敵國、妄想統治乃至毀滅世界的商人，比政客、軍閥和獨裁者更壞。

然而，商人是粗鄙無文的「反智主義者」，文人是「反智主義」的狙擊手和智性傳統的捍衛者，這種截然對立的兩分法是靠不住的。霍氏承認，那些批評或蔑視商人

的知識分子的立場其實很窘迫：他們的作品與生計是靠大企業設立的基金會贊助，他們不敢到市場上接受檢驗；但一談到「最高原則」或「價值」時，他們馬上雙手握拳要與商人戰鬥了。這是一種可恥的人格分裂，他們連中國古代士大夫「窮且益堅，不墮青雲之志」的品格都不具備。一個走向市場、在市場中搏擊、贏得讀者和人心的作家和學者，跟一個接受政府資助或商人的基金會豢養的作家和學者相比，誰更有智慧呢？

霍氏並未論及另一種更大的分裂：那些聲稱反對商業文化的知識人個體及機構，偏偏又是最商業化的。比如，好萊塢宛如一臺巨型印鈔機，靠販賣對商業文明和市場經濟的仇恨來賺得金山銀山。又比如，貌似清高的大學，尤其是新英格蘭地區的常春藤名校，同樣是巨型商業機器，教育是最賺錢的買賣，哈佛大學每年得到近四百億美金捐款，哈佛大學甘迺迪政府學院吸納包括習近平的女兒、薄熙來的兒子在內的許多獨裁國家官二代，此種行徑如同幫助希特勒和史達林培養接班人，他們並不以此爲恥。

反之，眞正的商業主義並非「反智主義」的一部分，市場是檢驗智性的重要標尺——即便不是唯一的標尺。美國普通民眾有一種對白手起家者的尊敬，他們相信：「這個國家中最傑出的與最有衝勁的人並不是生於富豪之家或是名門的人，而是那些靠著自己的努力而獲致財富與名望的人。這個國家的繁榮都是靠這類人。」白手起家者是這個國家的標竿，這個詞語的發明者克雷說：「在肯塔基州，每一個我所知道的工廠都是有企業心的白手起家者設立的，他們靠著耐心與勤勉工作而累積了財富。」美國人的信念是，意志力和信心比智商或天才更重要——如何培養勤儉、勤奮工作、堅毅恆心與不嗜飲酒的精神才應當是教育的核心——這也是川普的信念。川普是經歷市場的考驗和淘洗的成功者，川普的那些民主黨對手們，大多數都是終身官僚機構中好吃懶做的蛀蟲。

商場是創造者的大海，商業是美國強大的基石。美國精神不是羅爾斯的左派正義論，而是安·蘭德的個人主義——安·蘭德在其代表作《源泉》中指出，唯有建立在個人主義原則上的國家才是最高尚的國家，「這是一個具有最偉大成就、最偉大的繁榮和最偉大的自由的國度。這個國家不是建立在無私的服務、犧牲、放棄，或者任何一條利他主義的箴言之上。它建立在個人追求幸福的權利之上。」她堅信，文明就是一個將個人從人類中間解放出來的過程，她也看到了美國的危機所在，「而今，在我們這個時代，集體主義、這個二手貨和二流子的信條，這個古老的怪物，又冒出來橫行霸道。它將人們帶到了一種前所未有的層次——知識分子的沉淪。它造就了史無前例的恐怖。它毒害了每一個心靈。它已經將歐洲的大部分吞噬。它即將吞噬我們的國家。」

美國基督教傳統的三個分支：清教徒、靈恩派與成功神學

霍夫士達特在書中探討了美國的基督教精神與「反智傳統」的關係。他不是基督教神學家，卻比很多「不知廬山眞面目，只緣身在此山中」的牧師和基督徒對種種不同的基督教有辨別能力。基督教不能泛泛而論，不同宗派與脈絡的基督教之差異，甚至大於基督徒與無神論者之差異——信錯了，甚至比不信還糟糕。

在美國，大體而論，基督教傳統有三條線索。其「正傳」或「眞傳」當然是清教徒傳統，可惜清教徒傳統在當代已由大江大河變成涓涓細流。霍氏認爲，清教徒傳統強調教育與學問，那些創建哈佛大學的牛津與劍橋畢業的清教徒，非常注重對聖經的詮釋與理性討論，不贊成狂亂的激情式崇拜。當年，清教徒式的講道結合了哲學、虔敬與學養；事實上，他們的群眾教育的目標之一，乃是訓練一群能了解如此講道內容的教友。清教徒神學的一個焦點在於：清教徒的運作本來就在智性與感性中尋求平

衡。「如果沒有理性，則沒有眞正的信仰。在宗教中眞理與意義永遠是必要因素，而理性是辨識它們的工具。如果我們給上帝的是『愚人的奉獻』，則上帝不會悅納。」

霍氏是歷史學家，對美國歷史娓娓道來：在美國初期的歷史中，有兩種知識分子具有權力，一是清教徒的牧師，另一類則是建國始祖們。清教徒牧師創立了新英格蘭的智識主義傳統，而且培養出堅毅的精神。建國之父們留下的遺產也深受清教徒思想的影響，他們給這個新國家一個融貫完整而可行的價値體系，給予其認同上的定義，給予其歷史定位，提供國族存在感，以及一個行政體系與政治規則。霍氏沒有論及的是，這兩種人有相當的重合部分——比如，唯一一位在《獨立宣言》上簽字的牧者是長老會牧師兼紐澤西學院（普林斯頓大學之前身）院長約翰·維斯朋。維斯朋主張，自由和政治公正能夠促進「對神和其眞理的認識」，他還提醒基督徒公民要在公共事務上顯出個人美德：「要記得，你對上帝、國家、家庭和你自己的責任都是一樣的。」他聲稱，牢記這個責任，是爲了公共利益：

如果一個國家的風格是純潔的，如果眞正的信仰和內在的原則都生生不息，那麼即使最強大的敵人企圖反對它們，也往往會受挫失敗，以失望告終。

維氏是那個時代的牧師兼公共知識分子之典範，但他在一篇題爲〈上帝護理的主權在人的激情之上〉的講道中有提出警告，但並未引起教會和信徒的警醒。半個多世紀之後，在「大覺醒」運動中登場的正是將人的激情放在上帝的護理之上的「奮興派」，即後來的靈恩派。人的激情壓倒聖經眞理，感性壓倒理性，基督教被民間宗教化，甚至每個傳統宗派都被諾斯底主義所影響和滲透，基督教內部的「反智主義」由此產生。

另一個分支就是霍氏所說的「宗教淪爲世俗的工具」，即當代美國教會盛行的「成功神學」。那些超大型教會的牧師宛如從事傳銷的推銷員，外表光鮮、衣冠楚楚、口若懸河，不亞於偶像級娛樂及體育明星。他們宣稱：「如果你信教，你的薄弱意志、自卑感、恐懼、罪惡感或其它任何阻礙你發揮能力的障礙都會消失。」美國神學家尼布爾說，美國當代宗教有一種趨勢，就是「將宗教視爲可以增加個人力量的一種東西，而非關於靈魂如何受天啓指引而改造的東西。」因此，其結果是「人是宗教的核心，而上帝成爲人的幫手而不是審判者與救贖者。」這就不是「神本主義」而是「人本主義」了。這種成功神學當然也是「反智主義」的。

靈恩派和成功神學，以及它們的合流（它們必然走向合流，醫病趕鬼、長命百歲和發大財是其規定動作），肯定不是基督教的眞義。基督教不是「反智主義」的宗教，清教徒神學是最高理性與最高感性的完美融合，是「因眞理，得自由」。如果用作爲世俗主義者的霍夫士達特的話來說，「智識」就是指心智能力中的批判、創造與思索的能力，專業角色與技術並不會讓一個人成爲知識分子，知識分子必須具備某些元素——不偏頗的聰慧、推理能力、自由想像、第一手觀察能力、創造力與尖銳的批判力，那麼，在清教徒傳統中可以找到這一切。君主制的爲此依靠榮譽，極權制的維持依靠恐懼，共和制的維持依靠公民美德。美國未來的成敗，端賴美國人是否具有足夠的智慧、耐心和德性以重新找回這一幾乎失落的傳統。

15 為什麼川普讓左派感到恐懼？

——《恐懼：川普入主白宮》

美國是世界上最強大的國家，我們不該害怕說出口。

——川普

班農與馬提斯之爭：戰略中心是歐洲還是亞太？

有人曾經是英雄，但英雄當久了，就自以為是上帝。華盛頓郵報副總編輯鮑布·伍華德就是如此。早在一九七〇年，伍華德因爲勇敢揭發「水門案」，導致當時總統尼克森黯然下臺，而榮獲普利茲獎。此後，在長達近半個世紀的政治記者生涯中，他撰寫過九位總統的相關書籍，他有十三本著作是榮登排行榜第一名的超級暢銷書。

伍華德的新書《恐懼：川普入主白宮》，上市幾個星期就銷售超過百萬冊，是所有關於川普的著作中最暢銷的。「恐懼」一詞取自川普接受華盛頓郵報記者訪問時說的話，川普說：「眞正的力量是——我根本不想用這個字——恐懼。」伍華德用此做書名，顯然有意傳達川普入主白宮後，對政治事務的不熟悉，不按牌理出牌的行事作風對大家所造成的恐慌。

這是一本全面否定川普的著作，伍華德顯然抱有如同當年將尼克森拉下馬的雄心，但靠這本書能將川普轟下臺嗎？媒體評論說：「這是一本只有伍華德才能寫出來的川普總統內幕故事。歷經尼克森至歐巴馬八任總統淬鍊出來的權威報導，普立茲新聞獎得主伍華德以前所未有的細節揭露川普入主白宮的慘烈眞相，並以還原現場的方式描繪川普如何針對國內外重要政策做出決定。」然而，作爲川普的支持者，我卻從中找到更多支持川普的素材。川普當選，對美國而言，不是恐懼，而是祝福；對美國的敵人——比如中國和伊朗——來說，才是眞切的恐懼。

書中繪聲繪色地描述了川普的白宮內部激烈的紛爭，比起一潭死水或一團和氣的歐巴馬的白宮來，這確實是作家和記者下手的好題材。權力的遊戲、觀念的分歧、意志的抗衡，讀者會像看莎士比亞戲劇或者馬丁的《冰與火之歌》那樣如醉如癡。但在我看來，爭吵沒有什麼不好，至少說明川普沒有「定於一尊」。川普讓手下官員和智囊們充分發表意見，在比較和碰撞中找出正確道路。

比如，班農與馬提斯等將軍們的分歧，是川普執政後遇到的第一個難題。分歧的根源在於，當下美國應當選擇何種國際戰略？首先，美國的戰略重心究竟是歐洲和中東地區？還是亞太地區尤其是中國？其次，美國應當優先推動全球民主化，還是必須顧及自身的國家利益、將戰爭或對外干預當作一項商業活動來看？川普和班農傾向後者，馬提斯等高級將領仍然執著於前者。班農直率地批評國防部：「你們根本沒有想到太平洋。你們也沒有想到中國。沒有深度分析。你們太陷在中央司令部了。」馬提斯曾擔任中央司令部總司令，其執掌範圍包括中東和南亞，班農認爲馬提斯將舊思維帶到國防部長的新職上。他提醒馬提斯，中國更危險，中國利用全球貿易、一帶一路削弱美國。馬提斯回答說：「我是支持全球貿易的一個人。我認爲所有這些貿易事務都不錯。」班農驚嘆說：「這些將軍根本不懂企業和經濟，他們也從來不注意任何東西的成本代價。」川普早就意識到這個問題，他說：「這些軍人，他們不懂生意。他們曉得如何當軍人，曉得如何作戰，但是他們不了解價錢、成本。」比如，針對阿富汗，川普說：「那裏一團亂。它絕不會成爲有效運作的民主政府。我們必須全面退出。」川普和馬提斯對全球局勢及美國使命的看法大相逕庭，這就是川普讓馬提斯提前辭職的原因所在——優秀的將軍不一定明白軍事是要爲政治服務的。

另外，部分軍方將領在社會議題上的左翼傾向也跟川普、班農產生了矛盾。比如，川普在推特上發文，宣布禁止跨性別者在美軍中擔任任何職務：「我們軍隊必須專注在果斷、全面的勝利，不能背負跨性別者在軍中服役將帶來的極大的醫療費用之重擔以及擾亂。」然而，將領們暗中抵制這一禁令。班農曉得，將領們在國防事務上是強硬派，在社會議題上卻已變成進步派，「陸戰隊是個進步組織，鄧福德（參謀長聯席會議主席）、凱利和馬提斯是三巨頭。他們比起科恩和庫許納（川普女婿，白宮高級顧問，創新辦公室主任）進步派的色彩都更濃。」

納瓦羅與科恩之爭：貿易赤字是好還是壞？

伍華德在書中描述了川普倚重的經濟顧問納瓦羅與曾任白宮國家經濟委員會主任科恩之間的激烈爭論。

在競選期間，川普對此前美國簽署的多個貿易協定的抨擊與對希拉蕊的批評一樣猛烈。在他看來，美國加入的貿易協定允許廉價的外國商品湧入美國，奪走了美國工人的工作機會。他痛批：「希拉蕊和她在全球金融領域的朋友們想要嚇唬美國，讓我們不要高瞻遠矚。」經濟學界的主流都支持國際貿易，當然不同意川普的觀點，但川普找到了一位和他一樣痛恨自由貿易的人。川普把這位經濟學家帶到白宮，任命他爲貿易和工業政策主任及國家貿易委員會主任。

這個人就是納瓦羅，擁有哈佛大學經濟學博士學位，「這是總統的願景，」納瓦羅在公開場合說：「作爲一位經濟學家，我的職責就是提供基本的分析來證實他的直覺。在這些問題上，他的直覺總是正確的。」納瓦羅讓川普更加深信，全球化使眾多美國人失去工作，來自中國、墨西哥等國的廉價商品造成巨大的貿易赤字，損害了美國經濟。

比納瓦羅官階更高的民主黨人、華爾街投資家科恩，是國際貿易的支持者。他相信貿易逆差是無關緊要的，而且可能是一件好事，可以讓美國人購買更便宜的商品。因爲價格具有競爭力，來自墨西哥、加拿大和中國的商品才湧入美國。美國人購買這些進口商品時節省了開支，從而有更多錢用於其他產品、服務和儲蓄。這就是全球市場的效率所在。

於是，科恩和納瓦羅發生了尖銳的衝突。在橢圓形辦公室的一場會議上，科恩當著川普和納瓦羅的面說，世界上百分之九十九點九九九的經濟學家都同意他的看法。納瓦羅毫不示弱，稱科恩為「一個華爾街的白癡」。納瓦羅的論點核心是，美國的貿易逆差是由中國等國家強加的高關稅、貨幣操縱、智慧財產權盜竊、血汗工廠勞動力和鬆懈的環境控制等因素推動的。

科恩多次到川普面前告狀說：「納瓦羅在製造麻煩，他製造出這些問題。他向總統撒謊。他完全不聽節制。他是這棟大樓裏所有亂象的源頭。」納瓦羅則反駁說：「科恩不知道自己在說什麼。他只是個全球主義者。他沒有效忠總統。」

當貿易赤字逐月增高時，川普變得愈來愈焦慮。科恩卻認為，「這是一個好的跡象，不是一個壞兆頭。」川普回答說：「我去了賓夕法尼亞州的一些地方，那裏曾經是大型的鋼鐵城鎮，而現在卻荒無人煙，沒有人在那裏有工作可做。」科恩毫不在意地說，「但是請記住，一百年前有很多城鎮專門生產馬車車廂和車鞭，現在也沒有人有那種工作。他們必須重塑自己。」伍華德的看法與科恩一樣，他諷刺川普說：「總統無法放下他過時的觀念，他眼中的美國應該有火車頭、頂著巨大煙囪的工廠以及忙於裝配線的工人。」

科恩收集了所有可用的經濟資料，表明美國工人並不渴望在裝配工廠工作：「我可以坐在有空調和書桌的漂亮辦公室裏，或者每天站著工作八小時。在同等薪水下，你願意做哪種工作呢？」他補充道，「人們並不想站在兩千度的高爐前，也不想下到煤礦中然後得黑肺病。拿著同樣數額的美元，他們會選擇其他職業。」他的這個說法是站著說話不腰疼——鐵鏽地帶的普通工人能得到白領的工作機會嗎？同時，科恩也嚴重侮辱了美國勞工的勤勞與智慧，顯示出東岸知識菁英不知民生疾苦的傲慢與自戀。與之相比，川普和納瓦羅才與工人階級「同呼吸，共命運」，他們知道工人的痛苦和艱辛，努力幫助工人改變其因全球化造成的厄運。科恩與納瓦羅的爭端，以科恩被趕出白宮而告終，納瓦羅則繼續在川普開啓的與中國的貿易戰中扮演關鍵的角色。

川普與希拉蕊之爭：「通俄門」是真還是假？

這本《恐懼：川普入主白宮》出版之時，米勒報告尚未公之於眾，民主黨炮製的、子虛烏有的川普團隊「通俄門」鬧劇尚未畫上句號。因此，伍華德用最後一個章節講述似乎可以將川普不名譽地趕下臺的「醜聞」，並將充當黨派鬥爭工具的司法部特別檢察官米勒塑造成一位孤膽英雄，卻並未提供任何讓人信服的證據。伍華德含糊其辭地說：「米勒可以串連起某些看來齷齪的東西。」實際上，並沒有什麼「齷齪的東西」，眞正齷齪的是他的這句話。這種「未審先定罪」、記者代替法官來定罪的作法，玷污了美國司法制度中「無罪推定」的原則以及新聞記者客觀中立的職業道德。伍華德從昔日抓鬼的鍾馗淪爲今日謊言的製造者，其晩節不保，讓人遺憾。

二〇一九年四月十八日，美國司法部長巴爾召開記者會，詳述總結米勒報告內容。巴爾再次強調，川普團隊同俄羅斯「沒有勾結」，同時決定不起訴川普妨礙司法。然而，包括希拉蕊在內的不少人不願意承認這個結果，不想讓此事像川普所說的那樣「遊戲結束！」

五月二日，據美國全國廣播公司NBC報導，希拉蕊在《瑞秋・梅道秀》節目上討論「通俄門」調查結束一事。即便司法調查已終結，希拉蕊依然聲稱俄羅斯干預了二〇一六年大選，川普才能勝利。這個輸不起的政客提出一個奇怪又荒唐的想法：「既然俄羅斯明顯支持共和黨，我們爲什麼不找中國支持我們民主黨呢？」她接著發表狂言說，希望中國駭客侵入美國國稅局的資料系統，偷出川普的稅表讓美國媒體來曝光。希拉蕊輸了選舉後，一直處於情緒失控狀態，居然在電視上公然發表赤裸裸的賣國言論，已超過言論自由的範疇。可以設想，當初這個勾結中共的無良政客如果勝選，美國或許眞的淪爲中國的「北美殖民地」。

無論伍華德將米勒主持的「通俄門」調查寫得如何正義凜然，跟他本人當年揭發「水門事件」一樣光芒四射，也無法掩蓋民主黨人使用卑劣手段、浪費數千萬美金民脂民膏之後一無所得的失敗。前眾議院議長、共和黨資深政治家金瑞契評論說，米勒和反川普的「深層政府」不會善罷甘休，他們對新聞媒體的操縱讓左翼人士著迷。金瑞契反問說：「請問有必要將一位美國人在候審期間每天隔離二十三個小時嗎？米勒就是這樣對待保羅·馬納福特的。請問有必要確保電視報導全副武裝的FBI在黎明的突襲嗎？」米勒逮捕羅傑·斯通時就這樣邀請CNN同步報導。

然而，即便擔任過聯邦調查局局長的米勒施展十八般武藝，仍無法證明川普與俄羅斯有任何勾搭。事實上，川普對俄羅斯的態度比歐巴馬強硬得多。從制裁俄羅斯到推動北約軍事建設，再到重建導彈防禦系統和在巴爾幹半島的前沿定位，再到爲烏克蘭提供進攻性武器，川普都比歐巴馬更加強硬而非軟弱。然而，伍華德供職的華盛頓郵報以及《紐約時報》等左派媒體仍然發動一場歇斯底里的獵巫行動，一廂情願地將川普描繪成一個「潛在的俄羅斯特工」，有多少美國人相信這種誹謗之詞呢？

米勒的背後是希拉蕊和歐巴馬，他們的所作所爲讓這場調查聲名狼藉。我贊同金瑞契的看法：米勒的調查最終將被正確地審視，並將導致嚴肅的司法改革，以限制司法部內部失控的「深層政府」的威脅。美國人民將逐漸認識到，這一切都是一場政治騙局，是對川普總統的抹黑，是對國家的削弱，是對法治的破壞。

美國與中國之爭：白頭鷹與大紅龍誰更厲害？

伍華德在書中記載了川普下令飛彈攻擊敘利亞阿薩德政權的經過。這是川普上任後第一次重大軍事行動。五十九枚戰斧式飛彈命中目標，只有一枚在發射後落入地中海。

當時，川普正在招待來訪的習近平晚宴。甜點上桌時，川普告訴習近平：「由於他們動用毒氣瓦斯，我們正在轟炸敘利亞。」

習近平透過翻譯問：「請你再說一遍。」川普再說了一遍。

習近平問：「打了幾顆飛彈呀？」川普說，五十九顆。

習近平再問：「五十九顆？」川普確認是五十九顆沒錯。

習近平說：「ＯＫ，我了解了。好呀，他活該。」

這段對話顯然是伍華德虛構出來的，他的書中有很多類似的對話——他不可能知曉當時的場景和對話，便以小說家的想像來替代。習近平是阿薩德的盟友，他怎麼可能說出「活該」這個詞來呢？川普給習近平下馬威，習近平的反應只可能是驚恐和沉默。伍華德如此美化習近平，不知居心何在。

伍華德寫這本書時，美中貿易戰尚未開打，川普還在觀察和準備階段。伍華德和大部分美國左翼知識分子一樣，充滿對中國的失敗主義情緒，認爲美國已離不開中國，無法反抗中國的蠶食鯨吞，唯一可以做的事情就是乖乖等死。他反對川普拿關稅作爲對付中國的殺手鐧，嘲笑川普「對關稅有最僵硬的觀點」，「也可能對美國及世界經濟造成最大的傷害」。在美國，公眾獲得的關於中國的主要資訊是經過篩選的，左派在西方塑造了虛假的「好中國」形象——資本主義、中產階級、往民主方向發展的中國。川普卻看到「壞中國」的眞相：中國限制國民上網、鎭壓政治異議者、強行關閉報社、監禁反對者、限制個人自由、發起網路攻擊，還利用其在世界各地的影響力操控經濟。同時，中國不斷增強其軍事實力。有經濟學家預測，中國會在十年內取代美國成爲全球最大的經濟體。川普追問說：「那我們做了些什麼來確保美國會有能力跟他們競爭呢？我們為了打敗他們採取了什麼措施呢？我們直接放棄了。」

伍華德迷信建制派經濟學家的判斷。白宮經濟顧問委員會是一個由經濟學界泰斗組成的正式顧問團體。二〇一七年七月十二日，十五位前任主席聯名上書川普，籲請川普「不要啓動課徵鋼鐵關稅的程序」，因爲它將傷害美國與關鍵盟國的關係，並且「實際上也傷害美國經濟」。這些簽名者當中，有美聯儲前主席、諾貝爾經濟學家得主等聲名顯赫之人。不過，商務部長羅斯手寫一封信給川普說：「總統先生，這份名單上諸位人士的建議造成我們的貿易赤字。我們再也經受不起他們的政策。」正是這些人造成今天美國面臨的危機，他們不具備解決危機的智慧與能力，更沒有資格對正在幫他們收拾爛攤子的人指手畫腳。

伍華德認爲，美國已被中國「鎖定」，川普不可能打贏這場戰爭，「如果美國對中國課徵新關稅，中國也將祭出他們的關稅措施作爲報復。中國人曉得如何精準製造經濟和政治的疼痛。美國還在幼稚園階段，相形之下，中國已經是博士。中國人曉得哪一個國會議員選區生產什麼產品，譬如黃豆。他們曉得哪一個搖擺選區將攸關到眾議院的控制。他們可以鎖定這些選區、或甚至某個州的產品徵關稅。中國人可以鎖定麥康諾老家肯德基州的波本酒和保羅．萊恩老家威斯康辛州的乳製品下手。」這完全是「長他人志氣，滅自己威風」。這樣的論述，常常出現在中國民族主義小報《環球時報》社論中，難道伍華德跟胡錫進是同等水準嗎？

伍華德做夢也想不到，僅僅一年多以後，美中貿易戰就打了幾個精彩的回合。川普在貿易戰中過關斬將，勢如破竹，頗有「羽扇綸巾，談笑間，檣櫓灰飛煙滅」之氣度；習近平不知所措，節節敗退，露出外強中乾之眞面目，中國經濟陷入三十年來未有之嚴重衰退之中。被伍華德看作是「幼稚園孩童」的川普，居然勝券在握；被其視爲「戰爭博士」的習近平，卻只有招架之功、而無還手之力。伍華德若還有起碼的眞誠，當寫一本續集來向川普道歉。

下卷

習近平向左

16 習近平的法治乃是法家之治

——峯村健司《站上十三億人的頂端：習近平掌權之路》

習近平自就任最高領導人以來，幾乎可以說是病態地執著於法治，並且竭盡全力揭發官僚的貪污行徑。或許在他眼裏，共產黨的現狀與荀子所處的戰國末期荒廢的景象已重疊起來，並且產生強烈的危機感了吧！

——峯村健司

一位在哈佛大學當臥底的日本記者發現了什麼秘密？

我很喜歡閱讀日本學者研究中國的著作。或許因爲中日兩國在地理上同屬東亞國家，在文化上同屬東方文化，可以互爲鏡子，日本學者的中國研究，總是比西方學者更加準確與通透。西方學者的中國研究，常常給人以隔靴搔癢之感；日本學者的中國研究，則像是鑽進鐵扇公主肚子裏的孫悟空，把對方的五臟六腑看得清清楚楚。

日本人做事認真，一般不會局限於「讀萬卷書」，必定要「行萬里路」。在書本上的古典中國讓人浮想聯翩，但「在路上」的現代中國讓人不敢恭維。有「鬼才」之稱的芥川龍之介，在二〇年代曾到中國採訪遊覽。像許多對中國有「文化鄉愁」的日本文人一樣，芥川對中國懷著美好想像，以爲那是一個可以遇到李白、杜甫的優雅國度。但當他在中國遊歷幾個月後，看法發生翻天覆地的轉變。芥川在《中國遊記》中記錄了中國的醜陋現狀，表達了失望與厭惡的心情。從坐船登陸上海開始，就是連綿不絕的髒：黃包車夫是骯髒的代名詞，乞丐伸長舌頭在舔著腐肉，城隍廟池子裏全是尿液，飯館衛生一塌糊塗，廚子在洗碗池肆意小便……「髒兮兮」一詞不夠用了，乾脆換成「衝擊」這個詞，最後忍不住用三個惡狠狠的詞形容：猥褻，殘酷，貪婪。芥川爲這個「老大國」的腐朽衰落而傷感：「在目睹了這種國民的墮落之後，如果還對中國抱有喜愛之情的話，那要麼是一個頹廢的感官主義者，要麼便是一個淺薄的中國趣味的崇尚者。」

讀完芥川龍之介的《中國遊記》，再來讀峯村健司的《站上十三億人的頂端：習近平掌權之路》，兩本書形成頗有意味的參照。峯村健司是向來堅持「最前線主義」的《朝日新聞》的特派記者，他發現，在日本，有關中國的新聞報導，有一大部分是從當地新聞媒體上取材，就算是立場傾向批判中國當局的媒體，在報導時也很容易被經中共過濾後的報導與資訊牽著鼻子走。僅僅把中國當成「未知的國度」、大肆談論它的「異常」之處的報導和書籍，在市面上多如過江之鯽。其實，何止日本，整個西方世界關於中國的研究和報導不都有這樣的偏頗嗎？

峯村健司決定用另外一種方式書寫中國。圍繞中國高層權力鬥爭這一主題，他的足跡遍布北京、上海、大連、重慶、華盛頓、洛杉磯、波士頓、東京，「目擊道存，成竹在胸」，「如人飲水，冷暖自知」，終於以豐富鮮活的第一手材料拼出中國的眞相。比如，爲了瞭解習近平的女兒習明澤在哈佛大學的生活和學習情況，他「臥底」哈佛多日，迫近其生活圈子，成爲唯一一位全程參加習明澤哈佛畢業典禮的外國記者。他有資格驕傲地宣稱：「在這本書中，沒有憑空臆測，唯一存在的，就只有一心一意奔赴『現場』後，在那裏發生的『現實』。」

峯村健司透過親身所見所聞的事實，以及訪問中共高幹、高幹親人、中國問題學者、美方智庫人員等，挖掘出習近平崛起的祕密以及習政權內政、外交決策的過程。

本書的三個核心論點讓我心有戚戚焉：首先，江澤民與胡錦濤十年生死惡鬥，鋪成習近平的掌權之路；其次，習近平成爲毛澤東之後一人獨大的獨裁者，這恰恰表明中共體制缺乏權力制衡的結構性危機；第三，習近平實施強勢外交戰略，使得對中國缺乏基本瞭解的歐巴馬政府輕易接受其「新型大國關係」的定義，最終將撼動冷戰後被多數國家接受的普世價值和國際關係秩序。

中共人才選拔機制中的「比狠」模式

有一位海外民運前輩提出一個大膽的論點：中國民主化的出路，可選「宮廷政變」或「軍事政變」。如果這個論點被習近平看到，他一定會開懷大笑：土耳其未遂軍事政變的結果，是讓本來已趨向於集權的總統艾爾多安放手整肅軍方、媒體和大學中的自由派力量，讓在世俗化和西化道路上走了將近一百年的土耳其重新回到專制蒙昧之中。習近平難道不想向艾爾多安學習嗎？習近平和艾爾多安最崇拜的對象，乃是同一個人：俄國獨裁者普丁。

這位在美國生活久了、「不知魏晉，無論有漢」的反對派教父或許不知道，習近平接班前後，中國已發生過一次未遂政變，那次未遂政變的結果是讓習大肆集權、摧毀對立派系。峯村健司描述了二〇一二年三月十九日晚上，北京發生的武警與軍隊荷槍實彈地對峙的場景。據一名警方高幹向峯村健司透露：周永康擅自命令手下的武警去逮捕某個提供資金給薄熙來的大連企業家。周永康控制的政法委公然阻撓聽命於胡錦濤和習近平的中紀委的調查，後者連忙命令野戰軍出動搶人，這才發生自從一九八九年天安門屠殺之後罕見的裝甲車開進北京城的恐怖一幕。這次事件只是西洋骨牌中的一個重要環節：此後，薄熙來、周永康、徐才厚、令計劃、郭伯雄等試圖推翻習近平領袖地位的高官相繼落馬。

習近平的上位，是中共高層激烈內鬥的結果。一方面是江澤民的勢力壓倒胡錦濤的勢力，習近平在與李克強的競爭中後來居上，然後習近平又拋棄江澤民集團而與胡錦濤集團結盟。另一方面，元老們發現，習近平是太子黨，是「我們的孩子」，對付「敵人」比李克強更狠、更毒、更能維護和捍衛共產黨的獨裁體制，把政權交到他手上才能放心。峯村健司評論說：

> 在表面上，中國共產黨一向都是「全體一致」的；不管是人事或者政策，全都是

透過平和的對話與討論來決定。在官方媒體上，永遠看不見「政爭」或「派閥」之類的字眼。然而，在這種平和的表面下，隱藏的其實是血流成河、永無止盡的激烈攻防。新的犧牲者不斷地浮現；用「死鬥」來形容這樣的鬥爭，一點都不爲過。

習近平的反腐運動，乃是一塊內鬥的遮羞布。習近平接班前後，溫家寶在全國人大閉幕式記者會上譴責薄熙來犯下「路線錯誤」，隨後習近平及官方喉舌也多次暗示黨內存在「反黨集團」、「團團夥夥」。但在對失敗一方的處理中，尤其是在對多位落馬高官的公開審判中，卻對這個面向避而不提。在已審理終結的薄熙來、周永康、徐才厚、令計劃、郭伯雄等案件中，並沒有反黨的罪名，罪名集中在貪腐領域。中共內鬥的結果，跟古代的王朝一樣，遵循成王敗寇的原則：「在一黨統治下的中國，法律與規則往往被視若無睹。唯有黨內鬥爭的勝利者，才能憑藉自己的好惡去解釋法律，並依照對自己有利的方式來運用規則，至於鬥爭中的失敗者，只能坐以待斃，默然等待勝者的裁決。」

那麼，中共的內鬥是否加速中共政權瓦解？峯村健司一度對此抱有樂觀期待：「當我在北京採訪的時候，我認爲這種權力鬥爭必然會縮短中國共產黨的壽命，並且最終導致該政權瓦解崩潰。」但實際結果截然相反：經過習近平接班前後那段血淋淋的內鬥，習近平的集權企圖大致實現，中共政權並沒有在內鬥中遭到削弱乃至走向崩潰，反倒得到鞏固和強化，如經濟學者何清漣所形容得那樣，中共政權將長期抱持「潰而不崩」之狀態。期待中國發生軍事政變、宮廷政變，習近平被推翻，進而啓動民主化，是望梅止渴、畫餅充饑。這種粗陋的想法，只能表明所謂海外民主運動與中國國內的脈動脫節，以及其代表人物思想能力的低下。

習近平熱愛荀子的「法制」，而非西方的「法治」

峯村健司在他的書中提出一個有趣的觀點：胡錦濤在全世界蓋孔子學院，習近平熟讀的卻是荀子。習近平認同荀子「人性本惡」的觀點，認爲須以「上層設計」來約束導正。作者引用某高幹的親屬透露的信息：「據說習近平打從遭到下放的少年時代起，便已經讀透了全二十卷的《荀子》。由於荀子在中國算是比較冷門的思想家，因此幾乎沒什麼共產黨幹部會去閱讀這部書。習近平獨特的現實主義思維，應該就是受荀子影響所致吧。」不過，這個說法可能有所誇張，在文革期間，作爲下放到延安農村當知青的「黑五類」子女，習近平不可能擁有全二十卷的荀子。習近平讀荀子，只可能是在文革結束、其父親習仲勳復出之後——而且，以他的古文能力，能否讀懂還值得懷疑。

就在即將擔任國家主席前夕的二〇一三年三月，習近平對年輕幹部發表講話，特別提及荀子，介紹荀子是「中國最重要的思想家之一」。對此，峯村健司的某消息來源指出：「反貪腐運動，是透過法來讓那些汲汲奔走於利益的幹部心生戒惕，從而使國家團結向上，這正是荀子思想的基本。習近平就任時打出的口號『中國夢』，當中的『強國』這個字眼，正是荀子著作的標題之一。習近平深信荀子所闡述的爲君之道：『隆禮至法，則國有常』，並以此爲根本，朝著重建國家的方向不斷勇猛邁進。」這個消息來源顯然是習近平派系中的人物，對習汲取荀子思想持正面評價。

中國學者趙法生在〈荀子才是兩千餘年中國君主專制政體的眞正「教父」？〉一文指出，在荀子的政治思想中，遺存著中國式君主專制的思想密碼，也隱含著中華民族政治轉型步履維艱的制約性因素。荀子對刑法的強調，已漸流於法家，其弟子韓非爲先秦法家集大成者，絕非偶然。這是儒學經荀學至韓非而成法家的學術線索。換言之，荀子和習近平所說的「法」，是用嚴刑峻法來控制、轄制人民。

熱愛荀子的習近平，不具備帶領中國步入現代社會的精神資源。早在五四時期，啓蒙思想家吳虞就對荀子學說做出深刻批判。吳虞認爲，荀子的思想集中在尊君、卑臣、愚民三個方面。荀子主張人治，故必以統治之權奉之君主，而絕不知三權分配之法，最終之養成專制：「刑罰者，王制之所規定；其輕重是非，一本之人君，而非人民所得參預。此儒家之言，所以雖往往見其公平，而考之事實，適得其反，而反入於專制也。」荀子又主張臣下必須「持寵處位」，即「媚順於君主，以求保其固位。」吳虞批評說：「持寵固位，以順爲正，同於妾婦，終不免禍國亡身，去公僕之義絕遠。」

荀子的思想圍繞如何幫助君王集權展開。在荀子心目中，君主「居如大神，動如天帝」。趙法生指出，荀子認爲民眾不但在道德上完全依賴於君主的教化，就連人民的力量、組織、財富、勢力以至於壽命，都仰賴於君來成就。這樣的君主，對於人民來講，只能用「大救星」來形容。荀子設計的王制是一個君權主導一切的集權社會，君主比爹娘還親，君主比天地還偉大，任何對君主說不的政治力量都被消滅。荀子治道的最高理想是海內之眾像一個人一樣地供人君隨意支使，這是化多爲一的典範，是專制集權的極致。

荀子構建的儒表法裏的體制，比單純的法家制度更具隱蔽性，它為集權的君主專制披上一層溫情脈脈的面紗，借儒家之名而行法家之實。人們對於制度變革的渴望轉換為對於明君賢臣的期盼，進而對其產生無窮幻想，這種政治在某些特定時期必然演變為重大的歷史災難。近代中國的政治轉型是一場走出秦制、以建立現代政治文明的艱難歷程，要想最終跨越這一「卡夫丁峽谷」，荀學乃是必須邁過的一道理論關口。崇尚荀子的習近平，比崇尚孔子的江澤民和胡錦濤大大退步了。

染紅的星條旗：習近平左右了中美關係嗎？

習近平的外交政策比起江澤民和胡錦濤兩朝來也有重大變化。作為日本記者，最關心弱不禁風的中日關係，在這本書中有大量篇幅討論中日關係的現狀與未來走向。作者承認，中日關係受制於中美關係。換言之，日本是美國在亞洲最大的盟友，從戰後至今，日本只是經濟大國，不是政治大國，日本的對華政策必須與美國的對華政策保持一致。

半個多世紀以來，美國的對華政策沒有形成長遠而有效的戰略。知名中國問題專家、賓州大學國際關係教授林霨指出，美國對華政策受季辛吉影響數十年，加上對華經貿的既得利益，導致美國愈來愈不敢、且不願在中國人權、民主議題上發聲。反之，中國不吝對美國智庫、學者使用銀彈攻勢，從美國體制內施加影響。在此影響下，美國政府及大眾對中國人權問題及其他分歧漸漸變得視若無睹，生怕惹惱中國而影響雙邊關係，歐巴馬時代的白宮甚至告訴五角大廈「不要再談中國軍事力量擴張的議題」。林霨表示，最大的擔憂在於因經貿等既得利益，美國政府、企業及大眾愈來愈對中國人權問題及民主自由化停滯漠不關心，認爲「這就是中國」，形成「要和中國合作，只能接受」的「常態化」觀點。

峯村健司在討論中美關係時用「進攻的習近平、防禦的歐巴馬」概括，他專程到習近平和歐巴馬舉行會談的加州「陽光之鄉」莊園體驗現場氛圍，用若干生動的細節還原當初的場景。他認爲，那時美方出現了一次重大外交挫敗，美方輕率地承認中美之間是「新型大國關係」，等於無償給習近平擡轎子。當時的美國國家安全顧問表示：「歐巴馬總統和習近平主席，已經就『新型大國關係』一事達成共識。」中方立刻順著梯子往上爬：「歐巴馬願意認可中國的『核心利益』，對我國外交而言，實爲重大的成果。同時，這也意味著我方對美國介入釣魚臺紛爭，做出了強而有力的牽制。」

美方發現上當受騙，不得不派高官出面消毒。負責亞太事務的助理國務卿羅素指出：「釣魚臺列島乃是《美日安全條約》，特別是第五條所適用的對象。」美國資深外交官和學者卜睿哲評論說：

美國需要中國在某些問題上合作，但這和中國主張的「核心利益」毫無關聯可言。若是習近平在釣魚臺議題上主張「美國已經認可中國的主張」，那麼我方會立即做出回應，明確指出「釣魚臺乃是處於美國盟友日本的管轄下」。

可見，所謂中美之間的「新型大國關係」跟兩岸之間的「九二共識」一樣，是子虛烏有的東西。

這本書從習近平的女兒習明澤在哈佛大學的畢業典禮開始寫起。作者如同大偵探白羅一樣，從蛛絲馬跡入手，一步步剝繭抽絲，在哈佛畢業典禮上捕捉到「天朝公主」的「尊榮」。她使用假名，長相酷似其母親，而代表其父母前來出席畢業典禮的是彭麗媛的妹妹。當習明澤從臺上下來時，峯村健司走上去輕輕說了聲：「恭喜畢業。」話音剛落，兩名不知從哪裏冒出來的、人高馬大看起來像是中國安全人員的男子衝上來，擋在公主面前。作者在現場拍攝到了習明澤的照片，卻一直不曾發表。我曾在臉書上與作者交流，詢問是否受到有關方面的壓力——包括立場較為親中的《朝日新聞》的限制。作者回答說，倒不是因為有什麼壓力，而是他認為習明澤不是公共人物，是「私人」，享有隱私權，所以沒有發表其照片。這是否為託詞？不得而知，但迄今為止任何媒體和網站上都沒有一張習明澤成年後的照片，坊間流傳的照片幾乎全都是假的，這一事實足以讓人毛骨悚然。

峯村健司還描述了加州為中國人赴美產子提供服務的「月子中心」和「二奶村」的故事。在美國的投資移民計劃中，中國人佔八成以上比例，每年數以萬計。一名和中國政策有關的前美國國務院官員告訴峯村健司，美國官方的看法是：「中國政府及共產黨高幹的資金流入美國，不只是對美國經濟成長有所貢獻，更重要的是，讓美國更能清楚掌握這些幹部的資產狀況與家族結構。解放軍的鷹派成天誇誇其詞，嚷嚷著說要用核子武器讓洛杉磯化為火海；但是，一旦他們發現自己的家人和財產都變成了人肉盾牌，那他們還敢這樣做嗎？」

歐巴馬的女兒不會到北京大學讀書，習近平的女兒卻以到哈佛大學讀書為榮，在這個意義上，美國才是真正的超級大國，也是中美關係的主導者。

17 竊鉤者誅，竊國者王

——《拷問中國：兼論習近平論文剽竊事證》

我是極少數、極少數在幾十年前就認爲不需要再給中國時間讓中國證明可以文明的人，我是參考了幾千年中國文化和二十年新中國瘋癲行爲而下的結論，出錯機會是近乎零。

——鍾祖康

中國人什麼時候擺脫愛國的魔咒就眞自由了

鍾祖康是我最喜歡的海外評論家之一。我欣賞他在思想和表達上的徹底性，他可以歸入李贄、黃宗羲、魯迅、柏楊、劉曉波這類「世人皆曰殺，吾人獨憐才」的、被統治者扣上「數典忘祖」的罪名的知識人行列。

鍾祖康生於香港農家，一九七九年鄧小平鎮壓「西單民主牆」運動，他隔江觀察中國的恐怖政治，對宛如悲慘世界的彼岸有了研究興趣。此後，他在香港從事教育、新聞、網路等多方面的工作，看到北方紅禍日漸侵蝕香港，不禁起而抗爭。在參與香港民主抗爭活動的過程中，他在所謂的泛民主派身上看到若干思想和人格的缺陷，更痛感中國人受中國奴才文化毒害太深、與民主政治和自由文化的距離太遠，故轉而從中國文化的源頭尋找病源。隨著香港被中國再殖民之後社會環境日益惡化，鍾祖康與家人移居挪威，以在西方世界生活的切身體驗來透視中西文明之差異。

很多中國國內開明派公知、海外民運人士、香港泛民群體以及臺灣的大中華主義者，批判共產黨暴政毫不含糊，但涉及中國這個「巨無霸」時，卻「捨命捍衛」。他們共通的敘事策略是：反共不反中、反共不反華。他們認爲，中共不能代表中國，只要驅除中共，就能光復中華。對於這種苦心積慮的作法，鍾祖康用《來生不做中國人》、《中國比小說更離奇》、《向中國低文明說不》等幾本著作顛覆之，他在書中指出：中共能在中國長期掌權，是中國人骨子裏自私、怯懦、愚昧的結果；同樣是共產極權制度，唯有中國人（包括中國文化圈內的北韓人和柬埔寨人）能將其演繹到最殘暴、最陰毒、最瘋狂的地步，說明中國文化本身就存在與外來馬列邪教一拍即合的致命毒素。

對於愛國魔咒，鍾祖康指出中毒最深的一個群體是香港泛民主派群體。美國川普政府以取消香港特別關稅區地位反擊中共強行在香港實施國安法，有「香港民主之父」之稱的李柱銘居然勸說美方暫緩此一懲罰。這是李柱銘數十年來一直不變的立場，鍾祖康評論說：

香港民主派特別是民主黨由於很介意中共指其反華、不愛國，因此長期努力跟中共爭奪代表正統中國的的地位，藉此堵住中共嚴重失禁的嘴巴。所以他們要不斷跟中共較量：我比你更中國！我比你更愛國！比如李柱銘在「六四」大屠殺後，年復一年的到美國遊說美國政府不要制裁中共，跟全球許多因人權理由要求制裁中共的人大唱對臺，就顯得很造作很無聊，而其所持理由是中共受制裁將會拖累香港經濟。這就是孔子說的巧言令色了，絕不應是一個心智成熟抗爭者的所爲。

與鍾祖康一樣，我對李柱銘這樣的香港泛民主派評價極地，他們對香港沉淪負有嚴重的責任。

在他的新作《拷問中國》一書中，鍾祖康銳利地說：「如果霧霾能迫使中國人認識到這是因爲中國獨裁統治所致，並由此努力鏟除中國的獨裁統治，霧霾就是中國人的苦口良藥。」然而，即便像魯迅那樣「不憚以最大的惡意揣度中國的人心」，仍無法料到此種情形出現在中國：霧霾籠罩的帝都，土豪們開始追逐時尚、豪華、甚至鑲嵌鑽石的防霾面具。那個名叫Diddo Velema的設計大師，感謝帝都的霧霾爲他提供靈感，也感謝中國的土豪爲他提供市場，他爲Gucci、LV等奢侈品設計出時尚版的防霾面具，每款價值數十萬，成爲帝都最熱銷的奢侈品。

中國是一個神奇的國度：剽竊者可以當皇帝

政治人物有權有錢，還缺什麼呢？缺博士學位。各國政治人物因愛慕虛榮，抄襲論文或購買假博士文憑的事件時有發生。僅以德國爲例，二〇一一年三月，國防部長古騰貝格被揭發博士論文中存有嚴重抄襲。古騰貝格最初全盤否認，之後部分承認，宣布辭職。當時，與之屬於同一黨派的教育部長夏凡女士第一個公開對其表達憤慨，受到輿論好評。僅一年之後，夏凡本人被揭露博士論文中，存在沒有標出引註的許多段落。其母校杜塞道夫大學組成十五人的博士論文委員會調查，認爲該文有大量未標示出處的原文挪用，宣布取消其博士頭銜。夏凡隨即辭職。德國還有多位議員因博士論文造假而聲名掃地。在德國這樣重視公共人物乃至普通民眾誠信的國家，政客一旦出現此類醜聞，就意味著政治生命的完結。

與之相比，中國是一個比小說還要神奇的國家。抄襲者被揭露之後，不以爲恥，反以爲榮。即便被告上法庭，也能運用種種力量，反客爲主、反咬一口。比如，憲政學者王天成的著作被武漢大學法學教授周葉中抄襲，周被揭露後，拒不認錯。王天成將周告上法庭。然而，王天成是因中國民主黨案坐過牢的異議人士，周葉中卻是被請到中南海給政治局上課的「帝師」，這場官司的結局當然是周葉中贏、王天成輸。數年之後，黨國將周葉中升遷爲武大副校長。與之步步高陞的命運相反，王天成備受打壓，得到「受難學者組織」之援助逃離中國。中國已淪爲不能容納有良心的國民的虎狼之國。王天成在美國看到周葉中飛黃騰達的消息，感嘆說：「黨國需要依靠無恥之徒才能維持。這是我們目前所處的世代。」

在中國，沒有最無恥，只有更無恥，以剽竊行爲而論，周葉中跟習近平相比，乃是小巫見大巫。那些倒霉的德國政客一定會深深羨慕周葉中、習近平等人——他們即便被揭露出剽竊了他人文章，仍然可以若無其事、笑罵由人。那些「倒霉的」德國政客或許恨不得德國變成像中國那樣的、沒有言論自由和新聞自由的國家——鍾祖康的考證文章在海外媒體發表之後，香港的網站被攻擊，中國大小媒體鴉雀無聲，就連中國外交部發言人和《環球時報》也不敢像往常那樣「義正詞嚴」地加以反駁。因爲一旦官方出面正式反駁，反倒會誘發海內外更多人的好奇心，加速此一事件的發酵。站在習近平的角度，他一定慶幸中國不是民主制度而是獨裁制度，他不必擔心博士論文造假事件影響自己國家元首的地位，他當然要把獨裁專制維持到底。

鍾祖康發現習近平的博士論文《中國農村市場化研究》存在三大問題。第一，部分地方與劉慧宇教授的《經濟全球化與中國農業發展》驚人雷同，劉可能是其代筆者，因爲當年沒有料到習近平會成爲最高領導人，在出版個人專著時，居然又將代筆部分收入自己的著作中。第二，多處剽竊自其他著作。第三，英文參考書目大部分原封不動抄襲他人文章中的英文參考書目包括其中的錯誤，甚至將他人近於僞造的書目也拷貝過來。鍾祖康判斷，習不可能讀懂三十多本英文專著，甚至沒有仔細閱讀過這篇他人代筆的論文。最後，他感嘆說：「以虛假手段企圖矇混過關，取得博士學位，那是一等愚行。只要有人前赴後繼地爲其傑作『驗屍』，早晚會出事。要對捉刀人對產品實施有效的品質管控，本身就是一件專家才能勝任的難題。」

習近平時代，香港從「文明」跌入「不文明」

對於中國、香港、臺灣、新加坡這幾個以廣義華人爲主的社會，鍾祖康有如此之觀察和評論：「在新加坡，你會有彷如香港眞豪宅那樣的組屋，但無自由，做肥豬；在香港，你要住劏房，但有自由，做餓狼；在臺灣，你住屋條件在新加坡和香港之間，而自由是三國之首，做太平狗；在中國，就甭提啦。這樣下去，恐怕臺灣有陸沉之憂。我也不敢多說了。」居住在這四個地方、有自我反省能力的華人，讀到這段話，大都會「心有戚戚焉」。

香港「回歸」中國，乃是香港悲劇的開端，如同當年蒙古人滅亡南宋一樣，是不文明對文明的毀滅。鍾祖康認爲：

香港今天的問題，追源禍始，是因爲徹徹底底違反天理和人道地做錯了一件事，然後往後每一錯步都是爲了掩飾或修補第一大錯而爲。這個原始第一大錯就是把香港從文明的英國手上交予未開化的中國。由於第一步做錯了，往後只是在等待一個悲劇劇本的上演。

香港被中國統治之後，各項社會指標節節退步。香港十五歲少女黃鈺沛（小雲）跳樓自殺，痛言「但願來生不要做香港人或中國人」。這位少女未必讀過鍾祖康的《來生不做中國人》，卻從苦痛的生活中得出與鍾祖康一模一樣的結論。鍾祖康發出「來生不做中國人」的一聲嘆息，如同昔日發表《醜陋的中國人》的柏楊一樣，遭到口是心非的「愛國賊」們的詬罵。但是，這個香港少女不惜用生命驗證此結論。鍾祖康在臉書上評論說：「任何真正了解香港和中國的人，對這少女這遭遇是不難理解的，也多多少少看到自己的影子。」

《拷問中國》的主體部分，是鍾祖康近年來所寫的時事札記，短則兩三句話，長則數百字，大概是他在臉書、推特上發表的文字的精選和彙集。在沒有社群媒體的時代，從帕斯卡爾的《思想錄》到尼采的《查拉圖斯特拉如是說》，均採用這種體裁寫作。再往更遠處探尋，蘇格拉底和孔子也是由弟子留下片斷式的言行錄才得以垂範後世。我在網路時代來臨前夕出版的處女作《火與冰》，其主體部分也是類似的札記隨想。不過，鍾祖康的這批札記，主題更爲集中，基本以討論香港議題爲主。他不是就香港論香港，而是通過探討香港與中國的關係，以及挖掘香港社會和香港人身上的中國陋習、中國專制思維，進而爲香港的明天尋求出路。

鍾祖康點名批判香港媚共政商集團，其魁首爲具有中共地下黨員身分的前特首梁振英。同時，他深入研究西方文明，有了明亮的鏡鑒，其議論有理有據、讓人信服。比如，他在臉書上根據習近平召見梁振英的坐姿，對兩人之主奴關係有精妙的論述：「習近平，正如許多傳統華人政治領導人那樣，都會以其坐姿來顯示對對方的重視或敬重的程度。習近平一般的作法是，兩胯張開的弧度愈小，即表示愈重視對方，反之小然。因此，當我看到最近習近平會見正襟危坐的梁振英時，竟然把兩胯盡張到有點不雅的地步，我開始懷疑習近平對梁振英死纏爛打要連任感到煩厭。或起碼是，習近平不把梁振英放在眼裏，遂隨意羞辱之。」梁振英不是民選特首，是中共挑選的在香港的傀儡，所以習近平像對待奴才一樣對待他。

習近平執政以來，香港的狀況就江河日下。習近平爲什麼如此仇恨香港呢？香港人不願當奴隸，而習近平要奴役其治下所有人，香港與習近平的矛盾不可調和；再加上香港人向英美尋求幫助，讓習近平顏面無存，在美中貿易戰中節節敗退的習近平需要一個出氣包，香港的命運就註定了，如鍾祖康所指出的那樣：「就心理分析而言，習近平是通過虐打香港，來尋回被山姆叔叔當眾鞭笞所失去的自我和自信，企圖向四周的蛇蟲鼠蟻證明：我回到家裏還是可以亂咬人的。」

以習近平爲代表的中國文化是大醬缸和裹腳布

鍾祖康是少有的發現中共邪惡與中國人卑賤互爲因果的批判者。中共這個怪胎在中國生根發芽、樹大根深，不單是這顆種子有問題，更是孕育種子的土壤有問題。與毛澤東一樣，習近平沒有讀過幾本西方馬列著作，讀的大都是中國的厚黑學、厚黑史。中國文化是大醬缸和裹腳布，臭不可聞。然而，偏偏有那麼多中國人樂於追腥逐臭、以臭爲香。從昔日錢穆等新儒家對中國傳統文化的迷戀、對皇帝制度的美化到今日民國熱中若干國民黨粉絲和蔣介石粉絲，對專制程度比中共「次一級」的國民黨時代的緬懷，甚至讀了蔣介石日記熱淚盈眶，可見奴才文化、太監文化、小妾文化深入中國文化人的心靈與骨髓。

鍾祖康對「已然逝去的美好時代」充滿懷疑。比如，他評論說：「許多人把宋朝捧上天，說宋朝GDP佔全球六成七成或八成，甚至不少人認爲這是中國『最好的朝代』，我卻對宋朝無甚好感。別的不說，單說纏足。纏足之風，始於南唐李後主，至宋，家家爭相仿效，又在理學家的鼓吹下而大盛，至宋末，『遂以大足爲恥』。纏足此一污點，是十功難抵！但現在的中國人褒揚宋朝時，誰還會提起纏足那樣掃興的事？」

鍾祖康對儒家爲主體的中國傳統倫理的幽暗面向更有充分認識。他精讀清人陳宏謀編的《五種遺規》之類的著作，發現古書裏包含了從東漢起到清近兩千年中國人的做人規條，不了解這些人生規條，休想了解今天的中國人或香港人。以「龍的傳人」爲榮者，更加要讀這些書。譬如，《女誡》（東漢班昭著）寫道：「卑弱第一：古者生女三日，臥之床下，弄之瓦塼，而齋告焉。臥之床下，明其卑弱，主下人也。弄之瓦塼，明其習勞，主執勤也。齋告先君，明當主繼祭祀也。三者蓋女人之常道，禮法之典教矣。」鍾祖康不禁感嘆說：「不要忘記，班昭也是女人呀！現在讀來，我還幾乎掉下淚來。有人想多做一次中國人，傻的嗎？」直到今天，每年都有數以萬計來自中國被遺棄的女嬰被美國家庭收養，過上天堂般的幸福生活。對於這些女孩而言，「此生不做中國人」乃是鐵的事實。

鍾祖康是極少數破除大一統迷障的華裔知識人。他是最早公開支持臺灣獨立建國的香港華人，遭到北京圍剿。他針對中國在新疆的高壓政策評論說，中國人在清朝對回民的大屠殺，中共六十多年來對疆獨的鎮壓，才是種族衝突的源泉。「其實，突厥人的『東突厥斯坦』本來就不是自古以來的中國神聖領土，是晚至清朝才被中國所吞併，於是『突厥斯坦』變成了中國的新疆（新的疆土！夠露骨吧！），突厥人就變成了新疆人。」若是鍾祖康生活在中國，就憑這一句話，他就會被冠以「煽動民族仇恨」的罪名下獄。

中國是一個暴君與愚民相得益彰的國度。愚民中的優秀分子，還要自我閹割當太監。如果對中國的歷史和傳統有鍾祖康的認識，就很容易理解爲什麼習近平、馬雲成爲中國最有權和最有錢的人。鍾祖康如此評論馬雲購買香港《南華早報》事件：「習近平說要提升中國的足球水平，馬雲就去買廣州恒大。習近平說要重塑中國形象，馬雲就去買《南華早報》。沒有做太監的那種自閹熱情，怎能做暴君治下的首富？」中國就是一個「下流人高升」的動物莊園，正如鍾祖康所說：「中國人讀歷史，往往會走進歷史做起古人來，結果個個做了中國奴隸或權術大師，這是華人大學歷史系的奴才和撈家似乎特盛的原因之一。」

《拷問中國》一書，既是拷問習近平，也是拷問中國人、拷問中國文化，全書的主旨，可以用林語堂在《一夕話》中的一句語來概括：

中國有這麼一群人，本身生活在社會的底層，自身權利每天都在受到侵害，卻具有統治階層的意識，就是在動物界也找不到如此弱智的人。

若不破除此種奴才本性，中國永遠不能成爲具備民主和法治精神的現代國家。

18 一個人下不贏四盤棋

——《習近平大棋局：後極權轉型的極限》

習近平的面孔是甚麼面孔呢？是他青少年時期的文革紅衛兵的面孔。二十多年前中國有一篇文章，提出一個觀點：「文革的惡果，要到文革一代逐漸成爲社會中堅，逐漸走上領導崗位才能全面顯現。」二十年過去，現在惡果顯現的時代來到了。

——李怡

棋王聶衛平爲什麼不教習近平下棋？

大國崛起零和賽局，紅色江山往何處去？這是共產黨首先要面對的問題，也是中國人及所有與中國有關聯的人不得不面對的問題，在中國陰影下的臺灣也不例外。在

《習近平大棋局：後極權轉型的極限》一書中，一群臺灣最優秀的中國問題專家嘗試對這一問題做出回答。

臺灣媒體對習近平的認識相當膚淺，或認爲習近平因爲曾在福建任職而對臺灣心存善意，或認爲習近平已高度集權乃是「一代天驕」式的超人，臺灣要麼曲意奉承、要麼束手就擒。殊不知，中國已然烽煙四起，習近平早就焦頭爛額。本書作者群認爲：

習近平可以說某種程度上非自願地承接了一個棋局，這個棋局同時包含了好幾個相互糾纏的棋盤。習同時在四個棋盤上下棋：政權內部菁英政治棋盤、政權與社會關係棋盤，國內外經濟棋盤，國際外交軍事棋盤。

習近平眞正的挑戰是這個政權自身轉型的內在限制，若不是因爲這種轉型的限制，這四棋盤都不會對政權構成致命威脅；但是，作爲一個後極權政體，中共和平地進行民主轉型是非常困難的。習近平取消憲法關於中國國家主席任期的限制，正是看到中國轉型的不可能，以及自己下臺後遭到清算的巨大危險，只能讓自己掌權至死，這跟毛澤東發動文革、致死不放權的幽暗心態一模一樣。

在這本書中，「棋局」是一個比喻，在中國文化傳統中，下棋隱喻著軍事與政治鬥爭。那麼，以習近平的能力，他能同時下贏這四盤「一榮俱榮、一損俱損」的棋局嗎？有意思的是，中國「棋聖」聶衛平在其自傳《圍棋人生》中回憶到少年時代與習近平的一段交往。文革期間，習近平、聶衛平、劉衛平三人被稱爲北京二十五中的「三平」，在一次紅衛兵武鬥中，他們三人遭到敵對派系的突然襲擊，聶衛平回憶說：「我們正在得意，忽然之間，禮堂的門大開，好幾百人拿著棍子從裏面喊著衝出來，見人就打。我們雖然人比他們多，但沒有準備，也沒有組織，沒有指揮，在他們有組織、有準備的『突然襲擊』下，頓時成了烏合之眾。我們三人轉身就朝鎖車的地方跑，我和習近平動作快，逃了出來，而劉衛平跑得慢了一步，被打成腦震盪。」

聶衛平又談到，習近平任國防部長耿飈的秘書時，耿飈與習近平有共同愛好，都喜歡下圍棋。耿飈讓身邊所有工作人員都學下圍棋，認爲這能訓練他們的大局觀。耿飈訪日時，中國棋手正在日本參加中日圍棋擂臺賽，在習近平的牽線下，耿飈接見中國棋手們。

耿飈對作爲故人之子的習近平頗爲器重，常常與這個年輕人對弈。聶衛平說，習近平很早就「學會了圍棋規則」，但水準一直不高，「當時習近平想學一點快速提高的辦法。不過我沒教他，我怕他水準不行出去給我丟人。」聶衛平還意味深長地說：「後來他走上政治仕途，我以爲他就當上省長之類的，想都沒想到像現在這樣成爲一國領導人。」可見，在聶衛平心中，習近平這個「發小」的才能與智力都相當平庸：就當官而言，習近平爬到省長的位置上就已是「小才大用」，意外地當上國家領導人必定會「庸才誤國」；就下棋而論，習近平一手臭棋，使聶衛平不願收其爲徒。

那麼，習近平如果從四盤棋局中一一落敗，他個人的命運、共產黨的命運以及中國的命運將會如何呢？

韌性威權終結，剛性威權登場

在習近平掌權之前，中共在某種程度上容忍一定獨立性公民社會的存在，NGO在中國有過一段美好時光，用美國學者黎安友的話來說就是「韌性威權」。不過，從胡錦濤時代末期開始，中共瘋狂打壓公民社會團體，使得國家與社會的關係變得更爲緊張，「彼此本來可以共生共濟的模糊地帶開始消失，也磨蝕了幫助威權政體存在發展的韌性」。「韌性威權」的發明人黎安友，宣布此概念不再適用於描述中國現狀。

人們原本以爲，習近平上位是因爲上海幫與團派僵持不下、不得以從圈外選擇一個弱勢接班人。殊不知，習近平的掌權是共產黨出於「自保」的本能反應和必然邏輯。六四屠殺之後，寡頭治國、韜光養晦、悶聲發財的模式，帶來二十多年經濟快速增長，普通民眾分得殘羹冷炙而沉默是金，社會大致穩定，至少沒有再次發生全國性的民主運動，但是，此種模式已走到盡頭，如果繼續「擊鼓傳花」，敷衍塞責，共產黨覆亡指日可待。體制呼籲一位強勢領袖重新設定遊戲規則，習近平遂脫穎而出，正如本書作者指出的那樣：

> 習在內政上對社會採取全面壓制、在外部對周邊採取以武力爲後盾的擴張性舉措、在經濟上採取具高風險的應對策略，這些作爲除了進一步鞏固其權力基礎，又藉由新獲取的權力再強化對內、對外、對經濟的施政。這是一個在「擴權」和「施政突進」之間不斷循環的「強勢施政策略」。

習近平的強勢或剛性施政策略，究竟是讓共產黨的統治延續更長時間，還是加速共產黨的死亡？人們正拭目以待。就好像一位病入膏肓的癌症病人，偏偏要去跑馬拉松，能讓其強身健體、生龍活虎嗎？像胡錦濤那樣不折騰是等死，像習近平這樣折騰是找死。習近平本人的知識結構和思維方式停留在文革時代，身邊沒有眞正通達時務、高瞻遠矚的智囊，其用人的策略是「武大郎開店」，專門選拔矮子。

作爲本書作者之一的學者董立文如此分析說：「習近平用人與其個人經歷有極大關聯。習接班的過渡期較短，令他在人事布局方面可選擇範圍較窄，而這種用人格局，可能會造成一個封閉的決策系統。」如果「習派」眞的取代上海幫、團派和太子黨，「習派」堪當重任嗎？董立文指出，習派具有三個特點：第一，習派是沒有系統與底盤的雜牌軍；第二，習派成員是習近平個人從各系統與各地方拉拔拼湊而成，各成員間認識不深，缺乏忠誠與信任；第三，習派在目前中共黨內的政治結構中，人數太少，位置偏低、權力不足。

習近平用人，專門用社會評價最爲負面的人物，「良心不壞，領袖不愛。」北京市委書記蔡奇不必說。被習近平用了之後又棄之如敝屣的中宣部副部長、國信辦主任魯煒，以及在郭文貴爆料事件中充當重要角色的公安部副部長並升任司法部長的傅正華（在二〇二〇年新一輪的清洗中被免職），無不是「近墨者黑」之流。在文宣領域，二〇一八年四月三日，中共宣布庹震任《人民日報》總編輯。此前庹震任中宣部副部長，更早曾任廣東省委宣傳部部長。在廣東任職期間，庹震自行篡改《南方周末》新年獻詞，深陷新聞審查之醜聞，引發了備受海內外矚目的「南周事件」。然而，此人正是因爲整肅自由派的南方報系有功、獲得習近平認可並調任中央宣傳部，繼而被委以《人民日報》總編輯的重任。從這些人物的任命可看出，習近平專門以民間輿論爲敵，民間輿論痛恨的人物，他立即予以重用。這些惡名昭彰的酷吏，缺乏民意支持，上位後只能死心塌地忠於他個人。

只有「政左經左」，沒有「政左經右」

這本書討論習近平經濟政策的部分，是由盧俊偉和邱俊榮共同執筆的論文〈從政左經右到新常態：中國經濟發展模式的極限與變革〉。作者認爲，在戰略層次上，中國政府或政治干預經濟的色彩濃厚；在戰術層次，政府介入或干預市場程度隨時期變化而有所不同——如果說在江澤民和胡錦濤時代，政治上毫無鬆動，經濟上稍稍偏向自由市場經濟，是爲「政左經右」；那麼，習近平的「新常態」則表現爲政府高度介入、干預產業上游部門的生產和資源配置，國有企業在國民經濟命脈領域強化其壟斷地位，是爲「政左經左」。

中國民間改革派公知信奉「政右經左」，即政治上民主自由，經濟上傾向北歐式社會主義和儒家均富傳統。而我所追求的「美好中國」的願景則是「政右經右」，即美國式的政治經濟制度，也是今日全球範圍內最具活力和生機的社會制度。然而，習近平既不接受「政右經左」，更不採納「政右經右」，連江胡時期的「政左經右」都不願維持。其經濟智囊劉鶴、易綱都有留美履歷，多少知道奧地利經濟學派理論，但習單單選擇「政左經左」的死胡同，正如作者所說：「後極權政體因為意識形態而無法否定自己，當其他正當性來源衰退時又回來向意識形態求救兵，但問題是這時意識形態往往已經過時了，這就是後極權獨有的最大的陷阱與束縛。」

所謂「習近平經濟學」，無非是其故作深奧的「供給側改革」概念——淘汰夕陽產業，扶持高科技產業。《路透社》引述一些中國人大代表的言論稱，「供給側改革」的版本之一是：中國製造商應該嘗試生產出高端智能馬桶蓋。此前，許多前往日本旅遊的中國遊客曾經瘋狂搶購當地的此類產品，讓煽動反日情緒的中共大失面子——中國人要生產自己的智能馬桶蓋！然而，高污染高耗能的夕陽產業大都是國企，中國政府希望避免出現國企大規模裁員，扶持國有企業，讓經濟服務於政治，改革怎麼可能成功呢？

更嚴峻的問題是，一旦經濟改革進入深水區，不可能不涉及政治體制問題，習近平怎麼可能自掘墳墓？對內，中國的經濟發展模式已走到山窮水盡之地步；對外，中國加入世貿之後，從來只享受權益，不承擔義務，其背信棄義已觸犯眾怒。美國總統川普說：「我們不是在跟中國打貿易戰。現在我們有每年五千億美元的貿易逆差，再加上被盜走的價值三千億美元的智慧財產權。我們不能再這樣下去了！」白宮副新聞發言人華特斯說：「中國需要做的是，停止對美國國家安全造成威脅以及扭曲全球市場的不公平貿易行爲。」美國民主黨重量級參議員、川普的政敵伊莉莎白·華倫也支持川普對中國的貿易制裁：

多年來，美國政府錯誤地以爲經濟交往會讓中國更加開放。我們給自己講了一個一廂情願的故事，結果這故事從來就不符合事實。

這本書作者群對於「習政府是否有決心、能力改革結構性政經難題」留下一個大大的問號。我的回答是全然否定。自由經濟和民主政治豈能二分，只在美國走馬觀花停留過幾天的習近平不能理解這一常識，劉鶴和易綱等在美國長期留學的人不會不知道。知道，卻不說，只能說明他們要裝扮得比習近平更傻。這群傻子和裝傻的人，能把中國領到哪裏去呢？

中國高壓下，臺灣的轉機與生機

《習近平大棋局》最後一章名爲〈對內交代、施壓臺灣：習近平全球戰略下的對臺政策〉。這個題目稍有偏頗：習近平已是無冕之帝，不必對任何人、任何機構有所交代，以及所謂的「民意」，他都視若無物。習近平天不怕、地不怕。他對臺灣施壓，唯一的原因是滿足個人野心，如同毛澤東所炫燿的那樣「數風流人物，還看今朝」。

兩位作者賴宇恩和黃怡安指出：「臺灣面對中國整體國力崛起和強勢外交作爲，已經無法獨力地在外交領域和中國進行全面的競爭或對抗。」我同意這一冷靜的分析但這並不意味著臺灣應當放棄國防、放棄反抗意志、放棄建國運動。這本書主要作者徐斯儉在訪美時，以臺灣民主基金會執行長的身分表示，臺灣年輕人的「天然獨」就是「反統一」，根據調查，若中國武統臺灣，大部分年輕人願意爲臺灣而戰。這就是「自助者天助」的道理。

這篇論文的兩位作者進而指出：「臺灣在思考外交戰略布局時，若能妥善地操作美、中之間的戰略槓桿，有助於降低臺灣在安全、經貿與外交上的脆弱度。」我個人無法認同這一觀點。這就像呂秀蓮說的「臺灣中立論」，自以爲聰明地在中美兩個大國之間玩平衡術。

我要追問的是：難道中國和美國都是臺灣的敵對國嗎？它們都對臺灣的國家安全有嚴重威脅嗎？當然不是。唯有中國存著武力征服、奴役臺灣的野心。自冷戰以來，美國始終是臺灣的保護者——當然，美國自有其國家利益、自有其亞洲戰略、自有其對臺灣地位的看法，但就結果而言，確實保護了臺灣免受中國侵略。如今，既然臺灣單獨對抗中國絕無勝算，就當加入「以美日爲首的民主國家聯盟」。

如果說以歐巴馬、希拉蕊爲首的美國左派一度有「賣臺論」，那麼川普政府堪稱三十年來最親臺、友臺的美國行政當局。美國國務院亞太副助卿黃之瀚在訪問臺灣時提及美臺關係的「三個確定因素」：

我們能夠確定臺灣的民主制度及其相關發展爲整個印太地區樹立典範；我們可以確定美國、臺灣和其他志同道合的夥伴可以一同合作，加強本區域以規則爲基礎的秩序。我們可以確定美國對臺灣人民、他們的安全和民主之承諾無比堅定。

此外，黃之瀚幽默地說，美國要找的理想夥伴條件，臺灣無一欠缺。民主體制、市場經濟，共同的價值與利益全都符合，「再加上美食！臺灣當然符合。」

共和黨控制的國會更推動通過《臺灣旅行法》。提案者之一、共和黨眾議員羅絲雷提南在推特上說：「臺灣是重要的安全和經濟夥伴，它的自由使我們成爲天然盟友。面對中國侵略，我們需要不斷加強美臺關係。」她還在臉書上說：「臺灣是美國的堅強盟友，支持自由、民主、新聞自由和法治，與殘酷的中國政權不同。」

在習近平政權的高壓下，臺灣反倒迎來絕處逢生的轉機和生機。在馬英九執政期間，兩岸虛假的和平與和諧，讓臺灣民眾處於某種被催眠狀態，很容易死於共產黨和國民黨合謀的「溫水煮青蛙」毒計；如今，不戴面具、青面獠牙的習近平，讓臺灣和國際社會看清其「殘酷」本相，大部分臺灣民眾尤其是年輕一代不再猶豫，臺灣的獨立建國之路將走得更加穩健和堅定。

19 為什麼跟習近平聊天是雞同鴨講？

——《與習近平聊聊臺灣和中國》

臺灣政府和人民必須認清，美中「新冷戰」既是新舊兩強的爭霸之戰，也是美中之間意識型態和價值觀之爭。在此「新冷戰」中，臺灣別無選擇，只能堅持親美外交路線，堅定站在自由民主陣營一邊，因爲世界上只有中華人民共和國一個國家威脅使用武力來剝奪臺灣人民自決權和摧毀臺灣自由民主體制。

——汪浩

臺灣不是處於美中兩大帝國之間的「棋子」

有媒體採訪《與習近平聊聊臺灣和中國》的作者、臺灣政論家范疇，提出這樣的問題：「新書名字指名『與習近平聊聊臺灣與中國』，當臺灣社會力量擡頭，素人政治上臺之際，大陸網民愛國主義情緒昂揚，同習近平聊天有作用嗎？」

范疇的回答是：「這本書的宗旨不是請願，也不是爲臺灣找出路，而是眞心的從中國的現實處境出發，爲未來百年的中國想出路，順帶的，也爲習先生本人還有中共設想一個歷史定位。書中所提出的『中國應該找美國簽署《臺灣永久中性化協議》』，是個雙贏的作法。形勢比人強，從國際局勢還有中國國內局勢來看，可能這是唯一可以將亞洲區域由『衝突公式』轉化爲『和平公式』的四兩撥千斤的辦法。」

對於范疇關於兩岸關係的這一願景，我樂觀其成。但我更相信中共不可能這樣做，正如臺灣評論人陳建瑜所說，「這本書更突顯臺灣社會對兩岸事務一廂情願的心態。」范疇討論臺灣島內問題的時候精準深刻，但在討論中國問題和國際問題的時候卻顯得癡人說夢。他刻意忽略或迴避了兩個重要的前提條件：第一，他反覆聲明臺灣並不反共，臺灣只求自己不被共產黨統治，希望以此換取習近平的安心。然而，自由跟暴政永遠不可能和平共處，臺灣要捍衛自己的自由就必須反共。對統治中國的是邪惡的共產黨政權這一事實，採取掩耳盜鈴的作法，不可能換來臺灣的安全。換言之，若要成立范疇心目中的「華人獨聯體」，先要在中國實現「去中共化」。

其次，范疇在書中將臺灣看作是不幸地處於美中兩大帝國之間的「棋子」。這種看法有一個致命的錯誤：美中兩大帝國的制度及對臺灣的立場完全不一樣。美國是民主國家，美國從來沒有用武力侵占臺灣的想法；中國是獨裁國家，中國一直在使用赤裸裸的武力威脅臺灣。簡言之，美國是好帝國，中國是壞帝國，兩者不可同日而語。

臺灣知識界左派勢力強大，反美（包括反日）心態強烈，很多人甚至認為美國跟中國一樣壞。我在臺灣的幾所大學演講時，為美國說了幾句好話，立即有學生站起來激憤昂揚地反駁。然而，以臺灣目前所處的國際形勢而言，臺灣不可能同時與中國和美國為敵。在合縱連橫、詭譎多變的「新冷戰時代」，臺灣必須聯合美日才能對抗中國。

范疇說，他的新書不是請願，但他想跟習近平聊天的願望不可能眞正實現。即便他有跟習近平對話的機會，也是雞同鴨講、對牛彈琴。為什麼呢？其實，在范疇給習近平的那封公開信中，他對習近平的本質認識得相當清楚：

不諱言的說，眼下中共給予世人的印象，具有四個面向：威權主義＋軍事國族主義＋國家資本主義＋全民思想控制。或許這四個面向，都有他們各自不得不的現實理由，然而加疊起來，他們構成了一個意象，那就是「法西斯主義」。點出這點，犯了您的大忌。

既然習近平是「正在成形中的法西斯」，他還會耐心、謙卑地聽取來自彼岸的不同意見嗎？希特勒和毛澤東從來沒有納諫如流的雅量，習近平也是如此。針對《與習近平聊聊臺灣和中國》一書中，作者向習近平提出的若干建議，我擇其要者提出三點商榷意見。

習近平有推動「新臺灣學」的胸襟和氣魄嗎？

范疇建議說，中國需要嶄新的「臺灣學」論述。他說：「中國在世界上財大氣粗，所以並不急於尋找一套嶄新的臺灣論述。但是，中國錯了！不出十年，中國將因爲缺少一套嶄新的臺灣論述而動彈不得，習近平先生的百年功業也會因此功虧一簣。」

對於中國爲什麼無法形成一套嶄新的「臺灣論述」，范疇認爲有以下幾個原因：

體制的僵化思考作祟、領導人被國內政爭綁架而無法創新、以及可能是最重要的——整體中國上層和菁英界，無能擺脫歷史經驗的牽絆，因而無能用地球的高度來定位中國未來一百年的世界角色，連帶的，「臺灣論述」也賠了進去。

我同意范疇找到的病根，但我不認爲習近平有對症下藥的醫術，因爲習近平本人也是病入膏肓的病人。幫助習近平「打老虎」的「廠公」王岐山，在跟美國政治學家福山的一次談話中情不自禁地嘆息說：「難啊，自己監督自己啊。我自己也在考慮這個問題。醫學上有自己給自己開刀的唯一例子，可以在網上查到，俄國的西伯利亞的一位外科醫生給自己割過闌尾。這是唯一的病例，說明自我更新、自我淨化很難。」習近平不可能組建一個人人可以自由思想的智庫，爲之形成一套「新臺灣學」。在臺灣問題以及其他國內國際問題上，習近平只能「頭痛醫頭，腳痛醫腳」。比如，習近平提前撤換掉未能掌握臺灣情勢變化的國臺辦主任張志軍，但換上的新人未必就比張志軍更能掌握臺灣社會的脈動。

習近平以強硬姿態爲個人風格之標榜，對黨內各派系強硬，對民間社會強硬，對西藏、新疆、香港和臺灣強硬，對美國、日本和西方世界強硬，對東南亞各鄰國強硬，他似乎害怕自己稍微一示弱，就會墜入深淵。二〇一六年十二月二十七日，環球時報發表的〈反臺獨〉社評，顯然是揣摩習近平的心思而作：「過去大陸一直努力避免有干預臺灣內部政治之嫌，今後大陸需改變策略，公開打擊與一個中國原則對抗的政黨及個人。我們要最終做到，抓幾個觸犯了《反分裂國家法》的臺獨死硬分子來大陸蹲監獄。」只差沒有用王朔的名言「我是流氓我怕誰」來收尾了。

毛時代「輸出革命」，到習時代轉化成「帝國擴張」，臺灣首當其衝，難以置身事外。臺灣研究中國天朝主義系譜學批判的學者曾昭明在〈帝國是如何失敗的？——習近平與中華型帝國過度擴張〉一文中指出：

> 在晚發展大國的歷史脈絡中，不具社會包容性的「榨取性發展」策略，加上壓制人民自由的「威權民粹主義」政治，實際上正構成了支持「帝國過度擴張」傾向的溫床。以中國的案例而言，在中南海宣示一帶一路與亞投行計劃後，中國媒體與網路上絡繹不絕的「持劍經商」的帝國民粹主義話語，正見證了一種「帝國性的軍事產業複合體」思維的發端與主流化。

擴張總是可以使得統治者及民眾像服用春藥般高亢歡快，習近平看不到德意志帝國和大日本帝國過度擴張終至人仰馬翻的前車之鑑。與范疇寄希望於習近平一人穩當掌舵不同，曾昭明更寄希望於中國知識分子群體的精神覺醒：眞正能約束中南海的「中華型帝國過度擴張」的力量，還要等到中國知識分子群體「回到民間」的那一天，等到他們明確提出「告別帝國」籲求的那一天，才有可能出現。其實，劉曉波早在八〇年代就對天朝主義和大一統傳統提出尖銳批判——我在二〇一六年編輯出版了劉曉波關於此一主題的文集《統一就是奴役》，對抗「擼起袖子來蠻幹」的習近平及被其洗腦的中國民眾，需要普及劉曉波先知般的洞見。

習近平害怕中國人的「民國鄉愁」嗎？

范疇在這本書還提出一個與很多中國國內民眾及流亡海外民主人士不謀而合的看法：中共害怕中國人的「民國熱」，「民國」是可以顚覆中共統治合法性的最大的精神資源。范疇認爲，臺灣如果要改國號，「臺灣民國」會比「臺灣共和國」要有利得多。這種看法放在目前臺灣廣義獨派的論述網路中就是「華獨」優於「臺獨」。

范疇進一步論述中共害怕民國熱的原因：「中共最害怕的不是『臺灣共和國』，而是在『民國』概念下的『中華民國在臺灣』。中共心底最深層的恐懼之一，是存在中國大陸社會菁英內心的民國情懷，也就是那種『當年如果民國繼續，中國今天不知道會怎樣』的世紀大謎。近幾年，甚至出現了一個專有名詞來形容這種現象，叫民國鄉愁。」爲了對付這種「民國鄉愁」，「習近平及他的理論班子，正在展開一場歷史乾坤大挪移，企圖將紅二代專政的合理性從一九四九年推翻國民黨，往前延伸至一九二一年的中共建黨，如此一筆勾銷民國時期的歷史、人物、建樹」。

在陷入絕望的前夕，很多中國民眾胡亂抓住一根救命稻草，將美好的願望投射到在臺灣日漸衰亡的國民黨身上。對大部分臺灣人而言，簡直是一齣荒誕劇。范疇不願意成爲其中的一員，反覆強調「民國記憶不等於國民黨記憶」，自己無意爲國民黨立牌坊、更無意爲蔣介石這個「大軍閥」樹碑立傳。然而，他跟大部分「民國粉」一樣，對一九二七年前後的「兩個民國」並未做出區分：一九二七年之前的北京政府是眞共和，一九二七年之後的南京政府是黨國。

范疇的中共害怕「華獨」而不怕「臺獨」的判斷，是站不住腳的。中共怕的是臺獨、疆獨、藏獨、港獨這些目標明確、版圖具體的獨立運動，不怕早已不存在的「中華民國」殭屍復活。中國最近這些年出現的「民國熱」，有民眾對現實不滿的因素，但它更是一種共產黨默許乃至縱容的麻醉劑。民眾在家中懷舊（其實懷舊者並未在民國生活過，所懷念的是紙上和影視中的民國）總比上街抗議好一百倍吧？中宣部對圖書、報章、影視、網路等嚴密控制，偏偏在民國議題上鬆一個小口子，關於民國的文章、書籍、影視作品層出不窮，甚至連正面評價蔣介石的傳記都能公開出版，共產黨哪裏害怕早已化爲一股輕煙的中華民國？在南京原中華民國總統府門口有一塊石碑，上面早已鐫刻著中華民國的生卒年：一九一二至一九四九。

習近平打出被奉爲中華民國「國父」的孫文牌來反臺獨，更表明習近平不怕「華獨」而怕「臺獨」。中共於人民大會堂舉辦盛大的「孫中山先生誕辰一百五十週年大會」，習近平不只大力稱讚孫文「堅定維護國家統一和民族團結」及「反對一切分裂國家、分裂民族的言論行爲」，也警告「絕不允許任何一塊中國領土從中國分裂出去」，恫嚇臺灣的意味濃厚。有趣的是，中國國民黨在同日發表聲明，強調中國國民黨才是「孫中山先生建國理想最正統的繼承者」，並重申這是客觀的歷史事實，不容爭辯，同時也歡迎共產黨、民進黨或任何黨派一齊來尊奉孫中山先生。民進黨立委嘲諷說：「一九二五年孫文曾聲明，在臺灣的中國同胞，被日本壓迫，我們必須鼓吹臺灣獨立，和高麗的獨立運動互相聯合，想必孫文也是支持臺灣獨立自主的。」

習近平執政二十年是中國變革的前提嗎？

范疇最大的錯誤不是以上兩項，而是建議習近平連續執政二十年，如此才能完成眞正的改革。范疇認爲，中國的根本性問題，在於當前一黨專政的政治體制，無法永續。眼下全中國最擔心這個問題的人，非習近平莫屬。范疇假定，習近平絕非無心處理此一問題，只是苦於目前中國必須面對的諸多內外問題，未必有足夠力量做大刀闊斧的改革。假設習近平眞心想要改革共產黨、眞心爲中國未來一百年設想，則需要比現在任期更長的時間。

范疇指出，近代史上任何做徹底變革的國家，至少都需十五到二十年以上的時間，「現代土耳其之父」凱末爾花了十五年才對土國的「政教分離」打下地基；德國首相俾斯麥在位二十年才縫合了德意志帝國，並安排了奧地利的自立；新加坡則花了五十年才做到「一黨主政、他黨制衡」，何況以中國幅員之鉅，遠非習近平所剩的數年任期可盡全功。

那麼，習近平該怎麼辦？范疇的建議是，唯有在頂層設計上做若干修正，使國家最高領導人設爲當然國安會主席、軍委主席，而讓黨總書記退爲類似最高經營機關即可。最重要的，是推動間接民主制度「選出」國家最高領導人，如此一來，習近平有機會成爲中國有史以來第一位經由選舉程序賦予統治正當性的最高領導人，其歷史意義將遠超前人。

在我看來，范疇的這個建議會被習近平笑掉大牙。范疇雖然在中國居住多年，還是太不熟悉「中國國情」。毛時代之後，鄧小平自稱政治局唯一的「婆婆」，但在重大事務上仍受到陳雲等地位與之相當的元老牽制。胡耀邦、趙紫陽先後遭到罷黜，重新選擇的接班人江澤民，就是來自陳雲的推薦，鄧小平只是被動接受。到了江澤民和胡錦濤時代，因缺少毛澤東、鄧小平那樣樹大根深的領袖，「一號人物」主要發揮協調、折衷之功能。習近平上臺僅三年多時間，已借助反腐運動，清洗敵對派別，成功顚覆毛以後中共高層的「寡頭集體領導制度」。可見，運行二十多年的黨內不成文的「共識」或「規矩」，何其脆弱不堪。習近平完成個人強勢地位之塑造，儼然成爲無皇帝之名而有皇帝之實的獨裁者。習近平要延長其任期，並不需要訴諸於選舉並獲得某種合法性，他只需要掌控軍權，然後強迫全黨上下接受既成事實。

范疇在民主國家生活久了，將民意當作統治者統治合法性的標尺。在民主國家，這當然沒錯。但若分析非民主國家的政治，需要用另一套方法。在獨裁者心中，民意從來輕如鴻毛。當年，蘇聯共產黨總書記戈巴契夫改制，當選第一任總統，卻未能阻止政變發生、權力喪失乃至蘇聯解體。范疇提及的政治強人凱末爾、俾斯麥、李光耀等，跟習近平根本不具可比性，其成敗也有進一步探討的空間：凱末爾打造的世俗化、現代化的土耳其，在近百年後又被伊斯蘭原教旨主義推翻，他的國父地位亦有可能不保；俾斯麥在晚年遭威廉二世罷黜，眼睜睜地看著窮兵黷武的第二德國邁向萬劫不復的一戰戰場；而新加坡與其說是一個國家，不如說是一座城市，更不可能成爲中國的學習榜樣，李光耀的家族統治，跟北韓的金家王朝本質類似，沒有兒子的習近平難道也要學習他們，並且傳位給女兒嗎？

習近平若眞有政治改革之心，早就可以啓動改革步驟了。不需要他做多少善事，只要少作惡就足矣——比如，解除網路封鎖、不再抓捕律師和踐踏法治、讓民營經濟與國有經濟公平競爭等。擁有二十年任期並不是習近平改革的前提條件，他要是眞能拿出改革方案並著手實施，他的政治生命就能自動延長。

范疇對習近平仍抱有幻想，我從一開始就對習近平不抱任何幻想。這是我與范疇之間最根本的差異。

20 對習近平的所有幻想都該灰飛煙滅了

——《把脈中國：對習近平的第一手觀察》

西方應該停止對習近平再報天真幻想。我們不希望新一場冷戰，一直存在幻想，現在我們早已經過了這樣一個階段，我們不得不對習似乎想要的一場冷戰這一事實做出反應——除非你勇敢地面對惡霸，否則他們會繼續欺負你。

——彭定康

世界上真的存在某種「有效」專制嗎？

我生活在北京的那些年，常常接受林洸耀的採訪。林洸耀是路透社駐北京首席記者，他是出生於菲律賓的華裔，曾就讀於臺灣大學，講一口流暢的普通話，走在大街上彷彿就是本地人，這讓他比西方面孔的記者更容易深入中國社會、探知第一手資訊、搭建綿密人脈。

但另一方面，東南亞華人後裔的身分，也會在情感及思維方式上形成某種局限或遮蔽：華人在東南亞各國的離散命運和邊緣處境，使他們對遙遠的「天朝」存有不切實際的幻想，有意無意地美化中國的歷史與現實。林洸耀也是如此，我予以理解，但仍要提出批評。

在《把脈中國：對習近平的第一手觀察》一書中，林洸耀對習近平基本持正面評價，理由是：「在習近平上任還不算長的時間裏，我們已經看到很多可喜的變化，例如反貪腐運動不斷深入、地方司法開始獨立於政府、死刑犯器官移植被廢除。改革可以步步爲營，改總比不改好，現在主動改比未來可能被動改好。」他寫作此書時，大概還沒有發生諸多觸目驚心的事件：「七〇九」全國抓捕維權律師、重判伊力哈木和張海濤、抓捕百萬維吾爾族入「再教育營」。知道這些事件後，林洸耀會不會修正對習的評價？

如今，殘存的「習粉」，除了被黨國宣傳機器洗腦的愚民和五毛，在公共知識分子中，只剩下屈指可數的幾個人：焦國標，討伐中宣部，只反貪官不反皇帝，吹捧習近平爲大救星。辛子陵，批判毛澤東，卻讚美要做「毛澤東第二」的習近平。楊恆均，以「民主小販」自居卻爲中共大外宣戰略效力，最後還深陷牢獄。吳稼祥，八九後曾下獄的新威權主義者，試圖以讚揚習近平來重返權力中心。林洸耀難道要成爲他們的同類？

由於缺乏足夠長的觀察時間，看錯了習近平，情有可原。但林洸耀在本書中對新威權主義的認同，讓我倍加警惕。他認爲：「有人秉持著兩個凡是：『凡是美國的都是好的，凡是中國大陸的都是不好的。』但我始終認爲，資本主義或社會主義，民主或開明專制，本身就各有利弊。和民主國家的表演政治、能說善道相比，中國大陸則是擇優選拔領導人。雖然這是專制，但無疑是有效的專制，它在一定程度上保證了一個龐大國家的秩序和發展。」由此，他甚至得出「維穩是改革的基礎」這個無比荒謬的論點。

林洸耀的這段話，彷彿是從鄭永年、朱雲漢、李成等中共海外吹鼓手的論文中摘錄出來的。首先，在邏輯上，只有專制才有效率、只有專制才能保證大國的秩序和發展的說法是站不住腳的。那些實行民主制的大國，如美國、加拿大等，難道不是更有秩序也更富裕嗎？而專制所維持的秩序和繁榮都是短期的，不可能是可持續發展。

其次，中國的官員選拔制度不是擇優，而是優敗劣勝，世界上還能找到兩個軍委副主席都是腐敗分子的軍隊嗎？中國的官員未經選舉，沒有得到人民的授權，當然不具備統治的合法性，人民也就有權推翻之。

第三，專制就是專制，沒有所謂的「有效專制」。若論「有效」，納粹德國似乎更「有效」——希特勒執政直到開戰之前，德國的經濟增長率是全球最高的，但與此同時，對猶太人及反對派的屠殺已經開始了。儘管民主只是「最不壞」的制度，但專制絕對是最壞的制度。任何爲專制辯護的言論我都無法接受。

是「左右逢源」還是「寧左勿右」？

林洸耀指出，習近平並不是「寧左勿右」的「左王」，而是「左右逢源」的中間派或務實派：「儘管今天很多媒體傾向把習近平描繪成一個新威權主義的左派君王，但我認爲熟悉政治要訣的習近平有其左的一面，也有其右的一面，左右兼顧是爲了讓自己的政治目的得以向前推行。」他從習近平親自出席左派代表人物鄧力群的葬禮、也給屬於黨內自由派的曾彥修的葬禮送去花圈這兩件事來分析，認爲這是習近平拉攏和調和左右兩派的象徵性舉動。在我看來，林洸耀對兩個葬禮都做了「過度闡釋」。鄧、曾二人跟習仲勳有過工作上的交集，習近平只是以後輩身分向逝者致意。而且，前一個葬禮遠比後一個葬禮重要，習近平更偏向左派。

林洸耀列舉出習近平執政以來在歷史問題上出現鬆動的多個例子，說明習近平有其右的一面。其中，有允許司徒雷登的骨灰歸葬杭州和讓劉賓雁的骨灰安葬於北京郊外之「高擡貴手」。然而，司徒雷登生前希望歸葬燕京大學的未名湖畔，而燕京大學早已併入北京大學，連北大老校長蔡元培的骨骸都不能從香港移回來，司徒雷登又豈能如願以償？劉賓雁的骨灰早在二〇一〇年就下葬北京郊區，跟習近平似乎毫無關聯，而且官方不准其家人在墓碑上刻上一句雲淡風輕的話：「長眠于此的這個中國人，曾做了他應該做的事，說了他自己應該說的話。」

林洸耀談及央視播放的電視劇《歷史轉折中的鄧小平》，其中出現華國鋒、胡耀邦等人物，「尺度是開先河之舉」。但看過該電視劇的人都說，那是一部四平八穩、對鄧小平歌功頌德的片子，趙紫陽被從其參與的所有歷史事件中刪除，劇中甚至出現一份造假的人民日報的報頭，沒有趙紫陽當選總書記的報導。這種扭曲歷史的電視劇有何值得稱道之處？」

林洸耀又指出：「二〇一五年，高崗一百一十週年誕辰紀念活動得以在北京公開舉行，意味著共產黨黨內的歷史遺留問題得到了相對開明的回應。」這也是習近平的私心：高崗是習仲勳的親密戰友，爲高崗翻案有助於提升習仲勳在黨史中的地位。高崗本來也不是什麼好人，在中共內部的權力鬥爭中心狠手辣，他成爲黨內政治鬥爭的犧牲品算是罪有應得，公開紀念高崗並不意味著公義得以彰顯。

林洸耀提及的另一個例子是：「六四黑手陳子明被允許赴美就醫，中國官方在六四問題上略有鬆動和進步。」這又是「只見樹葉，不見森林」，陳子明已身患癌症末期，不再對中共具有威脅。赴美治療了一段時間之後，他又返回北京，不久即去世，此個案並不能表明中共對六四問題「略有鬆動和進步」——只要去採訪一下丁子霖等天安門母親群體，瞭解一下她們受到怎樣的打壓，就知道習近平有沒有「平反六四」的願景。

在林洸耀拼湊的一系列例子中，最荒腔走板的是將哈佛大學教授傅高義的《鄧小平改變中國》在中國出版當作習近平開放言論的證據，此書「是中國大陸出版的非官方書刊中，第一次提及六四。」且不說該書的簡體字版比香港繁體字版刪去多達五萬三千字，就提及六四這一點而論，該書寫六四是爲鄧小平擦屁股。鄧小平爲什麼用武力鎮壓民運？傅高義解釋說，鄧小平「對內戰和文革的混亂記憶猶新，因此認爲中國的社會秩序很脆弱；如果他斷定它受到威脅，就會做出強硬的反應。」這個解釋受到有良知的中外學者的一致批駁：八九民運的和平、理性，在整個人類歷史上是罕見的。如果中共按照趙紫陽的主張，在民主與法制的軌道上解決問題，事件可以和平落幕，不需要大開殺戒。

林洸耀所舉所有例子的份量，趕不上習近平整肅黨內改革派雜誌《炎黃春秋》這一件事。《炎黃春秋》不是被封殺，而是被劫掠，是光天化日、朗朗乾坤之下的匪幫搶奪，使得最後一任執行主編丁東嘆息說：「法治夢斷，人心不死。」

習近平集權，是統治的法寶，還是致命的病根？

在林洸耀筆下，習近平自信滿滿、大刀闊斧、雄心壯志，將帶領中國在經濟上超越美國，黨內發展民主並遏制腐敗，並將在西藏及臺灣問題上達成和解。然而，實際情形恰恰相反。林洸耀說他有若干從高層傳來的資訊，但我並不看重這類中南海裏故意流傳出來、讓外國記者「爆料」的資訊——這些幾乎都是爲習近平塗脂抹粉的內容。分析中共的政治問題，並不需要某些來路不明的高層消息，單單根據若干公共事件和習近平的公開言論就能勾勒出眞相來。

習近平身上的職務愈來愈多，其自信卻愈來愈弱。中共政治局重提「民主生活」之主張，鼓勵批評和自我批評，又強調「兩學一做」（學黨章黨規、學系列講話，做合格黨員），務求由上而下黨員跟隨習核心一致，「領導幹部職位愈高、崗位愈重要，就愈要坦誠接受監督。」換言之，政治局其他常委不能有跟習近平起平坐的二心，必須滿足於「軍機大臣」的身分，只有習近平才是唯我獨尊的「今上」。

與此同時，中共黨刊《求是》雜誌，二〇一七年首日發表署名石平的題爲〈反對「四個主義」，堅決維護黨中央權威〉的文章，號召「全黨必須自覺防止和反對個人主義、分散主義、自由主義、本位主義」。文章直指早前落馬的周永康、薄熙來、郭伯雄、徐才厚、令計劃等五人「政治野心膨脹，搞政治陰謀活動」。習近平時刻感到如芒在背，哪裏有林洸耀描述的那種信心十足、躊躇滿志？

在這本書結尾處，林洸耀以專門的章節批駁盛行多時的「中國崩潰論」，他總結出中共擁有以下「九大統治法寶」：第一，中國的經濟三十年來不斷增長；第二，中央以明確的決策贏得民心；第三，中國人個人的自由更多而心中恐懼變少了；第四，安全部門嚴密而強有力；第五，媒體成為有效的宣傳工具；第六，中國共產黨具有很強的危機意識；第七，有效的統戰；第八，教育系統鬆綁；第九，國際地位及民族自豪感提升。

中共不會迅速崩潰，但此九個要點並非中共長命百歲的秘方。此九個要點之間，充滿彼此矛盾之處：既然當局建立了更嚴密且強有力的安全部門，中國人怎麼可能個人的自由更多而心中恐懼變少呢？既然教育系統鬆綁，輿論宣傳為何又要加強？如果對應中國的現實就會發現，這九大支柱個個搖搖欲墜，它們不是中共統治的法寶，反倒是其致命的禍根。比如：以經濟而論，中國的經濟增長已到極限狀態，拐點降臨、內需不振、出口受阻、實體經濟滑坡、房地產泡沫即將破裂，聰明的李嘉誠已率先跑路；以官方媒體的宣傳效力而言，對於年輕一代而言，央視、人民日報等官媒毫無吸引力和信任度，年輕人一旦掌握先進的網路技術，立即翻牆到被封鎖的谷歌、臉書、推特上探索眞理和眞相；安全部門日漸膨脹，武警、國保處於風聲鶴唳、草木皆兵狀態，「群體性事件」仍層出不窮，自有人類社會以來，從來沒有哪種統治能穩固地建立在刀尖之上；再說共產黨的「危機意識」，共產黨具有強烈的「危機意識」，但「危機意識」不足以讓共產黨給自己動手術，只能促使各級官僚爭先恐後地向海外轉移子女、親人及財產，中共垮臺的那一天，必將與蘇共一樣「竟無一人是男兒」。

習近平眞的「佛緣深厚」嗎？

任何一個政權的統治，都不能只靠胡蘿蔔和大棒（即經濟發展和暴力），還必須有意識形態、主義、價値乃至宗教信仰來支撐。毛時代之後，毛主義和馬列主義已成殭屍，習近平如何塑造一套新的價値或信仰體系？林泲耀認爲：「習近平在中國傳統文化行之有效的元素中尋找治國之道或方略，對佛教的重視和利用，從二〇〇二年調任浙江時就開始了。」二〇一三年，習近平在接見國民黨名譽主席吳伯雄時，對身爲佛教徒的吳坦言：「我是佛教文化的推動者。」林泲耀預測說：「在習近平治下，中國將恢復發揚傳統文化，迎來佛教的新鼎盛。而習近平與星雲大師的往來，更能說明佛教即將在中國大陸迎來春天。」

有趣的是，臺灣前國防部副部長和陸委會主委林中斌此前曾在臺灣媒體撰文說，因爲習近平的妻子彭麗媛是佛教徒，習近平對佛教有好感，甚至會對達賴喇嘛釋放善意，允許達賴喇嘛回西藏。林泲耀在此書中引用林中斌的論點：「在文革中險遭滅門的佛教，在新時期又將在中國再續香火。或許未來有一天，不是三民主義或共產主義統一中國，而是佛教統一中國。」

這些水月鏡花般的妄想無一可靠。近年來，林中斌在臺灣超越朱雲漢，成爲吹捧中國、吹捧習近平的第一人。然而，林中斌關心彭麗媛的佛教信仰的同時，爲什麼偏偏看不到爲了捍衛宗教信仰自由和民族文化傳統、毅然自焚而死的上百位僧俗藏人？這背後是怎樣一種卑躬屈膝、溜須拍馬的權力崇拜心理？

佛教的春天不會在習近平治下到來，佛教更不可能在兩岸統一中發揮關鍵作用。中共耗費巨資舉辦全球佛教論壇，不會邀請達賴喇嘛出席，會上只有「政治和尚」星雲的身影。然而，臺灣的未來早已取決於太陽花學運的學生，不取決於星雲這樣的國民黨在佛教界的餘孽。且不說習近平的嫡系人馬夏寶龍在浙江大肆迫害基督教會的暴行，即便是佛教和儒家，共產黨也只是將其中最黑暗的部分拿來爲其所用。吃喝嫖賭的少林方丈釋永信，不就是最典型的例子嗎？如果說有春天，那是群魔亂舞的春天。

中國各類宗教信徒的苦難仍在瀰漫和擴展。二〇一六年七月，四川甘孜州色達縣喇榮五明佛學院僧舍遭習近平當局暴力拆毀。喇榮五明佛學院由堪布晉美彭措仁波切於一九八〇年創辦，擁有一萬多名僧俗信眾，被稱爲全球最大的佛學院。在胡耀邦、趙紫陽、江澤民、胡錦濤幾任中共總書記時代，這所佛學院都安然無恙，偏偏到了習近平時代就被連根拔起、毀滅殆盡。二〇一六年十二月，再有數百名來自青海果洛州的僧尼被逐出佛學院。離開佛學院的僧尼哭成淚人，場面極為淒慘。此前遭驅逐的僧尼，在各自所在地被強制灌輸「愛國愛教」政治思想再教育，其中昌都類烏齊縣和青海玉樹州雜多縣的僧尼被安排集中居住在一座鐵房裏，比囚犯還不如。

習近平沒有一絲一毫的「佛緣」，因達賴喇嘛到蒙古共和國弘揚佛法，他居然對蒙古施行經濟制裁，迫使蒙古宣布從此以後不再向達賴喇嘛發放簽證。這種野蠻行徑，跟當年滅佛的唐武宗有什麼差別呢？習近平也沒有其他宗教信仰——包括共產黨黨章上規定的黨員必須信仰的馬列主義和毛澤東思想。習近平唯一信仰的就是權力，他絕不是林洸耀期待的「穩紮穩打的改革者」，而是「擼起袖子」掃除公民社會、塑造偶像崇拜的獨裁者。

習近平上演的，不是一齣實現「中國夢」的大戲，而是一曲新威權主義的輓歌。

21 習近平的第三次革命能成功嗎？

——《習近平與新中國》

西方各大工業國，正在走向與中共國在科研上脫鈎的方向，到那時，世界同步發展，中共瞠乎其後，國力日下，國勢日弱，後果不堪想像。

——顏純鈎

習近平發動了「第三次革命」嗎？

美國的中國問題專家易明認爲，習近平執政以來在中國發動了「第三次革命」。若粗略地以三十年爲一個階段，從一九四九年開始的第一個三十年是「第一次革命」，即毛的革命，毛的關鍵詞是「鬥爭」。毛一生都沒有停止過鬥爭，與天鬥、與地鬥、與人鬥、與國民黨鬥、與美帝鬥、與蘇修鬥、與黨內「走資派」鬥，其樂無窮。所以，毛時代大多數處於政治傾軋、社會動亂和經濟貧困狀態，中國並未擺脫「一窮二白」的命運。從一九七九年開始的第二個三十年是「第二次革命」，即鄧的革命，鄧的關鍵詞是「改革開放」。共產黨在政治、經濟和社會控制方面有所放鬆，在沿海地區引入西方資本主義模式，中國成爲世界工廠，經濟保持令世界驚訝的高增長率，成爲僅次於美國的世界第二大經濟體。但鄧小平的實用主義理念無法繼續凝聚民心並爲中共統治提供合法性闡釋，腐敗和貧富懸殊加劇，各種社會矛盾愈演愈烈。

從二〇〇九年開始的第三個三十年則是「第三次革命」，即習的革命，習的關鍵詞是「中國夢」——當然，我並不認爲中共的極權統治可以再繼續三十年。易明認爲，習近平爲鄧小平的「第二次革命」畫下句號，開啓了自己的時代。習近平的「第三次革命」主要包括：由習近平領導下的激進中央集權；政府加強對社會的滲透；構築無形規章與限制牆，對理念、文化與進出中國的資金施加更嚴厲的控制以及對外大舉投射中國的國力。

一般而言，一個政權的外交是其內政的延續，其外交與內政的邏輯是一致的。易明卻發現，習近平一方面再次主張政府對中國內政與經濟生活的控制，一方面在國際上扮演更具野心與擴張的角色。習近平的內政與外交南轅北轍，一個人不可能同時追逐兩個天南地北的目標。用易明的話來說就是，「中國沒有展現出全球國家特有的屬性，更沒有出現一位支持政治與經濟價值與體制自由的領導人」、「中國是一個不自由的國家，卻想在自由的世界秩序中爭取領導權。」她呼籲國際社會對習近平的野心加以反制，如此才能保護自己；她也堅信習近平的中國夢剛剛開始就註定了必然失敗：「比較史學沒有站在習近平這一邊。儘管世界上有些地區也出現民主倒車現象，但除了中國以外，世界上所有重要經濟體都是民主體制。」

不過，易明的「第三次革命」概念以及三個三十年的時期劃分，看似簡單明快，卻也有其盲點與局限。她誇大了習近平個人對中共政策的改變，也誇大了習近平與他的前任黨魁江澤民與胡錦濤之間的差異。中國往左轉或者說帝國意識膨脹的轉折點，不是二〇一二年習近平接班，而是二〇〇八年——主要的變化在胡溫時代後期就已全面展開。二〇〇八年，美侖美奐、萬國來朝的北京奧運會，堪比納粹德國在一九三六年舉辦的柏林奧運會；四川大地震中，執政當局發現民間社會的巨大潛力與活力，由此開始對社會力量新一波的嚴酷打壓；劉曉波發起的零八憲章運動是一九八九年民主運動遭到鎮壓之後民主力量的最大一次集結，以劉曉波被捕並被判處重刑畫上句號——抓捕並重判劉曉波的是胡溫，後來害死劉曉波的是習近平，胡溫並非慈眉善目的好人，習近平只是加碼了胡溫的暴政。

國有企業是習近平的救命稻草嗎？

習近平時代重要的經濟政策「國進民退」在胡溫後期就已開始推行，習近平將此政策大大加速。在中國，國有企業是政府的代理人，國有企業負有為北京推動戰略目標的任務，它一直在天然資源開採、基礎建設發展這類領域達成政府的政治和經濟目標。中共官方文件指出，國有企業「是黨和國際最可信賴的依靠力量」。

易明發現，在對待國有企業的態度上，李克強與習近平之間存在著一定的分歧。李克強曾說過：「要對殭屍企業、產能過剩企業狠下刀子。」所謂「殭屍企業」就是連續虧損三年、環保與科技水準沒有達到標準、不能配合國家工業政策以及極度仰賴政府或銀行才能生存的企業。李克強還希望讓國有企業「減肥瘦身」。但李克強很快被習近平剝奪經濟政策決策權，成為中共歷史上最弱勢的總理，副總理、習近平的心腹劉鶴居然敢於公開羞辱他。

習近平對國有企業尤其是央企的思路是「大就是美」，這符合他在其他領域好大喜功的一貫風格。習近平重用的國資委主任蕭亞慶說：「我們這個事業的規模愈大愈好。」二〇一二年，中國有兩百七十五起國企合併案，到了二〇一四年，增加到四百八十一件。二〇一五年，中國遠洋運輸集團與中國海運集團合併組成中國遠洋海運集團。二〇一六年，中國兩家最大的水泥廠中國建材集團與中國中材集團合併，兩家最大的國營鐵路公司和兩家國營電力公司也整合了。經過一系列的整合，八十三家中國國有企業登上世界五百強榜單，排名二、三、四的分別爲中國國家電網、中國石油天然氣集團、中國石油化工集團。這樣的排名大概能夠滿足習近平的虛榮心，但無法掩蓋中國國企面臨的危機。易明指出，國有企業債臺愈築愈高，繼續揮霍寶貴的貸款，提供的新就業機會卻寥寥無幾。

習近平缺乏經濟學常識，卻要像毛澤東一樣壟斷經濟政策的決策權。鄧時代中國經濟增長的秘密，卑之無甚高論，只是將毛時代鐵桶一般的計畫經濟鬆綁，引入一定程度的市場經濟因素而已。計畫經濟必然是一條通往奴役之路，早在奧地利經濟學派的經濟學大師海耶克之前，在二〇年代，俄羅斯經濟學家鮑里斯·布魯茲庫斯就針對蘇俄當局實施的第一個五年計畫提出尖銳的批評意見——他爲此付出的代價是被蘇俄政權驅逐出境，更多俄國知識分子因爲對蘇俄經濟體制提出負面看法更付出生命的代價。他指出，在這種中央集權的國有體制之下，工人淪爲奴隸勞工，千百萬農民走向毀滅。「在蘇俄的經濟中，從中央政府到每個小部門，經濟管理必定都是政治管理；經濟活動參與者的利益必須到處服從整個社會主義國家的利益。企業不論大小，前面必定站著一個政治上的自己人——共產黨人。管理著共產主義計劃經濟的不是專家而是外行，這也是該體制失敗的重要原因之一。」布魯茲庫斯認爲，蘇俄的計畫經濟是一個完全從政治出發設計的經濟制度，該制度徹底無視民眾的需求。經濟制度成爲政治的附庸，說明市場的主導力量從民眾經濟生活中被徹底排除，是一件多麼危險的事情。七十年後，蘇聯政權終因經濟崩潰引發政治崩潰。

布魯茲庫斯早在一百年前就發現的眞理早已成爲常識，卻被習近平漠視。布魯茲庫斯的著作已被翻譯成中文出版，習近平的書單中卻不會出現。習近平將其命運與國有企業捆綁在一起，但國有企業不是習近平的救命稻草，也不是所有獨裁者的救命稻草。正如中國問題專家沈大偉所說：「黨的領導體系並不想削弱，反而是要強化這些國有企業。除非這些獨占企業崩解，否則中國將無法在這個領域走向創新，或者發展出經濟規模。」習近平雄赳赳氣昂昂地率領中國重蹈蘇俄之覆轍。

極權之下的創新是白日夢

習近平在多次講話中倡導創新，要將中國打造成「創新大國」。但是，易明指出，這是一個不可能實現的中國夢，原因很簡單：全球化的意義就是資訊、資金與人員的自由交流，從而促成一個更加相互依存的整合世界。但習近平治下的中國一面控制理念、人員與資金的流通，一面侈言領導全球化。這種排斥開放市場的理念與資金雖然帶來無效率與浪費，但中國領導階層爲實現較爲長期的戰略目標，願意付出這樣的成本。

近代以來，幾乎所有重要的科學及管理的發明都出現在民主自由國家，正如易明所指出，發明是一種造成產品線或產業革命的突破性構想，需要智慧財產權保護、長期投資、承擔風險、接受失敗的勇氣。這些發明條件在中國及一切獨裁制度下的國家都不具備。中國唯一的優勢就是偷竊和山寨西方的各種發明。美國參議院在近期的一份報告中指出，中國通過「千人計劃」竊取美國的技術，該計畫的目標對象是中國出生但是在美國工作的研究者，中國以高薪或大研究室等豐厚待遇招攬他們回中國。報告認爲，中國訓練該計畫的參與者對美國的智慧財產權相關機構撒謊，讓他們回到中國之後建立「影子研究室」，完全複製在美國的研究工作，或是像某些案例當中，直接竊取美國科學家所做出的研究成果。史丹佛大學胡佛研究所發布的報告稱，美國與中國學者及研究機構之間的合作，直接促進了中國軍事現代化。該報導研究了中美學者共同完成的兩百五十四篇論文後指出，這些論文涵蓋從化學、光電、材料科學到海軍工程等一系列主題，中國科研人員涉嫌隱瞞他們與國防項目的眞正隸屬關係。報告建議美國研究機構擴大與中國合作夥伴的合作審查和盡職調查，建立共同的道德和倫理標準，以防止可能有助於專制政府或違反民主價値觀的合作。

中國的所謂「新四大發明」——高鐵、網購、移動支付、共享單車——在國際上早已淪爲笑柄。易明在這本書中歷數習近平對大學、智庫、媒體等在創新中扮演重要角色的機構的監控和打壓，由此說明創新的種子在中國尚未萌芽就被連根拔除。就連北大和清華的院長級學者也在《科學》雜誌發表文章，公開譴責一小群官僚由上而下壟斷科技研發經費管道，使創新窒息。習近平掌權以來，中國的大學從圖書館中清除政治上「有害」的書籍，鼓勵學生報告教授批評政府的言論，沒有學術自由的大學，獲得再多研究經費，也不可能是創新的發源地。

易明進而發現，中國政府試圖在創新科技的投資與塑造過程中扮演強而有力的角色，要保護它免受外國競爭，結果是產生龐大的無效率、浪費與欺詐，在這方面最爲典型的例子是所謂「全球最大的電動車市場」。中國領導人希望所有車輛都使用清潔能源，這個美好的想法沒有錯，但爲了達成這個夢想，當局不是靠市場的力量，而是靠政府的力量，在其十二五計劃中，將替代燃料和電動車工業訂爲七大新興產業之一。地方官員爲了製造政績，爭先恐後上馬相關項目。然而，地方業者與電廠研發的產品在其他地方並不相容，在一個城市買來的車，往往無法利用另一個城市的充電站充電。中央各部會奮力瓜分這塊大餅：工信部點名日產爲策略夥伴，科技部卻扶持本土企業比亞迪——後者大量抄襲其他國際名牌汽車的設計及技術，其生產的電動車與傳統的汽柴油車相比不但不能節能，反而更加耗能。失去了創新能力，靠偷竊和模仿，如同輸血一樣可以暫時獲得生機，但沒有造血功能，最終只能是死路一條。

美國如何應對習近平政權？

易明對習近平政權基本上持負面評價，但她對美國政府的對華政策做出的建議卻是錯誤的。雖然她認為，一旦習近平的第三次革命波及全世界，危及全球安全與繁榮的基本原則時，就應該義無反顧與中國對抗；但她立刻又從這一立場退縮，強調美國應當採行一套「兼顧新舊政治現實的做法」：包括在外交上再接再厲，善用習近平想當全球領導人的野心，推動促使各方承擔更多責任的多邊努力。一旦中國不遵守約定或謀取不當利益，能夠更積極啟動懲罰措施，並加強美國政府的能力，讓華府更能掌握中國不斷變化的內政與外交政策。

易明所謂的美中之間應當加強「技術性的合作」，包括美國應該與中國開發銀行合作，確使中國公司在推動一帶一路的過程中遵守環保、勞工與透明度的最佳實務，這對維護美國公司的競爭力至為重要。其次是美國還可以加入亞投行，進一步伸張它的經濟利益。這些建議，如同重演農夫與蛇的故事。易明的局限在於，她一輩子研究中國，卻未能洞悉中共政權的本質是極權主義，比納粹還要邪惡和危險。她在書中大量引用親北京的各類學者諸如李成、鄭永年等人的言論，其實這些人是中共大外宣的一部分，是喉舌而非有獨立洞見的學者，她在某種程度上受到這些人的影響和誤導。

易明認為，中國太大、太重要，美國不能斷絕與中國在若干議題上的合作，諸如北韓、伊朗的核問題，全球暖化等非得有中國合作不可。這正是傳統上民主黨人和若干共和黨建制派的思路，在過去三十年來已證明失敗了。臺灣評論人楊光舜在《外交家》雜誌發表了一篇題爲〈拜登團隊的兩岸政策〉的文章指出，民主黨決策者傾向支持美國對同盟做出更多承諾、對國際組織投入更多投資、採取多邊解決爭端機制、並處理氣候變遷問題。比如，小布希政府國家安全會議及國防部資深官員范騰等人建議，對中國要採取「議題式的競爭」，而不是重演冷戰式的全面對抗。在氣候變遷及核武不擴散議題上，美國需要中國的合作。前國家安全顧問唐尼倫在認知到中國科技進展對美國構成的挑戰後指出，美國應當在科技發展上投入更多投資，並接納更多優秀移民，這是比對中國加關稅更好的反制措施——然而，所謂「優秀的移民」，是否包括中國派出的間諜和竊賊呢？他們在某種意義上確實足夠「優秀」。美國如何對移民的忠誠度進行甄別呢？楊光舜的結論是：雖然許多民主黨人的看法已經有所轉變，但要說民主黨今日的對中政策有了「典範轉移」還言之過早。尤其是他們還是主張在許多方面必須要跟中國用談判、溝通的方式，找出合作的可能。這樣做的結果必然是「當斷不斷、反受其亂」。

習近平的野心不可能被美國「善意引導」，這種想法本身就是與虎謀皮。因此，川普政府不再對習近平政權抱有任何不切實際的幻想，將中國定位爲首要的戰略對手。曾任白宮首席戰略策劃師的班農在受訪時說，川普對中國共產黨制定了一個「連貫的解體計畫」，該計畫有兩個步驟，第一步是先與中共「對抗」，第二步是「擊垮」中共。二〇二〇年七月三十日，美國國務卿龐皮歐在參議院外交關係委員會作證時說，美國針對中國的外交努力已經奏效，國際社會在覺醒，「潮流正在轉向」。他舉例說，有三十多個國家禁止使用不可信的華爲技術；丹麥拒絕中共對其報紙進行新聞審查的企圖並對北京在北冰洋的活動感到警覺；瑞典關閉了境內所有的孔子學院；立陶宛情報部門首次把中國列爲潛在的威脅；印度禁止使用一百零六個中國的應用程式；美國、澳大利亞、印度、日本和英國加大了在南中國海的海上軍事演練等等。美國的盟友紛紛歸隊，中國和習近平逐漸陷入孤家寡人的境地。

在這一大轉折、大脫鉤的歷史關頭，西方的中國問題研究者們也需要在知識結構、研究範式上做出重大調整，否則他們又將犯下當年西方的蘇聯問題專家的致命錯誤——沒有一個蘇聯問題專家預測到蘇聯的崩潰居然如此之快。

22 習近平為何選擇最壞的那個選擇？

——《中國的未來》

習近平收到備忘錄了嗎？一旦美帝將你視爲他們的「敵人」，就開始倒大楣了。他們會動用所有資源與你戰鬥，之後歷任總統也會採取相同的國家戰略。

——范亞倫

「擁抱熊貓派」爲何提出「中國衰落論」？

沈大偉是美國最著名的中國問題專家、喬治·華盛頓大學教授。他四十年的學術生涯都與中國緊密聯繫，中國已然成爲他生命的一部分。一九七九年，中華人民共和國與美國建交後，他成爲首批美國留學生前往中國，先後在南開大學、復旦大學學習漢語，此後在北京大學國際政治系從事博士研究。長期以來，沈大偉被普遍認爲是對華溫和派，即「擁抱熊貓派」。他的觀點和建議被美國政府所採納，從某種程度上參與了美國對華政策的形塑。同時，在中國，他也一直被社科院等官方高級智囊機構和一流大學奉爲座上賓，並被中國外交學院列爲美國「知華派」學者前三名。中美關係良好的時代，他可算是風光無限。

然而，二〇一五年，沈大偉突然在《華爾街日報》發表文章，拋出「中國即將崩潰」的預言，震動學界。不過，他很快對此做出澄清，指出「崩潰」的說法是編輯所做的修飾，他眞實的意思是「衰落」，而且他認爲中國的衰落將是一個相當漫長的過程。沈大偉堅稱，他的觀點並非嬗變無常，「不是我的觀點變了，而是中國變了。」如今，中國的不確定性和脆弱性，達到他學術生涯中前所未有的高度。

沈大偉在其新作《中國的未來》一書中指出，中國目前面臨經濟、社會、政治、環境、科技以及知識發展，也涵蓋國家安全、外交和其他領域政策綜合交織的關鍵時刻。經濟方面走到了「中等收入陷阱」的關鍵點，如何成功跨越？社會方面是極劇加速的貧富差距、人口老化以及公共服務日增的挑戰，還有新疆、西藏、香港與臺灣的不滿，如何解決？黨國政治體制本身的貪腐，如何面對進一步現代化所必須達成的政治鬆綁與自由化？他認爲，中國的執政者如果不回歸到政治改革路線，針對黨政與社會關係做大幅度的自由化與鬆綁，則經濟的改革與社會的進步，都將裹足不前。而中國的動向無論其結果好壞，將持續是未來幾十年中，造成世界發展不確定性的關鍵因素之一。

沈大偉曾以「站在十字路口的中國」形容中國的狀況，但他在研究過程中發現，這一比喻不足以形容中國未來道路的複雜性，使用「roundabout」（圓環、環島、交通迴旋處）這一概念或許更貼切——中國如同一輛駛近交通迴旋處、極需選擇合適出口的汽車。有四個不同出口供中國選擇，中國的未來樣貌將由執政者最後究竟選擇四條政治路線中的哪一個所決定：新極權主義、硬威權主義、軟威權主義、半民主主義。前兩個選項是壞的選項，而新極權主義最壞；後兩個選項是較好的選項，而新加坡式的半民主化是最理想的，但也是最不可能的。

沈大偉對習近平持極爲負面的評價，他對中國看法的改變很大程度上是因爲習近平的倒行逆施。他引用曾擔任美國總統國家安全顧問的布里辛斯基在《大失敗》一書中關於「後共產威權主義」的論述來形容習近平治下的中國：「共產黨的領導人失去了信心，表現出深沉的不安，而且試著要重新確保掌控體制，於是統治只是爲了統治而統治，毫不掩飾政府的唯一念頭：維持政權。」也就是說，習近平唯一信仰的就是保有權力，因爲一旦喪失權力，他勢必死無全屍。

列寧式黨國的「放收循環」

在書中，沈大偉重提他在二〇〇八年的舊作《中國共產黨：收縮與調試》中提出的一個概念：列寧式政黨爲了維持自己的權力，必然多次經歷「放收循環」的過程。所謂「改革是找死，不改革是等死」，共產黨往前進一步又後退一步，永遠處於像朝三暮四的猴子那樣的痙攣狀態，將一直持續到其全面瓦解爲止。他認爲，列寧式的政黨成功完成民主化的是臺灣的國民黨政權——不過，國民黨政權敗退臺灣之後，就始終處於美國的庇護和監控之下，更像是拉美的那些軍政權，其早期列寧式政黨的特質已殘存無幾。

蘇聯的七十年歷史就是一部「放收循環」的歷史：史達林去世後，經歷了赫魯雪夫的解凍時代，然後，強硬派通過政變將赫魯雪夫趕下臺，進入近二十年的布里茲涅夫的停滯時代，此後是短暫的安德洛波夫和契爾年科的過渡時期，迎來戈巴契夫的改革和新思維時代，最後是蘇聯的解體。

中國也是如此，沈大偉發現，一般來說，「放」的階段持續數年，緊隨著是幾年的「收」，兩者來回轉換。從七十年代末到一九八九年，是鄧小平推動改革開放的「自由的新威權主義」時期。從一九八九年的天安門屠殺到一九九二年鄧小平的南巡講話，是「新極權主義」時期。從一九九三年到一九九八年，是江澤民的「硬威權主義」時期。從一九九八年到二〇〇八年，是江朱後期及胡溫前期的「軟威權主義」時期。從二〇〇九年至今，則是「硬威權主義」時期。沈大偉以二〇〇八年爲分界線，比一般學者單單從人事變遷來劃線更加準確。他指出，在二〇〇八年到二〇〇九年發生的一連串事件，提高了黨的緊張情勢，與政治轉向。二〇〇八年八月西藏拉薩發生了暴動；二〇〇九年夏天，同樣事件在新疆烏魯木齊重演。二〇〇八年北京奧運以及籌備北京大閱兵以慶祝十月一日建國六十週年，同時西方卻發生金融危機，使得中共統治階層取而代之的野心急速膨脹。

但是，沈大偉的分期及對不同階段的評價，仍有其盲點所在。比如，他對八〇年代及一九九八年至二〇〇八年間的「軟威權主義」的評價過於正面。他對鄧小平讚譽有加，稱鄧小平在文化大革命後摒棄個人崇拜、個人集權，中國經濟才有其後的持續高速增長。他也聲稱較爲懷念江澤民後期和胡溫前期的十年，「當時公民社會、學術界、媒體輿論等較爲開放，存在黨內民主。政府能釋放力量推進中國溫和改革，實現部分轉型。」與之對比，近幾年的中國政府，則在玩火自焚。「鄧小平如果還在世，看到這些應該不會高興。」他將「習近平及共產黨的權力過於集中」列爲中國面臨的首要政治挑戰。

沈大偉與中國的若干改革派、開明派知識分子一樣，忽略了共產黨政權的本質比領導人的個性和風格更爲重要。實際上，鄧小平不配得到如此讚譽，鄧採取某些跟毛不一樣的統治方式，更加實用主義，但他的目標跟毛一樣——捍衛共產黨一黨獨裁的模式。所以，鄧小平在一九八九年斷然下令屠殺和平示威、追求民主的學生和市民，這不是鄧小平偶然的決策失誤，乃是其壟斷權力的必然邏輯。同樣的道理，江澤民和胡錦濤跟習近平的差異，也是戰術上的，而非戰略上的。中國目前的種種危機，並不是回到以上兩個「軟威權主義」時期就能迎刃而解。

沈大偉的第二個盲點是，無論是以二〇〇八年做爲分界線，還是以二〇一二年習近平接班做爲分界線，最近一次中國的「收」階段已大大超過其總結的「收」的一般規律（兩年左右）。當下中國的政治模式，與其說是「硬威權主義」，不如說是「新極權主義」——以中國的實際情況而論，黨的高壓和控制已超過天安門屠殺之後那三年的新極權主義。以西方政治學的標準來看，習近平的統治不是威權而是極權，因爲習近平對民間社會和公共空間的摧毀已到了文革之後的最高峰。

是「鐵四角」而不是習近平決定了中國未來的路徑選擇

習近平為何拒絕政治改革？沈大偉認為影響習近平決策的，首先是其個人經歷和思維方式。他指出：「以我對習近平與目前執政當局的瞭解，他們把政治當作一種『零和遊戲』——從他們的觀點看，分享權力與增加體制中的其他公民角色的權力，必定會走向禪讓的地步，也就等於他們個人力量與特權的減損。」驅動習近平做出政治決斷的，不是理性，而是恐懼。恐懼讓習近平一錯再錯，最終不可收拾。而比習近平個人更重要的，是四個強有力的官僚機構的決定性影響。沈大偉指出，這四個機構彼此之間具有強大的厲害關係，支持加大政府控制，而結合成一個堅定聯盟，它們是：黨的宣傳機器、內部安全組織、國有企業部門，以及軍隊和準軍事單位（人民解放軍與武裝警察）。沈大偉稱之為「鐵四角」，它們使得中國走向嚴密的維穩和黨的全面控制。

中國的「鐵四角」權勢集團，與當年蘇聯發動「八一九」政變的國家緊急狀態委員會極爲相似。蘇聯的政變集團又稱「八人集團」，是由八位分別來自蘇聯政府、蘇聯共產黨、蘇聯軍隊、KGB及國有企業特別是軍工企業的高層組成的強硬派利益團體。他們企圖通過軟禁、罷黜戈巴契夫來終結其改革政策，讓蘇聯回到史達林或布里茲涅夫的黨掌管一切的時代。他們的力量看上去如泰山壓頂，但他們早已脫離民心民情，短短三天時間就一敗塗地，或自殺身亡，或淪爲階下囚。他們的失敗提前敲響了蘇聯及蘇聯共產黨的喪鐘。

如今，中國的「鐵四角」權勢集團擁有比當年蘇聯的反動勢力更大的力量。僅以從胡溫後期的「維穩」政策中獲利最大的公安、國安、武警等強力部門而言，它們每年不斷膨脹的專項經費已超過軍費，已然發展到尾大不掉的程度——「刀把子」一度威脅到黨魁的安全，這才有習近平鬥倒周永康的戲碼上演。而習近平並不敢棄絕「刀把子」，一方面不斷清洗舊人、換上自己信任的頭目，另一方面大幅增加其經費，無異於飲鴆止渴。對於這一變化，我生活在中國的時候就有切身的觀察和體會：在江澤民時代，政治警察的經費捉襟見肘。有一次，一位西方外交官請我和劉曉波到北京國際俱樂部吃飯，跟蹤我們的國保警察坐在餐廳一角，只點了柳橙汁喝。後來，他們訴苦說，每天報帳都設有上限，如果在這家高級餐廳吃飯，將無法向上級報銷。但到了胡溫後期，國保警察變得財大氣粗，在若干「敏感時期」，比如每年的兩會、「六四」、國慶等以及西方大國的政治人物來訪，我都不被允許待在北京家中，在國保警察的陪同下到各風景名勝「被旅遊」，旅途所有交通餐飲費用都由警方買單，警方浩浩蕩蕩的七、八人的團隊更是耗資鉅大。可見，既然中國富起來了，中國警察也跟著富起來了，爲了打壓異議人士，無所不用其極，根本無需考慮經費問題。

沈大偉認爲，未來中國的兩個最有可能的選項是硬權威與軟權威，而新極權與半民主是其他兩個比較不可能的選項。但我認爲，習近平個人的因素與「鐵四角」的因素相結合，中國已走在新極權的路上。就習近平個人而言，他看不起小心翼翼的江澤民和胡錦濤，甚至連鄧小平都不放在眼中，他的榜樣是「數風流人物，還看今朝」的毛澤東，他希望中國社會如毛時代那樣鐵板一塊；就既得利益集團而言，「鐵四角」已然取代黨和政府，成爲一頭可以吞噬一切的巨獸，也如同垂簾聽政的太上皇，沒有任何力量和制約去挑戰它，習近平只是這個集團推出的代理人而已。

中美世紀對決，鹿死誰手？

《中國的未來》最後一章名爲〈中國的未來與世界〉，沈大偉認爲，外交政策是維護中國共產黨統治權力的重要手段，也是這個執政當局是否具備合法性的源頭。不管在硬或軟性的威權主義之下，中國的對外關係都會被用來支撐政權。所以，當中國的內政遭遇危機時，外交也不可避免地陷入危機。沈大偉不認爲中國可以取代美國成爲頭號強國、號令天下。首先，他指出，中國企圖成爲亞洲共主的努力不可能成功。亞洲各國的相似之處遠遠少於歐洲各國的相似之處——比如，亞洲各國並不像歐洲各國那樣分享共同的基督教文明。印度和日本不會接受中國在亞洲的領導地位，除了文化傳統存在深刻差異之外，更有民主制度與獨裁制度的巨大分野。沈大偉的結論是：「北京試圖建立的是一個二十一世紀版本的帝國朝貢系統，將註定失敗。因爲其他的亞洲主權國家，都不希望再與中國維持一種『恩庇侍從』的關係模式。事實上，中國位於亞洲中心的地理位置反而是個大弱點，有可能導致反平衡和包圍圈的效應。」

其次，沈大偉對那些鼓吹「中國可以迅速取代美國」的專家言論及民意調查不以爲然。他指出，中國與美國的國防軍事能力還有巨大的落差。中國在文化上的軟實力甚至落後更多；在科學與科技、高等教育，以及不同領域的研發方面也還有待大幅追趕。在追上美國之前，中國還有很長很長的路要走，即使其他的中等強權也遠遠超過中國：英國、印度或南韓的軟實力強過中國；日本和德國的創新能力強過中國；而俄羅斯或北約的整體軍力依舊大於中國。所以，他認爲中國只是一個「不完全大國」，那些認爲中國已是強權的看法是一個錯覺。

第三，沈大偉承認，美國過去半個世紀的對華政策失敗了。自尼克森以來連續八位總統所奉行的交往戰略，主要以三大假設爲核心：第一，隨著中國的經濟自由化，政治也會自由化；第二，隨著中國在全球扮演角色的成長，也必然會成爲一個負責任的利害關係人。所以，中國理當遵守二戰以後美國與西方創造的全球自由化秩序；美國的戰略是將中國納入全球秩序結構之中，也就是眾所周知的「整合戰略」，以便中國能在自由主義模式之下改變，並融入西方所創造的戰後秩序。第三，中國不會挑戰美國所主導的東亞安全架構與秩序，因此中國將是一個維持現狀的強權。但是，近年來中國的所作所爲顯示，這三個假設都落空了——沈大偉至少確信第一點沒有成爲事實，而在第二、第三兩個方面，近年來中國更宛如脫韁野馬般，比當年的納粹德國和法西斯日本還要冒進。所以，沈大偉預測：「在下一個十年或之後，美中之間的全面競爭，或許將是國際事務上最重要的地緣政治因素。」

對於美中對峙的危機，沈大偉並未給出解決方案，他只是警告說：「無論多麼困難與焦慮，還是要盡力維繫這一段不能選擇離異的婚姻，因爲離婚就等於戰爭。」這個比喻是不恰當的，結論更是錯誤的。它顯示出傳統的「中國通」即便發現中國斷然拒絕民主化和自由化，卻還是難以擺脫的其思維的慣性。他們不願承認中國是「赤納粹」的事實，不願完全放棄對中國善意的期待。他們似乎覺得，自己的研究對象若眞的那麼邪惡和黑暗，自己的研究的價値就降低了。

在歷史的轉折關頭，中美已然南轅北轍。過去，美國對中國因誤會而迸發浪漫主義的愛意，但兩國並未進入婚姻狀態。如今，美國看透了中國美顏之前的眞面目，斷然終止與中國之間的戀愛關係，這不是離婚，也不會立即導致戰爭，與中國脫鉤是必要的措施，至少可以讓美國和西方自保。這是典範轉移的時刻，西方的中國問題專家也需要完成蟬蛻般的觀念轉換：如果用沈大偉的比喻，他本人也像是一輛進入環島的汽車，發現原來的方向繼續下去是窮途末路，但他只是稍稍調整一下方向，而不願徹底掉頭回去——他不願多年建立的學術聲望和地位毀於一旦，不願承認過去所犯的根本性錯誤，而只是做出局部的調整。但這種局部的調整於事無補。因爲，與此同時，川普政府的對華政策已改旗易幟，這種改變已成爲美國的「新共識」。

23 為什麼習近平的反腐運動註定了會失敗？

——《出賣中國》

歷史上，對於軍事與秘密警察進行嚴格控制的強人很少因爲一次危機就被打倒；相反地，他們的威望和名聲是因爲一系列的政策和政治失誤而敗壞，導致其他領導菁英們懷疑其領導力，而他們的治理不當也將加劇社會的不滿。

——裴敏欣

與習近平一樣當過知青的裴敏欣，爲何認爲中國問題無解？

史丹佛大學胡佛研究所的華裔美籍政治學者裴敏欣，與劉曉波、習近平一樣，都是五〇年代生人，當過知青，上山下鄉，耽誤了十年寶貴青春。習近平以初中文化程度被推薦爲工農兵大學生，此後一邊當官一邊通過權力運作得到清華大學博士學位，成爲中共建政以來唯一擁有博士學位的黨魁——儘管其博士學位含金量爲零。劉曉波是在恢復高考之後靠自己的能力考入大學，並成爲改革開放之後第一批中國自己培養的文學博士，然後由文學批判進入政治批判和人權活動，成爲當代唯一身在獄中的諾貝爾和平獎得主，最終以生命殉道。裴敏欣則在八〇年代初大學畢業後赴美深造，獲得哈佛大學政治學博士學位，此後在多所美國一流大學和智庫任職，致力於中國政治經濟、中美關係及開發中國家的民主化研究。

三個五〇年代出生的博士，人生旅途迥異。習近平成爲新一代獨裁者，劉曉波成爲知行合一的反抗者，裴敏欣則走上寂寞的學術之路。我曾經設想，在中國民主轉型啓動那一刻，如果劉曉波這樣在國內堅持奮鬥的人權鬥士，與裴敏欣這樣長期在西方學界從事研究工作、熟悉民主化理論且持續關注中國問題的華裔學者合作，中西合璧、取長補短，必定能將中國這艘體量過於龐大、難以掉頭的大船帶入「兩岸猿聲啼不住，輕舟已過萬重山」的佳境；而習近平這個作惡多端的共產黨「亡黨之君」的終局，恐怕連溥儀那樣當一個小老百姓的奢望都無法實現——成爲羅馬尼亞暴君希奧塞古的可能性比較大。

即便在中國笙歌鼎沸的時代，裴敏欣也對中國未來充滿悲觀的預測。他認爲：

如果我們仔細觀察中國的現實，現在中國要比八〇年代富好幾倍，有些問題（如溫飽、交通、能源與住房等）的確有很大的改進。但是有其他問題（社會安全體系、社會公正、公民權利、食品安全、醫療保健系統與教育等）變得更爲複雜，甚至無解。

裴敏欣沒有像章家敦那樣貿然提出「中國崩潰論」，但明明白白地指出，歷史留給共產黨的時間不多。他的論據有三：第一，非產油國一旦人均國內生產毛額依購買力調整後達到六千美元以上，專制政權就無法維持；第二，歷史上，連續當權最久的政黨蘇聯共產黨只有七十四年；第三，中國每年約有七百萬大學畢業生，只有一百萬左右獲准加入共產黨成爲特權階級。遭排斥的六百萬大學畢業生無法享有黨員才有的經濟機會，勢必覺得挫折。在未來十年內，這些人增長到幾千萬，成爲政治反對黨的儲備人才庫。他得出結論：如果歷史可供借鏡，中共執政的時間最多只剩十年。在北京的官員想無限期保持現狀的機會並不大。他們必須開始思考如何優雅地及和平地轉移權力。可惜，習近平對這樣的警告置若罔聞。

其實，比以上三個論據更嚴峻的事實是：中共已病入膏肓，這個病就是腐敗。裴敏欣在《出賣中國》（更準確的書名應當是《瓜分中國》）一書中，通過分析二百六十例「共謀型」腐敗案件，從微觀層面描述了中國腐敗市場的基本運作規則和機制。本書的實證貢獻了中國官商勾結、官員共謀、警匪一家和司法執法腐敗的黑暗面。中共御用經濟學家胡鞍鋼、林毅夫等人宣稱，腐敗是中國社會進步必不可少的代價，是經濟發展的「潤滑劑」；中國官媒環球時報發表題為〈公開官員財產，對防治腐敗沒有好處〉社論，赤裸裸地威脅說，公開官員財產將帶來巨大的危險：「有無數爆發性焦點在後面等著，中國社會將陷入一場我們難以自控的意識形態爭鳴和動盪。」然而，裴敏欣有力地反駁了這些似是而非的觀點：「權貴資本主義已經把政府機關弄得積重難返，中國政府雖然在外表上強而有力，實則已經衰弱不堪。」

腐敗使中國政府和共產黨走向黑幫化

總部在德國柏林的非政府組織「國際透明組織」每年發布年度「全球清廉指數」，中國在排行榜上一直處於下游位置，中國外交部發言人華春瑩曾在記者會上駁斥說：「清廉印象指數評分和排名與中國反腐敗取得舉世矚目成就的現實情況完全相背、嚴重不符。中國反腐敗工作取得的明顯成效自有人民群眾的公正評價，不以國際透明組織清廉印象指數爲標準。」中共當局從來不接受國際社會的批評性意見。

中國的政治經濟體制沒有根本性改變，腐敗就不可能遏制，裴敏欣指出：「威權體制下經濟發展容易導致權貴資本主義的根本原因，是統治菁英控制了巨大的經濟資源和對產權的絕對定義和支配權。」作者用很大篇幅討論國有企業的腐敗。即便在西方民主國家，一旦某些領域和行業以國有方式運作，必然導致腐敗和低效，民眾怨聲載道，如郵政、鐵路等。而在中國，大多數中國國企的公司治理很粗陋，「中國的國企領導就像土皇帝一樣在他的王國內爲所欲爲。」在習近平取消憲法中關於國家主席的任期限制之前，很多國企領導早就無限期連任了。

《山賣中國》這本書討論了警察、法官等執法人員的腐敗，「執法人員和黑社會勾結不難理解。黑幫老大雖然好用暴力犯罪，但正如生意人想勾結官員，黑社會一樣想勾結警察。」從很多披露的腐敗案件中可看出，黑道治國已經成爲中國的一種「新常態」。「最糟糕的情況下，這種由官員、生意人和黑社會組成的腐敗網路會控制地方政府，把地方政府變成黑道治國。地方菁英的集體腐敗還會加劇社會和國家之間的衝突。在菁英勾結並濫用權力的地方，民眾和地方政府的矛盾會更激烈，更容易引發群眾事件和暴力衝突。」因爲權力高度集中，每個層級的黨委書記若腐敗，則其統治區域必將走向全面腐敗，所謂「一人得道，雞犬升天」，「一榮俱榮，一損俱損」，裴敏欣分析說：「眞正黑幫老大的危害性反而不如專制的黨委書記。這些貪腐的黨委書記只會把重要職務給向自己行賄的人，再讓這些人去危害社會。」

北京大學社會學博士馮軍旗曾在河南新野掛職縣長助理，深度訪談數百位官員，對縣鄉幹部任用升遷體制做出細緻研究，觸及政治領域最核心的地帶。他發現，在這個副科級及以上幹部一千多人的農業縣，竟然存在二十一個政治「大家族」和一百四十個政治「小家族」。在龐大的「政治家族」網路中，更有一些秘而不宣的「潛規則」：有的官位「世襲」，或是幾代人，或是親屬連續穩坐同一官位；有的裙帶提拔，凡是副處級及以上領導幹部的子女，至少擁有一個副科級以上職務；普遍的規則是「不落空」現象，幹部子弟們的工作會隨著單位盛衰而流動。更可怕的是，政治家族之間並不割裂，往往以聯姻或者拜乾親的方式不斷擴大，「幾乎找不到一個孤立的家族。」如此的門當戶對，如此的龍生龍、鳳生鳳，除了阻斷草根百姓上升通道之外，政治家族化使官場生態更惡劣。馮軍旗更發現，政治家族子弟向紀委、組織、公檢法、縣委辦等核心部門聚集，同時向外部延伸——由血緣和姻緣編織的關係網路延伸到南陽、河南省會鄭州，甚至北京。這些家族不一定都「黑道化」，但對權力的壟斷「固化」，這一現象顯示地方治理全然潰敗，也印證了裴敏欣的判斷。

一黨獨裁是病根，反腐運動不可能成功

習近平的「選擇性反腐」，未改變中國的政治經濟結構，也未讓普通民眾獲利。中國經濟發展是政治模式得以持續的關鍵所在，而經濟發展的發動機是房地產業，這恰恰又是腐敗最嚴重的領域，裴敏欣發現，「中國的私人財富大多聚集在房地產業和礦業這些勾結腐敗叢生的產業」，在現行體制下，這些領域不可能杜絕腐敗：

中國地方政府與房地產開發商勾結，從蓬勃發展的住宅市場榨取最大的利益。由於地方政府和北京之間的默契，中國各省，直轄市獲得近一半賣地的財政收入。換句話說，高房價是當前中國財政體制的必然結果，因爲高房價即是變相的稅收。

裴敏欣使用的腐敗案件的材料，多半來自胡錦濤時代及習近平第一屆任期前半

段，他對中國權貴資本主義的觀察是：「中國權貴資本主義的特色在於其分散性。」這是一種「多層次寡頭制」，「各個行政區都有一小群和地方黨政領導依附在一起的菁英。」他認爲，在初期階段，「中國的權貴資本主義是比較開放的。」確實，很多出生貧寒又野心勃勃的人物，不擇手段、攀龍附鳳，有時也能進入這個通常「不足爲外人道也」的圈子之中，如蕭建華、葉簡明、郭文貴等人，無不是「崛起於隴畝之中」，充當權貴的代理人、白手套，自己亦富可敵國，當然身敗名裂也在彈指之間。

在習近平第一屆任期後半段，這種「分散性」發生了極大變化。習近平在政治上集權，必然對依附於權力的資本菁英群體重新洗牌。官方經濟學家張文奎宣稱，當局要清除一批危害中國的政治和經濟穩定的「粉紅色財團」，這是對蕭建華、吳曉暉、葉簡明等坐擁數千億、數萬億財富的大鱷落馬的一種官方詮釋。所謂「粉紅色財團」，就是有一定背景和資源，但構不上「深紅」的財團，不是擁有「鐵劵丹書」的「鐵帽子王」。比如，安邦集團的吳曉暉是鄧小平家族的「前孫女婿」，既然有一個「前」字，那麼獵殺他不會讓眞正的太子黨感到風聲鶴唳、草木皆兵。習近平確實是在「打虎」，但打掉的每個大老虎都是精心挑選的目標，最多只是「粉紅」集團，而非「深紅」集團——習近平本人就是「深紅」的代表人物。

這種「選擇性反腐」只涉及權貴階層內部的財富再分配、再平衡，跟廣大「吃瓜」群眾無關。英國薩塞克斯大學腐敗問題研究中心主任霍夫指出，以習近平反腐行動的高調程度來看，反腐的實際表現卻不佳。而「透明國際」組織亞太區負責人普利帕特指出：「我們對中國的腐敗問題依舊憂心忡忡。中國起訴腐敗官員的作法並非解決腐敗問題的長久之計。政府需要做好預防工作、加強懲罰力度、改善法律法規與國際標準接軌。最重要的一點是政府要重視治理腐敗問題的根源，因爲如果只是不停地追蹤壞人，那麼眞正解決問題將遙遙無期。」就連習近平的「打虎將」王岐山都公開承認，「自己給自己動手術」是不可能的。

腐敗使中國政治經濟變革前景黯淡

二〇一八年，中國高校自貿區研究聯盟年會上，復旦大學經濟學院院長張軍談到自貿區發展所面臨的挑戰時，語出驚人：「第一是中央部委沒有動力，第二是改革的熱情總體上已經消退。」他認爲，由於既得利益集團的強大，很多改革方案並未得到落實。「我想每個政府辦公室的每個科員都有能力來阻礙一項改革」，「在這種情況之下，如何做出改變的確是非常難的事情。」

就連官方智庫都承認「改革已死」，西方更發現三十年多年來的對華政策是無效的。此前，西方普遍認爲，幫助中國發展經濟、融入經濟全球化，能讓中國產生強大的中產階級，中產階級必然有民主和法治等訴求，中國的民主轉型就會水到渠成。這個理論已被事實證明是不切實際的幻想。中國「先富起來的人」大都不是靠能力和智慧，而是依附於權力，裴敏欣指出：

不要天眞的認爲這些私人企業家在得到財富和政治權力之後就會從權貴資本主義轉向自由資本主義。凡是已經在小圈圈裏頭的人，自然向保有特權和原來的制度。然而權貴資本主義的特權利益是以犧牲自由資本主義的社會利益爲代價的。

在這本書中，裴敏欣不斷強調一個核心觀點：尋租的私人企業家和政治菁英的緊密結合使得自由資本主義前景黯淡。「這種聯盟具有排他性，因爲這樣才能保障成員的租金並代代相傳。其結果不是自由資本主義，而是寡頭的親貴資本主義。中國民主化的道路絕不會是平順直線發展。如果說自由資本主義的興起有助於民主化，那麼權貴資本主義在中國的深化會讓民主轉型更加困難和混亂。」腐敗而獨裁的政治制度下不可能生長出健康的自由市場經濟。而且，這種牢固的既得利益結構很難撼動。裴敏欣認爲，即使舊政權被推翻，也不會立刻迎來自由民主。權貴資本主義的餘緒——高度的貧富差異、地方黑道治國、權勢大亨的盤踞——會讓那些在舊政權時代獲得巨大非法財富的人，在搖搖欲墜的新民主體制中享有極大的政治影響力。更何況，中共對民主力量如人權律師、獨立教會、NGO組織的瘋狂打壓，使得社會健康力量幾乎全部遭到摧毀。當共產黨棄船逃走的那一天，找不到具備足夠智慧和勇氣的民間領袖來爲這艘千瘡百孔的巨輪掌舵。稍有才能的人都是腐敗集團的既得利益者，也就失去了引領中國走向民主化的道德力量。

因此，裴敏欣對中國的未來相當悲觀：「由於菁英勾結必然讓少數人致富並擴大貧富差距，即使腐敗的專制政權倒塌了，社會條件還是不利於鞏固民主或建立自由民主體制。如果這些勾結網路在專制統治崩解後還能生存下去，他們就能在威權時代的政治秩序中取得相當有利的位置，危害新生的民主。俄國和烏克蘭在過去二十年民主鞏固的失敗經驗可能會在中國重覆上演。」蘇聯崩潰之後的俄羅斯就是如此，普丁及其權力核心，還是那幫蘇聯時代的官員，尤其是KGB系統的要員。由此看來，中國未來的情形將比俄羅斯和烏克蘭更悲慘：俄羅斯和烏克蘭是先進行政治改革再進行經濟改革，寡頭們是在改革過程中湧現出來的，他們冒充改革派，使改革被扭曲變質；中國恰恰相反，「六四」之後三十年，政治改革從未啓動，經濟畸形發展，形成強大的既得利益集團，他們反對一切危及其權力和利益的改革，他們不是改革的動力，而是改革的阻力，他們不會自動放棄其特權。中國目前並無任何力量約束、制衡這個爲所欲爲的群體。中國從文革結束至今從來就沒有走向公平正義的政治和經濟改革過，中國病入膏肓的腐敗，是這場僞裝的改革的必然結果。

24 他們如何開會，決定了他們如何分贓

——《權力的劇場：中共黨代會的制度運作》

作秀和公開展示對於這一過程的重要性，儀式越發盛大隆重，代表們就越發感到榮幸自豪，也就越發能夠彌補他們失去的權利，同時也越能彰顯代表們對威權合法性的欣然接受。

——吳國光

中共如何假戲眞做：制度操縱與儀式榮耀

中國問題專家馬利德指出：「中國共產黨不僅控制政府，而且它本身就是政府。」從表面上看，今天的中國與閉關鎖國的毛澤東時代有了很大的不同，但中國共

產黨的列寧式政黨的本質沒有絲毫的改變。川普總統將馬利德的《中國共產黨不可說的秘密》一書當作枕邊書，稱讚說：「這是我了解中共最重要的一本書！」馬利德在該書指出：「黨的勢力隨著國家觸角伸展，所及之處遠超出政府的權限。」其中，最有權勢的小圈子是三百位擁有「紅色電話」的特權階層——共產黨的中央委員們，在這個群體之上則是共產黨的政治局委員及政治局常委，金字塔的頂端是帝王般的總書記。相較而言，名義上是共產黨最高權力機構的「全國黨員代表大會」宛如行禮如儀的橡皮圖章。

學者吳國光指出：「黨代會的最佳利益就是不論領導層對錯，都與其保持一致。」回顧中共黨史可發現：將劉少奇開除出黨的是黨代會，給劉少奇恢復名譽的也是黨代會；奉蘇聯爲馬首是瞻的「老大哥」的是黨代會，辱罵蘇聯是「修正主義」罪魁禍首的也是黨代會；宣稱消滅資本主義和資本家的是黨代會，通過「三個代表」理論吸納資本家入黨的也是黨代會。翻雲覆雨，指鹿爲馬，並不具備人格特質和政治良知的黨代會從來不會爲此感到羞愧。然而，橡皮圖章是不可或缺的，即便是一手遮天的毛澤東也需要它來爲其統治的合法性背書。很多學者致力於研究中共的中央委員會、政治局、政治局常委會及總書記的權力運作和權力爭奪，卻對黨代會的存在視而不見。其實，黨代會是中共這個「利維坦」怪獸的毛細血管，沒有毛細血管，心臟就不能跳動。

黨代會的成員遍及中共統治的每一片土地和每一個領域。研究黨代會的制度運作，沒有比吳國光更合適的人選。吳國光早年畢業於北京大學，八〇年代中期曾加入趙紫陽的智囊團隊，參與中共十三大政治報告起草和政治體制改革政策設計。後來他離開中國，在普林斯頓大學獲得政治學博士學位，並任教於香港和加拿大的多所名校。他既有直接參與中共體制內政治運作的經驗，也受過嚴格的西方政治學訓練，既「入乎其內」又「出乎其外」。他發現，中共領導層成功地發展出成套的符號、措施、策略和技巧，用以召集並操控黨代會；久而久之，這些措施和策略凝聚成「制度背後的制度」，用吳更爲通俗的概念來說就是「潛規則」。這種制度操控是對黨代會本身的扭曲和掏空。所以，中共黨代會的故事，就是制度操控如何被創造、執行並最終確立的故事。另一方面，中共從革命黨到執政黨的轉變，就是在密室政治之外，由黨代會向全社會傳達黨的意志、營造黨的形象。這種「劇場效應」，不僅吸引觀眾的觀看，更讓演員們有強烈的存在感。

中共將這套列寧式政黨的特色發揮到淋漓盡致乃至青出於藍而勝於藍的地步，讓其師父蘇聯共產黨亦自嘆不如。中共的政治局、中央委員會和黨代會之間實現了權力如水銀瀉地般的交融，而蘇共的這三者之間並未實現權力「無縫銜接」。比如，赫魯雪夫一度在蘇共中央主席團（史達林死後一度取代政治局的新架構）中淪爲少數派，面臨被馬林科夫、莫洛托夫、卡岡諾維奇等聯手推翻的命運。赫魯雪夫背水一戰，聯手軍頭朱可夫，讓軍方背景的中央委員們闖入會議室以武力脅迫要求召開中央全會，並派遣軍機一夜之間將散布各地的中央委員召集到莫斯科。他的對手們哀嘆：「今天來的是將軍，明天來的就是坦克了。」由此，赫魯雪夫一舉擊敗反對派，將對方打成蘇聯歷史上最後一個「反黨集團」。相比之下，毛澤東整肅政敵彭德懷、劉少奇、林彪，鄧小平從四人幫及華國鋒手中奪權，不必如此大動干戈，不需要中央委員會和黨代會參與權力轉移。

通過黨綱、修改黨章和選舉領導層：中共黨代會的三大功能

吳國光指出，中共的黨代會具有三大職能，全書用一半的章節討論這三大職能是如何在黨代會上完成的。

以討論並決定黨的綱領而論，中共的綱領，即政治路線，用毛的話來說是「總路線」，用西方政治學術語來說是「實踐的意識形態」。中共的綱領在其建黨後不斷調整、「與時俱進」。有趣的是，每次黨代會之前，黨的綱領早已確立，黨代會只是「事後追認」；更具諷刺意義的是，即便在黨代會上隆重通過的黨的綱領，黨代會之後，也有可能遭到擱置乃至拋棄，黨代會不是常設機構，無法落實綱領實施監督。吳國光舉出三個案例：第一個案例是，中共八大在黨章和黨綱中刪去將「毛澤東思想」作爲中共「指導方針」的表述，還批評個人崇拜。幾年前造成大饑荒慘禍、退居二線的毛對此勉強接受，在會後抱怨說「人人都擁護八大，不擁護我。」顯然將八大置於與自己完全對立的地位。八大之後，毛迅速發動反擊，顚覆了八大的方向。第二個案例是，中共十三大，其所採納的關於政治改革的綱領，在天安門鎭壓後被廢止。第三個案例是，中共十六大，將資本家入黨納入黨綱，但接班的胡溫出現「向左傾斜」的變化，反而開始「國進民退」的經濟政策。可見，中共紙面上的綱領與實際上的政策之間常常左右互搏，綱領猶在，但看在位者如何闡釋、如何運用。

以修改作爲「黨的憲法」的黨章而論，黨代會同樣體現了中共憲章規範與政治實踐之間的鴻溝。毛時代之後，黨章修改的最重要部分，就是加入冠以各屆領導人名字的理論或思想，以確立其歷史地位，黨章其他部分反倒無人問津。這是從毛澤東而來的傳統。毛對黨章前後矛盾的態度很能說明問題：毛說過，憲章規範只不過是一隻「紙老虎」，看起來虎虎生威、令人畏懼，實際上沒長牙齒，咬不了人。但需要用黨章來奪權時，毛立即拿起這個武器，這個武器在弱勢的對手那裏算不上武器，在強勢的毛手中則可披荊斬棘：一九六四年十二月十五日，中共召開中央工作會議，毛澤東與劉少奇發生分歧。二十八日下午是中央常委會議，作爲黨主席的毛澤東和作爲國家主席的劉少奇相互插話、各不相讓。第二天繼續開會，毛早早拿著黨章和憲法坐到會場上，以示抗議。一開場他就聲明：「第一我是中國共產黨黨員，第二我是中華人民共和國公民，大家說有人不讓我參加會，也不讓我講話，對不對？」毛澤東的話震動很大，全場氣氛緊張，在場的許多軍隊將領都站出來爲毛撐腰。在此壓力之下，劉少奇被迫向毛做了檢討。看來，黨章還是有用的。吳國光還探討了中央書記處和中紀委這兩個實權機構在執行黨章和組織黨代會上的關鍵角色。

以推選領導人而論，每逢換屆，政治局委員、常委以及最重要的「接班人」的人選早已在密室中確立，普通的黨代會成員無從知曉，只是乖乖完成簽字畫押的程序。中共的選舉體制不允許候選人展開競選，若私自展開有關活動，則被視爲「非組織活動」，這是一個會掉腦袋的罪名，跟黨外的異議人士被冠以的「顛覆國家政權」同樣嚴重。在中共歷史上，政治局委員、常委和總書記的層級，從未有過競爭性的差額選舉。在毛澤東時代，毛不僅是政治領袖，更是黨的意識形態之王，他對黨代會、中央委員會和政治局都不放在眼中，他想讓誰上位就讓誰上位，他想讓誰下臺就讓誰下臺。比如，毛在九大上提拔資歷較淺的紀登奎進入政治局，特意在九大的全體代表大會上問：「紀登奎坐在哪兒呢？」並稱之爲「我的老朋友」。紀登奎果然高票當選。但是，毛有時也會遇到微弱的反抗，比如毛提拔王洪文爲接班人，「會場裏沉默了半晌」，然後是葉劍英發言支持打破冷場。直到今天，儘管有官方智囊聲稱中共已擁有比西方更好的「賢人」選拔制度，但誰也說不清「賢人」是怎樣出線的？中共如何挑選接班人，是二十一世紀最大的、非制度化的「國家機密」。

萬變不離其宗：中共黨代會的五個不同階段

中共剛剛執政時，民間如此對比共產黨和國民黨之差異：「國民黨的稅多，共產黨的會多。」幾十年之後，共產黨的會依然很多，共產黨的稅更是比國民黨還多。黨內有黨代會，黨外有人大和政協會議，後兩者必須緊跟黨代會的「定調」。

以歷史脈絡來看，吳國光將中共黨代會制度的嬗變分爲五個階段：

在中共創黨和發展的早期階段，中共儼然是共產國際的遠東分支機構，其經費和理論都是共產國際提供的。中共處於共產國際的嚴密控制之下，奉莫斯科爲家長，其重大事務尤其是領導層的人選，由共產國際及蘇共政治局來指定，中共的六大甚至就在莫斯科召開——這是中共不願提及的一段歷史。

第二個階段，毛澤東在延安崛起並逐漸掌握絕對權力，中共取得了一定的獨立性，清洗了黨內對蘇聯亦步亦趨的「留蘇派」，此即歷史學家高華所形容的「紅太陽升起」。吳國光指出，在此期間，一系列虛假的民主和選舉制度被創造出來和建立起來，用以誇耀毛澤東領導班子的法理權威及這種權威是如何深入人心，同時也用以防止毛的政敵利用如何選舉的不確定性來對毛本人和這個領導班子發起哪怕是微弱的挑戰。在這套精密的極權制度之下，在政治鬥爭中失敗的張國燾、王明等人遭到非人的羞辱，被迫逃離延安。吳國光認爲：「七大是中共的威權主義選舉制度發展的一座里程碑。」這套制度一直延續到整個毛澤東統治的時代。

第三個階段，一九八〇年代，中國進入後毛時代，即改革開放時代。中共十二大和十三大嘗試了一些有限的但卻具有民主精神的試驗，給予代表們在領導集體的選舉中做出自主選擇的一絲空間。吳國光在書中回顧了被稱爲「左王」的鄧力群如何在十三大上落選中央委員，使得其進入政治局計畫泡湯的這一「意外事件」。與鄧力群親近的元老王震試圖改變這一結果，但鄧小平回應說「不做變動」——不是因爲鄧小平尊重民主選舉的結果，而是鄧力群並非鄧小平的嫡系人馬，不值得鄧小平爲之出手並背上惡名。

天安門屠殺之後，進入第四個階段，領導層努力重新獲得對選舉的全面掌控。他們激活了一些毛澤東式的措施，也發明了一些新的方法，以降低選舉的不確定性。而習近平掌權之後，尤其是其全盤操作的中共十九大之後，黨代會制度的發展進入第五階段。

不過，在我看來，第三階段和第四階段可合稱「鄧小平時代及後鄧小平時代」的黨代會，天安門屠殺固然是當代中國的一道歷史的傷口，但其前後中共的體制並未斷裂。或許是因爲吳國光親身參與過八〇年代的政治改革，且身處風頭浪尖，成爲時代的弄潮兒，出於個人經歷和情感，不自覺地對那個改革的「黃金時代」有所拔高和美化，進而以六四劃分兩個時代。但吳國光在書中也承認，天安門屠殺之後，中共並未全部推翻八〇年代的一切政策，鄧小平有一句名言，「十三大報告一個字都不能改」。所以，新的領導層仍然「做出妥協，保留了有限的競爭性選舉作爲增強合法性的一種方式。」

這種有限的競爭性的選舉，使得習近平曾經因爲才能平庸、政績缺乏以及太子黨身分，在一九九七年的中共十五大上，險些遭遇當年鄧力群那樣的「滑鐵盧」——他雖成功「入選」中央候補委員，但名列最後一名。在中共改革開放以來的黨史上，中央委員是按姓氏筆劃排列而候補中委是按照得票多少排列，所以人人都知道習近平的得票數最少，不啻是一種公然的羞辱。習近平的仕途差點因此止步。坊間傳說，習近平本來篤定落選，但作爲江澤民「大總管」的曾慶紅特別授意增加五位後補委員名額，最後劃線到習近平那裏。於是，得票最低的五個人奇蹟般地鹹魚翻身，他們依次是：胡錦濤時代進入政治局的劉延東、後來因貪腐下獄的建行行長王雪冰、體育界代表袁偉民、鄧小平的兒子鄧樸方及習近平。沒有曾慶紅就沒有江澤民，沒有曾慶紅也沒有習近平，但習近平掌權之後對這位「造王者」並不感激，反倒多次敲打作爲「太子黨」老大哥的「慶親王」——因爲「造王者」既然能造王，也能廢王，在王的眼中，是最危險的敵人。

回歸毛時代：習近平時代黨代會的「新特色」

在這本書最後一章，吳國光對中共十九大的新規做了若干制度分析。在二〇一七年十月召開的中共十九大上，全票通過將以習近平命名的「習近平新時代中國特色社會主義思想」寫進黨章，成爲黨的指導思想，在剛開始第二個任期就奠定歷史地位，這是江澤民和胡錦濤都不曾獲得的榮譽。幾個月之後，中國共產黨中央委員會向第十三屆全國人民代表大會提交《憲法修正案（草案）》，草案包含取消國家主席和副主席連任不得超過兩屆的限制等內容，此即意味著邁出了作爲國家元首的國家主席形成終身制的關鍵步驟。這一變化堪與民國初年袁世凱的「洪憲稱帝」相提並論。

在中共十九大之後，中共中央政治局全體委員和常委被規定每年向總書記述職一次。次年三月，習近平首次審閱各政治局委員提交的報告，並對各政治局委員提出若干「重要要求」。這也是一個值得注意的制度更迭，將「九龍治水」或「七龍治水」的「集體總統制」變成「定於一尊」的「超級帝制」，政治局及其常委會淪爲替皇帝打工的「軍機處」——其他六位政治局常委不再是習近平的同僚，而降級爲習近平的

「軍機大臣」。同時，中共中央推行的深化黨和國家機構改革，將國家的行政權力進一步集中在以總書記爲首的中央政治局手上，使改革開放以來實行的「黨政分離」再次回歸「黨政合一」。

另一個明顯的變化是，習近平比鄧小平、江澤民和胡錦濤更多地向毛澤東時代尋求政治靈感，他和他的家庭是文革的受害者，他卻患上了斯德哥爾摩症候群，如同受虐狂般認毛爲父。習近平多次重提毛澤東時代的「黨領導一切」，而「黨政軍民學，東西南北中，黨是領導一切的。」這句毛時代的口號在十九大上被寫入新的黨章。

胡錦濤的「大內總管」令計劃主導中樞運作時，在十七大、十八大建立起「大會海選」機制，並試圖以此機制挑戰習近平的儲君地位——令計劃本人在「大會海選」中所獲得的票數遠遠超過不得人心的習近平。當習近平擊敗了令計劃等人並將政敵統統以腐敗之名下獄之後，另闢蹊徑來運作制度操控，自然是題中應有之義。習近平的錦囊妙計是，毛時代的「談話調研」才是最高級的民主。中共元老薄一波曾回憶，中共七大前夕，他到延安第二天，毛就跟他進行了長達七個小時的談話——薄一波是劉少奇系統的大將，而毛劉的合作是他們在七大上徹底擊敗政敵的首要保障，毛當然不惜耗費七個小時讓薄對其心悅誠服。習近平對作爲「厚黑學」的毛主義爛熟於心，所以才祭出這一招：官方宣傳特意凸顯「談話調研」的毛主義色彩，並提及「延安時期，黨組織爲了了解幹部情況，晚上提著馬燈翻山越嶺找幹部談話，一談就是一宿」，由此讚揚「今天，黨的優良傳統又回來了。」對此，吳國光指出：

中共在十九大前廢置「大會海推」，高度推崇「談話」方法並試圖將之制度化，與習近平強化毛主義傳統的整體路線是一致的，因此是具有指標意義的。

從此，習近平將個人集權帶入毛後未有的新高度，再也不用戴「民主是個好東西」的面具了，哪怕僅具有空洞說辭的民主形式也不需要了，中共黨代會的運作乃至中共的統治方式由「後極權」升級爲「超極權」的趨勢不可阻止。

25 習近平是「監獄病」患者，也是現任監獄長

——《十八個囚徒與兩個香港人的越獄》

去運河的人都有去無回。就算回來了，也是一具行屍走肉：身心俱毀，未老先衰，與這世上所有的愛都絕了緣。

——赫塔·米勒

還有比雨果的《悲慘世界》更悲慘的世界

我一直很好奇，廖亦武與羅馬尼亞裔德國女作家赫塔·米勒是如何成爲好朋友的？當我讀完廖亦武和米勒的大部分作品之後，很快就有了答案。原因很簡單，他們的作品的主題和本質是一致的：描述了比雨果的《悲慘世界》更悲慘的世界，譴責了

某種陰森可怕的東方式的暴政——羅馬尼亞是吸血鬼德古拉的誕生地，而今日的中國是喪屍肆虐的帝國。

美國資深記者、地緣政治專家卡普蘭在《歐洲暗影》一書中指出，米勒的作品中充滿政治壓迫的影子，她以那些靜默無聲、殘酷而空寂的蕭瑟畫面令讀者感到心如刀割。她描繪的那個物質世界誠然鄉土而傳統，但毫無美感可言，也不具如何提升心靈的美學成分。在北愛爾蘭出身的詩人希尼的詩歌中，爛泥、農具和土造器物幾乎充盈感官意趣，但同樣這些元素在米勒的作品中卻顯得冷酷無情——那些內心一片空白的男人，那些大聲尖叫的女人，甚至連水也是渾濁而堅硬的。卡普蘭感慨說：「壓迫不止於牢獄和行刑隊。壓迫也存在於更平凡而又更折磨人的繁瑣日常中，而米勒忠實重構出這種感覺。」在廖亦武的新作《十八個囚犯與兩個香港人的越獄》中，我感受到同樣壓抑而混沌的氛圍：他採訪那些悲慘人物的路途與場景，是火柴盒式般醜陋的蘇聯風格的居民區，是污水橫流的街巷，是骯髒的四川茶館，是雜亂無章且昏暗的公寓，以及每天生活在其中的、生命熱情被耗盡的行屍走肉。

美國出版經紀人伯恩斯坦如此評價廖亦武的作品：「這是對中國監獄系統的全面調查，其範圍與索忍尼辛的《古拉格群島》相當，作者花了二十年時間記錄了這些令人痛苦的敘述。」廖亦武的見證式的事業早已超過二十年，還將終其一生。他的採訪和寫作，既是揭露與批判，也是一個自我療癒和心理醫治的過程。中國是世界上最大的監獄，每個人都患有極權主義暴政造成的「監獄病」。《十八個囚徒和二個香港人的越獄》中的每一位主角，都是廖亦武某一階段的心理醫生，他坦然承認：

在這種看似畸形的對話故事裏，在對苦難的描述、嘲弄、相互攀比中，我甚至獲得某種無恥的優越感——也許，在這個網路監控無處不在的獨裁帝國的所有囚徒中，我是最幸運的一個。這種幸運，不是因為我僥倖逃到了德國，獲得了自由、榮譽、愛情和家庭，而是在出獄之際，甚至在獄中秘密寫作之際，就清楚意識到擊垮自我尊嚴的「監獄病」。

不諱疾忌醫乃是治療並痊癒的開端。

「監獄病」不是心理醫生所能治好的病症，除非病人願意展開自我療癒。比如，書中寫到的四川綿陽《劍南文學》的編輯劉德，因為在文學課上對中越戰爭說了幾句不同意的話，就被以反革命罪判刑七年。他出獄後，英國筆會跟他聯繫，願意向他提供幫助，他卻嚴詞拒絕說，「作為中國人，不管受了多大委屈，都應當愛國」，所以「不願成爲東西方冷戰的一張肉票」。這也是監獄病的一種。廖亦武當然知道尼采的名言：「與怪物戰鬥的人，應當小心自己不要成爲怪物。當你凝視深淵，深淵也凝視著你。」他深知自己長久以來被極權暴政深深傷害和扭曲，而其受訪者大都渾然意識不到這一點。廖亦武無法拯救他們，但至少可以拯救自己，寫作是爲了排毒，正像他所說：「獄內獄外，我記錄了幾百個故事，大多數故事的主角都比我更愁、更苦，許多時候更多疑和無恥、更無可救藥——我在刺探和榨取他人的創痛，他人的慘敗，他人的監獄病——讓自己的監獄病減輕一點點，再減輕一點點，直到愛和憐憫油然而生。」

在中國，誰沒有當過囚徒，包括習近平和他父親？

廖亦武書中的十八位囚徒，人生際遇各不相同，有終身都像螞蟻一樣被強權踩在腳下的小人物，也有一度是大人物卻淪爲階下囚的、「舊時王謝堂前燕，飛入尋常百姓家」的故事——比如，毛澤東時代第一個文字獄「胡風反革命集團案」受害者、被形容爲「毛澤東的囚徒」的文藝理論家胡風，個子高大的胡風在獄中吃不飽，有一次把用來刷標語的漿糊偷吃了大半桶。當初，毛澤東在天安門城樓上宣布「中國人民從此站起來了」的時候，胡風在《人民日報》發表長詩《時間開始了》，殊不知，即將開始的是他的牢獄生涯。如此巨大的反差，使胡風及其諸多同案犯包括才華橫溢的小說家路翎在晚年獲得自由後都瘋掉了。又比如，曾當過宋美齡秘書的張紫葛，二十五歲就當上文學教授，是學術大師吳宓的好朋友，反右運動中雖然一言不發照樣被打成右派，判刑十五年，眼全瞎，耳半聾，一條腿也瘸了。他被送到煤礦挖煤，井下發生瓦斯爆炸，挖出三十六具屍體，在即將被集體埋葬時，他吐了一口氣，才被送到醫院救活。他晚年在什麼都看不見的情形之下完成了百萬字的回憶錄，卻找不到敢出版的地方。

廖亦武採訪的人物中，作爲「一二．九知識分子群體」之一的何家棟是相當獨特的一位。他早年參加一二．九學生運動並投奔解放區。他是老革命，卻在每一次政治運動中都成爲被整肅的對象：反右運動中，成爲右派；一九五九年，因編輯出版《劉志丹》而捲入習仲勳反黨集團案，被開除出黨；文革中，更遭無數殘酷的批鬥；一九八四年，因發表劉賓雁的報告文學《第二種忠誠》而被查處，後來創辦《經濟學週報》，又因支持八九學運而被停刊。何家棟在晚年痛定思痛，否定革命、否定共產黨，在二十世紀中國思想史上梳理出以梁啓超—胡適—顧準—李愼之爲主鏈的「新道統」，並從米奇尼克等東歐知識分子那些尋求思想資源，從「職業革命家」和「老運動員」昇華爲眞正的「反革命」。六四後曾入獄的學者肖雪慧指出：「在我們同樣尊重的一批老人中，何老的思考是最深刻、徹底的，理論性也是最強的，但立場的超越性和思想的徹底性又是同對可操作性的現實考慮緊密結合在一起的。」正因爲如此，中共當局不允許出版何家棟文集，學者丁東準備將何家棟文集自費印出饋贈親友，印刷廠被查抄，國保警察傳喚丁東，並對丁東家進行搜查。

廖亦武在北京的一處囚籠般簡陋狹窄的公寓中採訪何家棟，何家棟詳細講述了小說《劉志丹》臺前幕後的故事。五〇年代，何家棟是工人出版社的王牌編輯，是第一代紅色暢銷書的打造者。他參與編輯（實際上也是主創者）的《劉志丹》一書的初稿完成後，呈送時任國務院副總理的習仲勳審閱。習仲勳兩次下達「改稿指示」，說要把小說改成「中國革命的縮影」、「毛澤東思想的縮影」、「時代的縮影」，還要「把陝北寫成長征的落腳點和抗戰的觸發點」。一句話，就是要把一部普通革命傳記拔高成鴻篇巨製的史詩。習仲勳想藉此提升延安本土派在中國革命史敘事中的重要性，繼而鞏固其在中央高層的地位。自從高崗案之後，這一派系在中樞明顯遭到排斥。

然而，習仲勳千算萬算，卻沒有摸透毛澤東的性情：毛澤東的中央紅軍到陝北鳩佔鵲巢，劉志丹在前線作戰時候神秘地死於一顆從後面射來的子彈，很可能就是毛派人將其除掉。毛原本就擔心陝北根據地的「原住民」說出歷史眞相、有損其權威，當然不願看到對劉志丹歌功頌德的作品出現。特務頭子康生投毛所好，說《劉志丹》是爲高崗鳴冤叫屈。毛澤東隨後發表了那段殺氣騰騰的評語：

利用小說進行反黨是一大發明，凡是要推翻一個政權，總要先造輿論，總要先做意識形態方面的工作，革命的階級是這樣，反革命的階級也是這樣。

此語一出，何家棟的命運就註定了，習仲勳的命運也註定了。

習近平從囚徒到監獄長的喪屍之路

《劉志丹》一書，讓何家棟跌入地獄。他比寫《海瑞罷官》的吳晗還冤枉，他從來就沒有想過當屈原，只是想當吹鼓手，卻沒有想到馬屁拍到馬腿上，他哪裏知道上層的路線鬥爭的內幕呢？何家棟被押送到山東勞改，食不果腹、衣不蔽體。文革期間，他的大兒子被造反派打成內傷，死在醫院；二兒子不堪折磨，自殺身亡；他的母親也被批鬥致死，眞是家破人亡。

在康生的策劃下，中共十中全會決定成立專案委員會，對習仲勳、賈拓夫、劉景范進行審查。《劉志丹》被定性爲「爲高崗翻案」、「吹捧習仲勳」；習仲勳、賈拓夫及劉景范被打成「習賈劉」反黨集團，後來連早已被打倒的彭德懷也被牽扯到這個集團中。習仲勳被長期單獨監禁，一度失去語言能力；文革期間更遭殘酷批鬥，晚年幾度精神失常。習仲勳的長女、習近平的姐姐習和平在文革中自殺身亡——跟何家棟的二兒子是同樣命運。習近平身爲「黑五類」（地主、富農、反革命、壞分子、右派）子女，常常受到紅衛兵追打，也曾被關進少管所，連初中學業都未完成就被下放到陝北當知青——他的學歷僅僅比只上過小學的羅馬尼亞獨裁者西奧塞古略高一點。

在臺灣的太陽花學運中，占領立法院議場的學生曾貼出一張血淋淋的漫畫和標語，上面畫著牙齒沾滿鮮血的喪屍（有點像羅馬尼亞的吸血鬼德古拉），旁邊寫著一句話：「服貿就像被喪屍咬一口，雖然變強，但也死了。」服貿如此，共產革命也如此，何家棟晚年說：「革命是自由的兒女，但卻是專制主義的父母。」何家棟在二〇〇六年去世，沒有經歷此後的習近平時代，否則他更會感到歷史的荒謬：少年習近平被毛澤東的暴政所傷害，當他掌握權力之後，卻又用毛澤東的方式吞噬了更多人。對此，廖亦武怒斥說：「現在的監獄長習近平，同樣也是崇尚暴力的變態的監獄病人，他僭越胡錦濤、江澤民、鄧小平，直接承接毛澤東的香火，盜竊並利用西方的網路科技，再次打造人人自危的閉關鎖國。他的所謂中國夢，就是通過科技手段把全世界變成中國人的無形監獄。」中國是占地九百六十萬平方公里、囚徒十三億的空前絕後的大監獄。習近平閃電般地從監獄病患者搖身一變成爲監獄長。武漢肺炎之後，這座監獄更密不透風——出門就要掃描手機中的「健康碼」，人們卻安之如怡並感謝習近平將他們從疫情中拯救出來。

我曾經擔心廖亦武流亡海外之後，其「監獄文學」的寫作何以爲繼。但習近平執政之後呈幾何數字增加的人權案件，卻爲廖亦武的寫作提供了源源不斷的素材，這又是一種現代版本的「國家不幸詩家幸」。廖亦武如此模擬習近平的口吻：「也許習主席會說，把新疆一百多萬維吾爾人關進再教育集中營，是爲了戍邊反恐；在泰國和香港把桂民海、李波、林榮基等他國公民跨境綁架回去，是爲了掃黃打非，我習主席這麼偉大、光榮、正確，對愛情和家庭像對獨裁權力一樣忠貞不二，怎能讓你們編排什麼《習近平和他的情人們》？」維吾爾人的故事和香港人的故事，又可以寫成好多本新書了。

喪屍從來不會解釋它爲什麼要咬人，那是它的本能。卡普蘭在回顧羅馬尼亞的西奧塞古暴政的歷史時發現，一九七一年，西奧塞古出訪中國及北韓，那趟旅行成爲他生涯中的一個轉捩點。西奧塞古夫婦傾慕毛澤東和金日成兩人領導作風的一大特徵：以大規模人民動員及整齊劃一的華麗表演向暴君歌功頌德，於是西奧塞古夫婦開始計畫性地將羅馬尼亞塑造成東歐版的中國或北韓。那是被世界史所忽略的「一帶一路」之「前傳」。習近平對輸出中國模式如此津津樂道，是否因爲一九八九年被起義者槍決的西奧塞古夫婦向他托夢？而試圖將中國變成惡魔島監獄的習近平，自我加冕爲終身監獄長，難道就能避免西奧塞古的命運降臨到他身上嗎？

當年還有香港可逃，今天的香港人逃到哪裏去？

廖亦武筆下的囚徒，沒有最慘的，只有更慘的。有些人的霉運超乎人的想像，此前我曾寫到過臺籍日本老兵的故事——日本投降後，被編入國軍，在中國作戰，被共軍俘虜，又被共軍編入志願軍赴朝鮮作戰，然後被美軍俘虜，最後選擇回到臺灣。廖亦武採訪到一位名叫于東山的老人，他少年時被抓壯丁到國民黨軍隊，作戰中被共軍俘獲後，又被編入解放軍參與金門登陸戰，結果全軍覆沒，被國軍俘虜後送到火燒島戰俘營——跟臺灣的政治犯僅一牆之隔，然後又作爲「反攻大陸」的先遣人員派往福建，被中國民兵抓獲後以「臺灣先遣特務」之罪名重判十五年，刑滿後不得釋放，仍然「留場就業」，他將老鼠肉縫進自己的胸膛製造身患絕症的假象，這才被釋放，三年之後卻眞的患上了肺癌。這些生命故事可謂慘絕人寰，他們遭遇的並非霉運，而是走馬燈似地登場的暴政、暴君和暴民。

大部分中國人被獄卒「規訓」了，喪失了逃離瘋人院的勇氣，乃至對監獄長歌功頌德，就像根據史蒂芬·金的小說改編的電影《肖申克的救贖》（臺灣譯名爲刺激一九九五）中，那個習慣了在監獄中的生活、被釋放之後反而上吊自殺的老頭。只有少部分人還保有越獄的決心並付諸實踐，但即便越獄成功，來到自由世界，他們也常常水土不服，難以承受「自由之重」。比如，唐存理的父親是被共產黨槍殺的國民黨軍統高官，他在共產黨治下從來沒有好日子過，一九五九年因試圖從廣州偷渡香港或從西藏偷渡印度而被捕，送入勞改營。八〇年代經商致富，又因爲支持八九學運，再度成爲國家的敵人，後來歷經磨難從香港流落臺灣。儘管獲得了臺灣身分，也知道「百分之八十的臺灣民眾都傾向於臺獨」，他卻對臺獨不以爲然，對風雨飄搖的百年老店國民黨更深感失望。此心安處是吾鄉，說起來容易，做起來難。如果固守中國人的身分認同，最後就會什麼認同都沒有。唐存理式的人物，是海外中國民運的主流——如果眞有這個圈子話。這個圈子爲何盛產怪誕而僵硬的國粉、蔣粉乃至韓粉，在此一背景下可加以理解。

廖亦武這本書還收入當年兩位偷渡香港難民的故事，並附錄了他們整理出的一部「逃港聖經」，詳細介紹偷渡的中線、西線和東線，逃港需要什麼技能，如何躲避多達十二種的死亡威脅——摔死、毒蛇咬死、凍死、病死、餓死、火車碾死、車廂中的貨物壓死、海水淹死、鯊魚咬吞死、海上來往船隻撞死、解放軍和民兵的子彈打死、解放軍的狼狗咬死。據保守統計，有兩百萬以上的中國人成功偷渡香港，有同樣數量的人死在偷渡路上，此一規模遠遠大於當年穿越柏林牆投奔自由的東德人。然而，穿越柏林牆的故事早已滿坑滿谷，偷渡香港的著述卻少得不成比例。

文革結束後，習仲勳復出任廣東省委書記，廣東人偷渡到香港的浪潮愈演愈烈，廣東地方官員覺得顏面無存，建議習仲勳嚴懲被抓獲的偷渡客。習仲勳眺望對面香港的萬家燈火，再看此岸的破敗幽暗，倒是頗有自知之明地說：「我們自己的生活條件差，問題解決不了，怎麼能把他們叫偷渡犯呢？這些人是外流不是外逃，是人民內部矛盾，不是敵我矛盾，不能把他們當作敵人，你們要把他們統統放走。不能只是抓人，要把我們內地建設好，讓他們跑來我們這邊才好。」

習仲勳當然想不到，他的兒子習近平日後不僅成了「毛二」，而且還要將香港變成另一個新疆。當年千辛萬苦逃離中國、抵達「逃城」香港的中國人，其中不少人經過打拼成爲億萬富豪，香港財富排名前一百位的富豪中，有五十位以上是從中國偷渡到香港的。但是，如果香港淪爲中國的「附屬監獄」，當年的偷渡客們（或他們的後代）將不得不展開第二輪逃亡。他們逃往北美、歐洲和臺灣，如同當年的猶太人那樣，散落萬邦，保存薪火。

今天的香港就是當年的柏林，可惜今天的柏林已淪爲半個北京。當年的柏林是東西方冷戰的前沿陣地，美國總統甘迺迪在柏林發表過一篇名垂青史的演講，他說：

> 你們住在受到保護的一座自由之島上，但你們的生活是大海的一部分。自由是不可分割的，只要一人被奴役，所有的人都不自由。

甘迺迪以這句話作爲結尾：「一切自由人，不論他們住在何方，皆是柏林市民，所以作爲一個自由人，我爲『我是柏林人』這句話感到自豪。」然而，半個多世紀之後的今天，德國的梅克爾政府卻對香港正在發生的屠殺默不作聲，警告去香港旅行或公幹的德國公民謹言愼行，並堅稱跟中國的合作符合德國的利益，奢望她說一句「我是香港人」無異於與虎謀皮。這是無恥的叛賣。可見，廖亦武逃到德國，卻未必能躲避大紅龍的陰影。他在德國的寫作，乃是另一場戰鬥的開端。

26 締造中國奇蹟的，不是共產黨，而是工廠女孩——《工廠女孩》

這些女孩像飛蛾般不斷揮動她們單薄的翅膀；她們是這個城市中最難捉摸的一群人。

——張彤禾

你知道你穿的運動鞋是誰製造的嗎？

中國改革開放三十年的縮影，一個是浙江義烏，一個是廣東東莞。義烏是全球最大的小商品批發市場，「義烏指數」是小商品業的道瓊指數，折射出中國及全球經濟的脈動，也深具政治內涵。比如，美國各黨派陣營選舉時所用商品，很多都在義烏製造，即便反對全球化和反對中國製造的川普陣營也有很多訂單送到這裏。義烏商家根據訂單數得出的「義烏指數」，被視爲預測美國總統選舉結果的參考指標之一。早在二〇一六年的美國總統大選中，「義烏指數」就成功預測出川普會當選，因爲他們收到更多川普陣營競選商品的訂單。該指數的準確度超過美國的所有民調。隨著二〇二〇年美國大選年到來，義烏的廠家們接到的美國訂單，幾乎全都來自川普陣營，其他候選人的訂單少得不成比例。「義烏指數」顯示川普會再次勝選。

東莞則是中國乃至全球最大的電子元件、鞋類、服裝等勞動力密集型產業的集中地。短短四分之一世紀，東莞從一個名不見經傳的小漁村發展成爲中國ＧＤＰ總量僅次於上海、北京、廣州、深圳的超級都市。在華裔記者張彤禾眼中，東莞並非一座有文化內涵的典範都市：「我來到的東莞似乎是中國的最不良示範，金錢主義、環境廢墟、貪污腐敗、交通問題、污染、噪音、賣淫、不良駕駛、短視、壓力、掙扎以及混亂。如果你能在這裏闖出名堂，你到任何其他地方都會有成就。」比起狄更斯筆下「霧都」時代的倫敦，以及昔日黑幫猖獗的芝加哥，東莞更加混沌、粗獷、雜亂無章乃至無法無天，但也擁有最多成功的機會。

如果要破解中國經濟崛起的秘密，就必須訪問東莞，甚至在東莞居住一段時間。

張彤禾決定寫工廠女孩的故事，這群來自內陸農村的工廠女孩們托起的，不僅是東莞的「半邊天」，簡直就是中國七、八成的天空，她們付出青春和血汗生產出的各種「中國製造」的物品，充滿世界各國的商店和超市。張彤禾認爲，講述中國的故事，必須關心普通人的命運，她引用托爾斯泰在《戰爭與和平》中的一句話，「拿破崙軍隊裏一個下等兵的生命，比拿破崙的生命更重要。」這正是中國這個時期的寫照——當你以後回頭看看這些年，所有發生過的大事，大概都比不上個人生命上的轉變。

張彤禾在《華爾街日報》發表的系列報導，後來整理匯集成《工廠女孩》一書。書中寫到的工廠女孩，很多都曾在一家名叫裕元的工廠裏工作。裕元是一家來自臺灣的鞋類代工工廠，擁有多家分廠，僱用數十萬工人，絕大多數都是民工。一九八九年，裕元在中國設立第一家工廠——這是一個重要的時間節點，那一年北京剛發生血腥的天安門屠殺，西方資金撤離中國，臺資趁虛而入，迎來臺商在中國發展的黃金時代，當然也結出今日養虎爲患的後果。臺資以及西方資本蜂擁到中國，究竟是賺翻天、還是被困在中國的迷宮中？需要放長歷史的視野才能給出終極答案。

穿鞋的人哪知道製鞋的人是誰？中國廉價又積極進取的勞力正適合發展勞動密集的製鞋業，中國在九〇年底取代南韓成爲全球製鞋業的龍頭。一雙慢跑鞋需要經過兩百雙手才能製造完成，裕元的員工有百分之八十都是女性，年齡大都在十八歲到二十五歲之間，她們每年出產數十億雙運動鞋，創造中國經濟騰飛的奇蹟，也改變了自己的命運和生活方式。張彤禾筆下的工廠女孩，並非中國最卑微、最貧困的人群，比起山西黑煤窯和東北重工業工廠中的勞動者，收入和勞動條件都好得多。而且，她們的要求與期盼，跟西方老闆試圖推行的保護勞工權益的進步價值並不一致：當耐吉和愛迪達等巨頭強迫裕元等代工企業改善勞工工作環境，改爲每天工作十一個小時、每個星期天休息時，反倒有許多工人因此而辭工，抱怨這樣的改變讓她們少了加班的薪水。

工廠女孩努力學習的是怎樣的「成功學」？

在東莞，張彤禾認識了許多工廠女孩，看著她們學習成爲一個獨立的個體。她們找工作，對抗上司，試著學習新的技能。最難能可貴的是，她們逐漸相信即使出身卑微，自己也很重要，一個工廠女孩在日記中寫道：「不要因爲我們是個平凡的民工，就覺得自己是下等人。」

人人都夢想成功，工廠女孩們也不例外。她們不斷地更換工作，在不同領域的工廠、公司之間跳槽。儘管她們缺乏學歷、專業知識和技能，卻不缺乏野心和冒險精神。她們從普通的工廠女工開始，邁出在城市叢林的第一步，然後做傳銷、做採購，甚至爬到管理層。張彤禾不是專門挑選成功者來寫成勵志之書，但她筆下的兩個重點人物都取得了部分的成功：「小敏過人的勇氣和韌性，春明則不斷追求快樂和生命的眞義，她們對未來的抱負和挫折忍受力，也是中國民工的一般特質。」

日異月新的珠江三角洲地區吸引了數千萬來自中西部的年輕農民工，也吸引了許多勵志演講者和各類型的管理大師。張彤禾注意到一個有趣的現象：這個市場在最高峰時由從臺灣來的經營大師獨占鰲頭——這些在臺灣已過時的「成功學」大師，在熱氣騰騰的珠江三角洲如魚得水、如日中天。這是臺灣向中國輸出的又一種「軟實力」，不過這種「軟實力」並非優質文化，對於促進這些民工由傳統鄉村的農民轉型爲現代公民毫無幫助，反倒成爲另一種「洗腦術」。那些年裏，東莞的書店中擺滿了書名爲《如何贏得友誼，產生影響力》、《如何停止擔憂，開始過生活》、《成爲領導人的七個秘訣》等書籍。這些書籍讓農民工畫餅充饑、望梅止渴，顯然有助於當局「維穩」。

到了第二階段，中國本土的「成功學」大師應運而生。《工廠女孩》中寫到一位名叫丁遠峙的人物，他原來是湖北省的一位高中物理老師，一九八七年來到深圳，先是在學校教書，然後從卡內基的書受啓發，自己開公司，銷售其「創作」的成功學著作。說是創作，其實是抄襲，他公開說：「我認爲模仿非常重要，雖然大家經常討論創新的重要性，但是創新需要投入一大筆時間，也有很高的風險，幹嘛不乾脆就用那些已經證明可行或有用的東西呢？這就是模仿。」當張彤禾採訪他時，他拿著麥克·波特的《競爭優勢》一書說，他計畫總結波特的概念，然後轉化爲更通俗易懂的版本，「以初中的文字程度寫成，這樣就算是工廠的工人也看得懂，民工需要心靈慰藉，他們需要知道成功是一件可能的事情，這些書讓他們得到莫大的安慰。」此前，丁遠峙寫的《方與圓》一書賣了六百萬本。在美國出生和長大的張彤禾當然知道保護智慧產權的概念，她的第一反應是：「這可是抄襲！」但丁遠峙不以爲然。整個中國都是靠抄襲起家的，華爲靠抄襲成爲世界通訊產業的老大，阿里巴巴靠賣假貨成爲中國市值最高的公司，丁遠峙這樣的小人物怎麼會有道德上的不安呢？

比抄襲更可怕的是，這類成功學和成功學大師教人們靠投機取巧走上成功之路，理直氣壯地宣揚如何操控人性，無視道德操守、厚顏無恥。所謂成功學就是當代的厚黑學，那些剛剛離開農村進入城市的年輕女孩，在辛苦工作之餘，繳納高昂的學費去這類學校聽課，爲自己「充電」，如饑似渴地吸取此類成功學的知識和理念，卻不知不覺地中毒。成功學變成了她們唯一的信仰及生活準則。

回不去的故鄉，卻因她們而改變

民工在中國已經有超過四分之一個世紀的歷史，來自農村的年輕人寧願在城市裏試試自己的運氣，也不想繼續當一個「修地球」的農人。但是，中國的戶籍制度造成的人生而不平等的格局，至今並未有根本改變。生在農村就是農民，就是在社會福利、教育和醫療條件上遠遠不如城市居民的二等公民。鄧小平時代比起毛澤東時代來唯一的一點進步，就是不再用嚴刑峻法將農民束縛到土地上，農民可以到城市打工，但農民很難成爲城市居民。

九〇年代以來，中國沿海地區成爲世界工廠，主要勞動力不是沿海地區的居民，而是來自中西部不發達地區的農民工。經濟貿易全球化帶來的衝擊，讓中國這個兩千年不變的農業社會發生了歷史上最大的變化。這個變化發生在沿海地區，也發生在內陸鄉村。背井離鄉的農民工，每年春節都會風塵僕僕地回到家鄉，不管歸鄉的路途多麽艱難困苦。「每一個民工心中都有一顆指引方向的北極星，那就是他們在鄉下的家。」不過，短短幾天或十幾天的假期過後，他們再度離開，因爲在家鄉沒有工作機會、掙不到錢。

張彤禾隨同小敏回湖北老家過春節，由此觀察到沿海和內陸、城市和農村的「兩個中國」的天壤之別。小敏對她說了兩句頗爲經典的話，一句是：「家裏很好，但只能待幾天。」另一句是：「在城市住一陣子以後，你的思想會改變。」

小敏再也不會回到農村長住，工廠的宿舍雖然擁擠，但至少可以洗熱水澡——這在貧瘠的鄉村是一大奢望。她一回到家中，馬上想要改變家人。她的父親在早餐後點了一根煙，立刻被訓了一頓——你不該抽煙，你一定要漱口，不然牙齒都變黑了。她計畫買一臺飲水機和一臺洗衣機，在前院鋪上水泥地。鄉下地方習慣將垃圾丟一邊，也把煙頭隨處就扔，一口痰也就這麼往地上吐。小敏在弟弟、妹妹的臥房門角落放了一個塑膠袋，命令他們要把垃圾丟進去。窮並不必然與骯髒聯繫起來。

對於人際關係，小敏也有全新的處理方式。她不願去叔叔家吃團圓飯，而是跟朋友去縣城逛街。母親對她的不禮貌非常不高興，但她辯解說：「是我對叔叔不禮貌，又不是我母親，是這件事應該跟她一點關係都沒有。」這顯然是城裏人的個人主義的思維方式，跟農村從家族、家庭出發的集體主義思維方式不一樣。她對村子裏的許多老人家不屑一顧，「他們老是想知道我賺多少錢？寄多少錢回家？這些都是我的私事。」農村是沒有隱私的，城市現代性的重要標誌是尊重個體的價值、個體的自由和個人的隱私。雖然民工沒有能力將農村變成城市，但他們至少給家鄉帶來若干物質和精神上的改變。

後來，小敏在工廠做銷售工作，能得到比薪水更多的回扣，可以匯更多的錢回家。由此，她在家中的地位步步高升，她成了全家最權威的人，就連爸爸媽媽都必須聽從她的建議和安排。農村的父權和男權文化，因爲工廠女孩經濟地位的迅速提升而被打破，權勢的轉移在一代人的時間裏就悄然發生。這在過去是不可思議的——作爲一家之主的父親，怎麼可能被二十出頭的女兒當面教訓呢？過去也曾外出打工卻失敗而歸的父親，安然接受女兒的批評和指揮。當小敏有能力爲弟弟妹妹提供學費時，她希望送弟弟妹妹能考上大學——這樣才可能徹底地改變命運，從鄉下人變成眞正的城市人。

她們不關心政治，但政治沒有放過她們

在本書附錄的作者訪談中，訪問者詢問說，為什麼關於政治分裂、抗爭、污染等話題，從未出現在書中？張彤禾回答說，她只是依循民工想要談的，而這些議題幾乎從未出現在談話中。

確實，工廠女孩幾乎不談政治，書中有幾個有趣的細節：小敏有一次問：「現在誰是毛澤東？」那是她對國家元首的形容，而她對當時的政治人物如江澤民和胡錦濤完全一無所知。她甚至以為江澤民已經死了。有一次，春明帶張彤禾到一家湖南餐廳，那裏有毛澤東的照片，她說照片中的人是一個詩人，他背棄傳統娶一個他深愛的女人。那是她對毛澤東的印象——一個浪漫的英雄。有任何一個德國人會如此描述希特勒嗎？

工廠女孩不關心政治（所謂國家大事）固然是事實，但政治並沒有放過她們。張彤禾作為一位在美國出生、長大且中文程度有限的華裔記者，顯然欠缺對中國政治的敏感度。政治影響中國人生活的每一個方面，政治並沒有鬆手，只是有時更加隱蔽。

比如，她如此描述在東莞的觀察：中國其他城市幾乎每個轉角就看得見政府機構，在這兒反而一個也沒有。人們公開賣假文憑，冒牌的肯德基、宜家家居和萬豪酒店且並未受到政府查處。但張彤禾不知道的是，東莞跟中國的其他城市一樣，政府通過無所不在的監視器和電子消費系統嚴密地監控著所有人的一舉一動。如果有十個民工上街遊行示威，警察絕對在五分鐘內趕到並將所有人抓走，抗議者不會受到文明及合法的對待。

在農民工打工的工廠中，無論該工廠是外資還是本地的民營企業，政府都會像黑社會一樣收取一定數額的「保護費」，政府則會確保這些工廠都不會建立獨立的工會或幫助其建立「僞工會」（實際上是黨組織的延伸）。中國數以億計的農民工不可能通過工會與資方談判薪資、福利和勞動安全等問題，這反倒讓中國在全球化競爭中擁有了優勢，也就是中國學者秦暉所說的「低人權優勢」。由此，中國將無數貪婪的西方企業鎖定在中國——因爲世界上再也找不到第二個像中國這樣人力充沛且工人無權抗爭的國家。

張彤禾在小敏的家鄉湖北武穴的小村子裏觀察到，這裏沒有人看報紙或是電視新聞，這裏也幾乎看不出政府的存在。她沒有看到過一個政府官員，法律在村裏好像也沒有多大的權力。政府實行一胎化政策已多年，但家家戶戶都有幾個小孩，村長家甚至有七個小孩。這些情況當然是眞的，但張彤禾只是短暫來此兩天的訪客，無從了解表象下的潛流：中國有嚴格的戶籍制度，超生的孩子必須繳納一定數量的罰款才能上戶口，即便是村長也不例外。相比於中國歷代王朝的統治，中共是第一個實現政權的毛細血管滲透到鄉村的。

九〇年代中期以來，中國鄉村統治的黑社會化、黑道與紅道的互爲表裏，比美國學者杜贊奇研究的抗戰前後中國農村權力的「內捲化」要嚴重得多。中國學者黃海在《灰地：紅鎮「混混」研究》一書中指出，中國鄉村的傳統道德和情感已經失效，鄉村一旦有衝突發生，事情的解決最終還是靠實力，這種實力要不就是金錢，要不就是暴力。沒有實力，那就靠面子和關係來擺平問題。沒有面子和關係，那就收買實力。中國農村權力的流氓化表現就是所謂「越軌力量」會在某種程度上有意主動向政府靠攏，與政府合流，共同操縱鄉村的秩序和權威，從而進一步成長爲鄉村秩序結構中的結構性力量。

農民工不談政治、對政治極度無知，是出於冷漠和恐懼，因爲談了也沒有用，談了反而會讓自己陷入危險境地。張彤禾發現她在書中提到的中國人，對自己的個人遭遇和磨難通常保持緘默。沉默並不意味著沒有憤怒和哀傷，如魯迅所說，「不在沉默中爆發，就在沉默中滅亡。」張彤禾書中的主角們，大都順利度過了二〇〇八年金融海嘯的難關，中國政府數萬億投資救市，以及全球生產和消費鏈條迅速復甦，使得工廠女孩很快重新找到了新工作。然而，她們能順利渡過二〇二〇年武漢肺炎疫情的衝擊，以及「中國與世界脫鉤、世界與中國脫鉤」的難關嗎？二〇二〇年中國工廠女孩的故事，或許可以寫成一本更加精彩的續集。

27 來自中國的血錢，將帶給臺灣怎樣的災禍？

——《尋租中國：臺商、廣東模式與全球資本主義》

當年可能沒有人可以預料到，臺灣資本基於自利動機，將生產基地移往廣東，卻飼育了一頭可能吞噬自己甚至是東亞周邊國家的怪物。

——王宏仁

馬無夜草不肥，中國的「夜草」是什麼？

關於中國「大國崛起」的原因，中國國內及西方都有很多著作加以分析和討論。文革結束之後，鄧小平的所謂「改革開放」政策受到各界普遍的讚譽。但是，在晚近三十年中國經濟高速增長期間，腐敗成為一個如影隨形、愈反愈腐的問題，甚至有親官方的經濟學家（比如當年從臺灣叛逃到中國的林毅夫），振振有詞地提出「腐敗是經濟發展的潤滑劑」的辯解。

臺灣學者吳介民在《尋租中國：臺商、廣東模式與全球資本主義》一書中，針對中國與全球資本主義連結的模式，提出了一套完整的解釋。臺商作爲「中間人」，促成中國從廣東賺取第一桶金，這桶美金作爲「原始積累」，迂迴造成「中國崛起」。作者從全球價值鏈切入，指出「尋租發展型國家」，在經濟發展與財政攫取的過程中扮演關鍵角色。解釋架構連結了全球層次與在地層次，從宏觀到微觀，剖析政商關係的運作，並提出「機構化尋租」、「在地鑲嵌治理」、「公民身分差序」等概念，突破既有文獻對中國發展邏輯的理解。這是我目前看到的分析中國經濟模式的最佳著作。當然，今天的中國並非沒有像吳介民這樣優秀的學者，但中國學者確實沒有寫出這樣一本讓人眼睛一亮的著作。其根本原因乃是中國缺乏最基本的學術自由、思想自由和言論自由。中國的學術研究成了黨的宣傳政策的一部分，中國沒有智庫，領導人的錯誤無人能糾正——就好像諱疾忌醫的曹操殺掉藥到病除的華佗，就只好等死了。

「尋租」這個概念來自西方經濟學，用於中國似乎更加恰如其分。一九六七年，經濟學家圖洛克在《關稅的福利代價，壟斷與偷竊》一書中討論了「特權壟斷」的議題，公認是「尋租」（rent-seeking）理論的開端。不過，直到經濟學家安妮·克魯格在一九七四年發表「尋租」的實證研究《尋租社會的政治經濟學》之後，這一術語才開始流行。

用「尋租」來揭秘中國經濟模式，吳介民不是第一人。中國經濟學家汪丁丁早就追問說：「中國腐敗至此，何以保持幾十年經濟高速增長？」這裏涉及的，是尋租活動的「生產性」與「非生產性」的辨析。改革初期流行「官商合理」論，因爲初期的改革，關鍵在於突破意識形態障礙，不論是「官」商還是「民」商，關鍵在於允許經「商」。在這一意義上，尋租確實是生產性的。最近十年，中國經濟轉入「創新驅動」的關鍵發展階段，尋租活動的主要性質是腐敗的和壓制創新的。汪丁丁根據學者王小魯的估算數據認爲，中國的灰色收入大致相當於腐敗收入，中國GDP的腐敗係數（即由特權尋租而獲得的收入占GDP的比例）至少是百分之十五，更可能是百分之二十甚至百分之三十五——若是後者，中國就可以名列世界上最腐敗國家的榜首了。

吳介民在本書的序言中指出，他的研究起點，在探問臺灣與中國的糾葛，他選擇從「經濟」而不是「文化」、從「當代」而不是「歷史」切入這個問題。由此，他提出「尋租發展型國家」這個概念來剖析中國發展的根本問題。簡言之，中國崛起的訣竅是「順著全球價值鏈打造世界工廠」。他對中國的研究，乃是試圖為臺灣解套：讀懂廣東模式，看清楚中國發展的優勢與弱點，便能夠更自信而平衡地評估臺灣經濟的現狀與出路。此時，中國正掉入「困頓期」，臺灣與中國，各自需要從世界史的尺度，冷靜思考自身的出路，與世界的連動以及彼此的關係。

臺商與農民工是廣東模式的兩臺引擎

美國加州大學洛杉磯分校社會系教授李靜君評論說：「在眾說紛紜關於中國成為世界工廠的論述中，《尋租中國》以臺灣因素的新視角開拓一條有原創、典範意義的研究路徑。吳介民以臺商的在地經驗為焦點，揭示了在兩岸持續喧騰的政治紛爭底下，臺商與中國地方政府已結成經濟利益聯盟，多年來利用中國公民差序體制，建構專制的民工工廠政體，及協同中國在全球價值階梯的攀爬。書中的分析視野不同凡響，結合了宏觀與微觀、歷史與當下、豐富的實證描述與批評的理論探索，是中國研究、臺灣研究的經典之作。」可以說，這本書最大的特色，是指出臺商（也包括港商、日商、美商與歐商等）與農民工是廣東模式的兩臺引擎，如同飛鳥的兩翼，缺一不可。

臺商蜂擁到中國投資設廠，是在一九八九年六四屠殺之後。當時，西方對中國施行經濟制裁，臺商和港商抓住這個契機，爭先恐後地跑到中國淘金，搭上一九九二年鄧小平「南巡講話」的快車，春風得意馬蹄疾，鈔票多得淹沒膝蓋——他們才不在乎六四殺人事件呢。並非所有商人都沒有祖國，也並非所有商人都缺少良心，但說大部分臺商既沒有祖國也沒有良心，並不冤枉他們。中國演變到今天這樣張牙舞爪、面目猙獰的模樣，離不開臺商當年的輸血，如吳介民所說：

> 臺商將現代製造業引入中國，中國則將臺商捲入其發展模式，我們至今仍生活在這個氣旋當中。

廣東模式的另一臺引擎，是學者秦暉所說的「低人權優勢」，即作爲現代奴隸勞工的農民工是全球最廉價也最勤勞的勞工。這是毛時代「人多力量大」的生育政策意外遺留的「人口紅利」。這種世界上任何一個國家都不存在「隱蔽的奴隸制」，用吳介民的話來說就是：「民工階級提供相對優質而低成本的勞動力供給，讓不斷尋找低廉勞動力的全球價値鏈延展到中國，快速與中國沿海的地方制度結構產生鑲嵌，而將中國納入世界資本主義生產體系中的一環。」中國這個「黨國資本主義國家」的金字塔的塔基，是不計其數的、任勞任怨的、沉默不語的民工，「在中國，正因爲國家對公民身分差序體制的支撐，才使得資方對勞工剝削變得更加嚴重」、「中國的這套剝削機制，構成了共生結合的體制環節。從公民身分差序、二元勞動力失常、等差化社保方案、地方成長聯盟、全球價値鏈治理與地方治理到尋租發展型國家，環環相扣。」西方左派對人權議題的討論，通常不會觸及這個群體。

具有諷刺意義的是，二〇一九年春，中國官方大張旗鼓地紀念五四運動一百週年，卻刻意遮掩五四運動中的左翼特徵——中共創建人陳獨秀、李大釗等人都大力宣揚「勞工神聖」的觀念，鼓勵大學生參與工人運動、開辦工人學校。但今天眞有左翼青年去做同樣的事情，立即遭到官方強力打壓。中共總書記習近平諄諄教誨鼓勵青年學生「繼承五四愛國精神，投身祖國建設」言猶在耳之際，中國社群網站即熱傳一支影片，北京大學學生、馬克思主義學會原會長邱占萱現身，講述自己被北京公安刑訊、受到非人道虐待的經過，包括人格污辱、狂扇耳光、脫光衣服查肛門、音箱置耳旁高聲放習近平的「十九大報告」等。他訴說受虐過程時，悲憤交加，怒火中燒，直斥公安「多麼的無恥、多麼的下流」，表示想起其他被公安拘捕的老師和同學，「我不敢想像他們會遭受什麼樣的虐待」。網民感慨，當局對一個情衷馬列的大學生，連「滿清十大酷刑都用上了。」

廣東模式爲何未能讓廣東走向自治？

此前，學界對是否存在中國模式的問題展開過漫長而激烈的爭論。中國模式或許過於宏大和複雜，吳介民在本書勾勒出的是中國模式的核心部分——廣東模式，以後發展出的江蘇模式、浙江模式、上海模式等，跟廣東模式相比，大同小異而已。本書有兩個章節專門討論廣東的情形：「廣東模式的起源、表現與變遷」和「廣東模式轉型下的臺資與中資」。

廣東是改革開放的先行者，這其中有七〇年代末、八〇年代初主政廣東的習仲勳的功勞。習仲勳眺望對岸燈火通明的香港，知恥而後勇，力主改革；但更重要的還是文革末期中國經濟千瘡百孔、奄奄一息，鄧小平等最高領導人不得不另闢蹊徑、尋找活路。廣東先走一步，是因爲廣東在地理上（靠近香港）和文化上（近代以來廣東即爲商業大省）有優勢。然而，改革開放之初，廣東仍面臨中央計畫官僚的阻力，比如關於「姓社姓資」的爭論，對於所謂的「經濟犯罪分子」，持馬列主義原教旨主義的陳雲等高官主張「要殺一些人，不殺不行」，幸虧胡耀邦和趙紫陽給予廣東以莫大的支持，廣東才不至於走回頭路。當然，廣東並沒有什麼「創舉」，只是學習港臺已有的經驗而已。三十多年後，廣東的經濟總量甚至相當於整個俄羅斯，廣東的成就讓昔日高高在上的老大哥相形見絀。

習近平時代，廣東的政商關係面臨洗牌，中央整頓、壓縮地方官員的尋租空間，同時也壓縮了臺商獲利的空間。從官場變化就能清晰地看到這一趨勢：二〇一九年三月，廣東省委常委兼常務副省長林少春奉調北上，任內蒙古自治區黨委副書記，他是近兩年第三位出省北上的廣東籍高官。他走後，廣東省委常委班子中，眞正本省籍的官員僅剩一人，可謂形單影隻。有觀點認爲：這是中央最近幾年打破廣東官場地方保護主義的一個縮影。隨著這些行動，曾經「針插不進」的廣東官場、這個「獨立王國」已被瓦解。廣東本土的地方勢力主要分爲客家、潮汕、廣府三大勢力，其中又以一九四九年後曾任廣東省政府主席的葉劍英爲代表的「客家幫」勢力最大。在八〇至九〇年代後，廣東本土的地方勢力一度發展到頂峰，廣東書記入政治局一度成爲慣例。

然而，中央最擔心的就是「粵人治粵」的趨勢。從胡錦濤時代後期開始，特別是進入習近平時代，不聽指揮、離心離德的廣東本土官場多次遭到清洗，如今已潰不成軍。在江澤民時代及胡錦濤時代前期風生水起的所謂「市場化媒體」、在全國範圍內最敢言的「南方報系」，幾乎同步遭到清洗，逐漸走向瓦解，變得跟北京的中央級媒體一樣空洞無物、面目可憎。那批最優秀的中青年記者、編輯（其中不少是我的同學或年齡相近的自由主義知識分子），大量流失、或轉戰網路、或移居海外。同時，北京對以粵語爲代表的廣東本土文化嚴防死守，試圖消滅粵語而以普通話取而代之。廣東的新興資本家和中產階級失去了他們的言論喉舌，成爲被任意收割的韭菜。

吳介民在本書並未討論這個有趣的問題：爲什麼經濟上的廣東模式未能在政治上發展出強勁的廣東自治？這個主題或許可以寫成另外一本書：在民國時代功敗垂成的地方自治、聯省自治，如何在今天中國各省市經濟發展不平衡的狀況下，在像廣東這樣的先進省份再度復活，進而瓦解中央集權的體制？

臺灣模式優於廣東模式

中國崛起的奧秘，卑之無甚高論，如吳介民所說：「中國這三十年從農民工身上擠壓出來的價格剪刀差（被壓低的勞動成本的剩餘），一部分被資本家（外資與本地資本）奪取，一部分則被國家汲取而成爲高速積累的資金。」這些借助臺商等外資的「金母雞」生下的金蛋，這些用農民工的血汗和眼淚熬煉成的金蛋，卻成爲習近平「一帶一路」計畫中天女散花般「大撒幣」的本錢。幾億農民工作爲卑微的「低端人口」，隨時可能被趕出城市，也無法享有城市中最基本的教育、醫療資源，習近平卻大大方方地將數千億美金的「剪刀差」收益用於其帝國擴張的虛妄霸業，不是自己辛苦掙來的錢，揮金如土一點都不心疼。

從九〇年代初開始，吳介民多年多次赴中國進行田野調查，直至太陽花學運後，他因爲支持太陽花學運被禁止進入香港——當然從此再也不能踏足中國本土，幸虧他這本書已經接近完成。本書中有對一家臺商臺陽公司的個案研究：臺陽是一九七九年就進入廣東的最早一批臺商，確實挖到第一桶金。但在二〇一〇年，全球經濟格局翻轉以及中國的經濟生態體系變遷的大背景下，臺陽公司關閉了在中國的工廠，結束了在中國的業務，及時全身而退。十年以後，美中貿易戰愈演愈烈，被當作炮灰的臺商苦不堪言，想抽身卻已然來不及了，正應了香港電影《無間道》裏的一句臺詞：出來混，總要還的。

在中國擁有最多工廠和工人的臺灣首富郭台銘出馬選臺灣總統，在國民黨內異軍突起的奇葩式人物韓國瑜宣稱只要接受中國的一國兩制就能「人進來，貨出去」，在這些人眼中，似乎失去中國這個世界工廠和最大市場，臺灣就連飯都沒得吃。但吳介民在臉書上分析說，臺灣模式並非廣東模式，廣東乃至中國走上了一條不能回頭的下坡路，並不意味著臺灣只能跟隨中國走入這段下坡路，臺灣還有別的選擇。

如果說郭台銘的鴻海代表著日薄西山的廣東模式，那麼張忠謀的台積電就代表著朝氣蓬勃的臺灣模式。吳介民指出，鴻海在中國採取以量取勝的戰略，乃是中國為鴻海提供了廉價的生產要素，尤其是廉價的人力資源，如果沒有過去幾十年龐大民工隊伍貢獻勞動力，哪會製造出像鴻海這種「高新科技業、但勞力密集」的龐然大物？反之，台積電也是採取所謂代工模式，但它開拓出一條獨特的道路，以優異技術獲得非常高的利潤，成為全球頂尖企業，並且在臺灣形成了完整的半導體產業鏈。臺灣半導體產業的成功，背後有累積幾十年的製造業文化因素，不是憑空而生。這也可以解釋，爲何中國砸下重金搞半導體製造，至今成果仍有限。吳介民進而分析說，鴻海與台積電是在不同產業類別、不同技術檔次上的企業，無法以簡單量化數據做比較。但兩者呈現出臺灣在企業升級與轉型策略上的路線差異。

台積電在此次的美中貿易戰中扮演了重要的角色——二〇二〇年五月，台積電宣布，將在美國亞利桑那州興建且營運一座奈米先進晶圓廠，該工廠將直接創造超過一千六百個高科技專業工作機會，並間接創造半導體產業生態系統中上千個工作機會。該晶圓廠將於次年動工，支出約一百二十億美元。這是臺灣和美國之間的重大科技合作，台積電幫助美國強化半導體製造實力，也讓臺灣模式在美國成爲一道亮麗風景。台積電，還有臺灣無數不靠中國廉價生產要素的大中小企業，持續在臺灣乃至全球走出一條穩健可行的道路，其背後一個重要因素是，三十年來臺灣在民主法治上的進步，提供了安穩的產權與經營環境——這就是臺灣模式比廣東模式及中國模式更加優越的地方。臺灣人應當有充分的自信，不依靠中國也能幸福且快樂，脫離中國反倒能更加幸福且快樂。

28 曾經是鼠族的習近平，要將中國的鼠族趕盡殺絕

——《低端人口》

中國的貧富差距已躍居世界第一。

——謝宇

「低端人口」是習近平的愛將蔡奇發明的敏感詞

二〇一七年冬，北京市大興區一所簡陋住房發生火災，造成十九人死亡的慘劇。新官上任的中共北京市委書記蔡奇，不僅沒有反思政府的責任，反而藉機以「消除安全隱患」爲由，落實習近平「疏散非首都功能」的指令，矛頭直接對準改革開放以來爲建設城市付出巨大心血的農民工群體。北京當局展開緊急行動，調動警察使用暴力

手段將超過十萬名「低端人口」驅離家園。

蔡奇的一段動員談話影片在網路上廣爲流傳，這位「北京一把手」親口宣稱：「到了基層，就是要眞刀眞槍、就是要刺刀見紅，就是要敢於硬碰硬、就是要解決問題！」他還補了一句，再發生類似大興火災的事故，「大家就要把手剁下來。」其豪言壯語，好像出自蘇丹或索馬利亞的殺人如麻的軍閥之口。

這場清理行動的範圍，涉及北京各區城鄉結合部、老舊小區、出租大院、工業大院、違法建築等場所。通告內容指出，清理對象是「低端產業從業人口」。英國《金融時報》蒐集了一百三十五張「清理低端人口」通告，繪出多張地圖，記錄了清理行動的影響範圍幾乎包括所有外來務工人員居住地區。覆巢之下，也傷及若干喜歡居住在老舊胡同裏面的「中端人口」乃至「外國友人」。

官方有關「低端人口」的說法引起中外輿論驚詫不已，被認爲是將人分九等的種族主義。更有民眾將在冰天雪地中流離失所的農民工照片，與當年納粹迫害猶太人的圖片並列，發現兩個場景驚人相似。有人評論說：

清理租房的場面就像電影《辛特勒的名單》當中，黨衛隊清理猶太區一樣啊，就差上大狼狗了。

爲了降低負面影響，「低端人口」四個字很快成爲中國網路審查的「敏感詞」，在微博、微信的主貼及評語欄目均遭屏蔽。該年度金馬獎頒獎典禮上，記錄東北精神病院的中國電影《囚》獲得最佳紀錄片獎，導演馬莉在領獎時說自己代表「待處理的低端人口」。話音剛落，中國直播金馬獎的網路平臺狠狠掐斷直播。拍攝警察驅趕農民工實況的藝術家華湧，也遭到警方全國追捕，被破門而入的警察抓走，直到最後一刻他還在堅持網路直播。「低端人口」的說法，明明就是作爲習近平愛將的蔡奇的發明，蔡奇可以理直氣壯地在官方講話中使用，卻不准民眾談及，這是典型「只許州官放火，不許百姓點燈」。

與「低端人口」相對應的還有另一個更爲形象的詞語「鼠族」。此前，中國學者廉思提出「蟻族」的概念，用來指稱領低薪、居住在條件惡劣的大學畢業生。而「鼠族」比之地位更低，他們是來自貧困地區、教育程度低、住不起出租房而住地下室甚至在橋墩下、廢棄建築的縫隙之間苟延殘喘的農民工。法國最大報《費加洛報》駐北京記者派屈克·聖保羅在一次偶然的機會中發現，在他住的高級公寓的地下室，就有若干「鼠族」居住。同一棟大樓，樓上與樓下宛如天堂與地獄之差別。他驚覺自己正置身中國幻夢的風暴中心，正看著這巨獸大國最殘酷的一面。於是，他耗時整整兩年，帶著翻譯四處採訪北京城裏默默做工的人，數度遭遇被當局請去喝茶的危險，由此寫出第一部著作《低端人口：中國，是地下這幫鼠族撐起來的》。

沒有貧民窟的城市，貧民都到哪裏去了？

初到北京，派屈克發現，北京不是加爾各答或墨西哥城，以及一切發展中國家的大都市——北京沒有貧民窟，光鮮亮麗，井井有條。那麼，沒有貧民窟的城市和國家，是不是比充斥著貧民窟的城市和國家更美好、治理得更成功？這是北京政府洋洋得意的宣傳，卻不是這個國家的眞相。

派屈克發現，在北京，「苦難藏身地底，而苦難的人要是冒險浮出地面，就註定被榨得連渣滓都不剩。」北漂的勞工構成北京的日常風景，但在高房價、沒有北京戶籍的限制下，他們被迫無奈屈居於暗不見天日的地下室。他們有老有少，有爲了籌措兒子結婚聘金千里迢迢到北京當清潔工的老夫婦；有爲了在市中心高級飯店實習而住進地下，習慣了北京地底腐臭氣味的大學畢業生；有爲了孩子的未來，離鄉打工的父母，孩子卻被迫留在老家、成爲一年到頭難得見到父母一面的「留守兒童」。據估計約有一百多萬人潛居在北京最繁華、最富裕區域的地底，他們是首都能維持日常運作的基礎勞動力，從工地勞工、大樓清潔員到各類幹髒活累活的勞動人力。在「中國夢」的急促催動下，多數中國人都有想拉著、依著中國經濟大躍進的東風往前滑翔、改變命運。但是，爲了夢想中的好機會與好日子，許多從農村遷移到沿海或內陸都市的民工，連翅膀都來不及長出就已淪爲「鼠族」。

北京大學社會學系教授盧暉臨指出，這些勞工跟老鼠一樣住在地底，他們的居住條件惡劣，沒有自然光，空氣潮濕而惡臭，這就是爲何社會大眾用「鼠族」來稱呼他們。但人畢竟跟老鼠不一樣，在那樣的生活條件下，健康將受到極大的危害，不但可能染上皮膚病，心理負擔也會相當重。根據統計，這些「鼠族」中的許多人都患有抑鬱症。不過，派屈克在採訪以及跟「鼠族」的交往中發現了他們的另一面：「鼠族讓人不得不尊敬。他們面對體制，爲了擺脫貧困闖出一片天而培養出的韌性、堅忍性格以及適應能力，怎能令人不欽佩？」

其中，生活境況最悲慘的一位「鼠族」，是在北京一口井中住了十年、被稱爲「井底人」的王秀清。二〇〇八年奧運會前夕，十年來王秀清賴以爲家的下水道井口突然出現一群制服筆挺的警察，其中一位警察放出籠子裏的德國狼犬。於是，王秀清被發現了，並被關進狗籠帶走。這一天結束了王秀清長達十年的「井底人」生涯，卻也戲劇性地成爲他人生的轉折點。當他的故事被媒體報導之後，他得到人們廣泛的同情，北京某大學聘他當雜工，包三餐和宿舍——學校公寓的地下室。他還是住在地下，但跟沒有暖氣的下水道相比，已宛如天堂般舒適。

派屈克曾到王秀清的老家探訪——他們驅車一個多小時，來到離北京僅數十公里之遙的懷柔山區，那是破敗的村莊中一棟屋頂只有一人高的、牆壁上充滿裂縫、搖搖欲墜的小屋。王秀清的妻子抱歉地提醒客人，不要被四處出沒的老鼠驚嚇到了。派屈克感嘆說：「王秀清在北京的日常與鼠人無異，但在他們遙嶺村的家，稱王的確實這群眞正的老鼠。」派屈克曾在戰火連綿的阿富汗、獅子山共和國、象牙海岸、蘇丹等「失敗國家」採訪，但他完全沒有想到，被執政的共產黨形容爲「大國崛起」的中國，在和平和發展時代的北京郊區，農民過的生活絲毫不比他去過的那些「失敗國家」好多少——「黨國不會顧惜像王秀清這樣的國民，任由他們淪落貧困慘境，共產主義的理想已在追求財富的饑渴中漸漸枯竭。」而對於城市新興中產階級而言，對生活在他們高級公寓地下室的同胞毫無憐憫之心——一位海歸的外企白領對派屈克直言不諱地說，中國夢裏當然不包括那些骯髒、粗俗、沒有受過教育的人。在中國，

「號召愛心人士爲一群面臨威脅的狗請命，比爲這群受體制壓榨的人發聲來得容易多了」。

他們是鼠族，他們也是愛國者

《低端人口》一書不是城市版本的《湖南農民運動考察報告》，作者不是一味渲染「低端人口」生活的慘狀，並由此推演出馬克思主義的階級鬥爭理論；作者也沒有像中國的某些老毛派和新左派學者那樣，宣揚「窮人是好人」、「富人是壞人」的反資本主義的道德哲學。作者的可貴之處在於，他能發現並解釋中國問題的複雜性——就這群「低端人口」而言，他們是鼠族，也是忠心不二的愛國者。

王秀清沒有受過太多教育，卻也深知不能在外國人面前說自己的政府不好。他對派屈克說：「討論國家大事我可不在行。」在派屈克驅車載他回家的路上，經過雁棲湖高級住宅區——那是二〇一四年中國爲接待亞太經合會議的各國元首而修建的、美輪美奐的場館和別墅，這裏可以遙望長城。王秀清滔滔不絕地讚美這些建築，認爲這些建築大大提升了中國的形象——儘管這些建築門口站著武裝保安守衛，像他這樣的「低端人口」永遠不得其門而入。而在其一貧如洗的家中，小電視上方掛有一張毛主席肖像，王秀清崇拜毛，「毛主席那時候我們是窮，有時也難吃飽，但是大家處境幾乎差不多。」他譴責現在的某些公務員利用權力發財，卻又話鋒一轉：「我對我們領導人習近平十分有信心，他知道中國的問題在哪裏，把中國帶向了一條正直穩當的道路。」而他的在班上成績第一名、以後想當警察或老師的女兒也大大歌頌中國社會的團結友愛。王秀清沒有拒絕派屈克的友誼，卻跟絕大多數中國人一樣對西方充滿警惕：「鄰國對我們領土的侵略野心，就眞是個威脅。中國還不夠強，它必須成爲一個強盛大國，免得悲慘的歷史重演。」

另一位居住在大樓地下室的清潔工老鄭，有一次敲開派屈克的房門，充當了一回不速之客。派屈克爲客人做了高級牛排等法國餐。沒有想到老鄭無福消受帶血絲的牛排和紅酒，剛吃完就跑到廁所裏嘔吐，這跟派屈克無福享受老鄭希望款待他的拌麵一樣。老鄭看到派屈克家的大屏幕電視，要求打開來看，還特別挑選正在播放的關於毛澤東的連續劇。派屈克問：「毛澤東是個好領導嗎？」老鄭回答說：「這是唯一可以算得上位好領導的，他找回了我們中國的驕傲，尋求共同的利益。」

王秀清和老鄭的話，確實是他們的內心話。這樣的說法每天都出現在中國的電視和報紙上，以及學校的教科書中，長此以往，已經成爲中國人潛意識的一部分，他們會不假思索地脫口而出。法國漢學家魯林在其巨著《毛澤東傳》中指出：「毛澤東認爲貧困是革命的添加劑，痛苦是在白紙上寫美麗的詩篇。作爲專制者，毛澤東做出了很多可怕的行爲，任何結果都無法爲不人道的手段開脫。」但是，魯林的書不可能在中國出版，更不可能被王秀清和老鄭這樣的「低端人口」讀到。

中國的「低端人口」大都不認爲他們的悲慘境況是共產黨或中國現有體制造成的，他們毫無法國大革命前夕「無套褲漢」們對國王和貴族階層的憤怒與仇恨。受官方洗腦的宣傳教育，他們認爲罪魁禍首是西方國家，他們發洩心中不滿的最爲出格的舉動，就是在官方默許甚至縱容的反日和反美活動中，砸爛路邊日本產或美國產的私家車。中國人普遍喪失了「反抗的意志」，正如某中國高級官員所說，中國人是可以吃草的。於是，中國的崩潰遙遙無期。

那些萬里挑一的、終於功成名就的「前鼠族」

《低端人口》中描述了幾位從「低端」躍升「高端」成功者的故事。中國社會階層日漸固化，打破階層分野愈來愈艱難——以北京大學學生爲例，一項關於生源的調查報告指出，三十年前，來自大城市與小城鎮及鄉村的學生的比例大致是各占百分之五十；三十年後，這個比例已經變成九成比一成。但是，在北京、上海這樣的「冒險家的樂園」，也還是有萬分之一的機會，使你麻雀變鳳凰。當然，派屈克所講述的絕非市面上流行的勵志式的成功故事。

在派屈克筆下，三十五歲的相聲大師曹雲金的一身上下都極度誇張：身披鼴鼠灰的皮外套，金色的瑞士名錶，華麗的義大利跑車，還有寸步不離的美女助理。他在北京最高檔的保利劇院的演出，一千五百個座位座無虛席，最前面的座位票價高達一千一百八十元人民幣。當然，他能上央視的春晚演出，表明他的相聲不僅對黨國無害，而且是黨國最好的精神麻醉品。曹雲金原名曹亮，因師從郭德綱，加盟「德雲社」，而改名曹雲金。後來，師徒突然翻臉，郭德綱公開《德雲社家譜》，表示「該清的清，該驅的驅。所謂的清理門戶，是爲了給好人們一個交代。凡日月所照、江河所至皆以忠正爲本。留下藝名帶走臉面，願你們萬里鵬程。從此江湖路遠，不必再見。」以及「另有曾用雲字名者二人，欺天滅祖悖逆人倫，逢難變節賣師求榮，惡言構陷意狠心毒，似此寡廉鮮恥令人髮指，爲警效尤，奪回藝名逐出師門」，將曹亮逐出師門。

不過，曹雲金還是堅持用這個新名字。他一般不願對媒體講述尚未發跡時的苦日子，在派屈克的不斷追問下，他才說了一段唯一不幽默的話：「地下室的濕氣實在讓人無法忍受。我一直生病好不了。最難過的是皮膚，我整個上半身、背部都布滿膿包，腿腳、手臂總是長著癬，有時非得抓到流血。那時候我心裏只想著一件事，就是洗完衣服後怎麼把它弄乾。」但接下就是如同《人民日報》社論的官樣說法：「跟美國或歐洲相比，中國是個正在發展中的國家。現在的年輕人機會愈來愈多了，但人生就是一場戰鬥。」

另一位曾在地下室居住七年之久的畫家張思永，當初爲幾百元人民幣煩惱，如今每一幅畫都可賣出幾百萬高價。他向派屈克表示，他絕不爲市場而出賣靈魂，卻又誇耀說，就連賈伯斯也收藏他的作品，他還秀出手機中跟各國名流的合影，以此顯示他如今已經是上層社會的一員。

張思永昔日的畫家朋友卻稱之爲「如假包換的鼠輩」——「鼠輩」是比「鼠族」嚴重得多的評語，「鼠族」只是形容地位和處境低下，「鼠輩」卻是直指人品的卑賤。果然，張思永很快告訴派屈克，他非常驕傲自己的作品能被中央黨校選中送去展覽，他十分樂於炫耀那枚印有鐮刀和錘子的徽章。他也表示支持習近平號召文藝工作者下鄉「再教育」的運動——習近平說，藝術家接受文藝「整風」運動，就能在接觸鄉土人民的過程中，「樹立正確的文藝觀。」但是，張思永又表示，他本人不需要下鄉接受農民的再教育，因爲他本來就是江西鄉下的苦孩子，幼年喪父，由寡母養大，而且他本人從未與鄉下斷過聯繫。

從派屈克書中這些飛黃騰達的「前鼠族」的故事可以看出，數百萬計「鼠族」都在這條成功的羊腸小道上奪命狂奔，跑到終點的只有寥寥無幾的極少數。在中國，成功固然需要才華和韌性，更需要野心和狡詐，以及對各種潛規則和厚黑學倒背如流、運用自如。中國太大了，在黨國的盛宴上，只要能分到一點殘羹冷炙，就可腦滿腸肥、神采飛揚。

中國總理李克強在二〇二〇年的全國人民代表大會上承認，有超過六億中國人月薪不足一千元人民幣，連租房的錢都不夠。換言之，中國有六億人差不多屬於「鼠族」或「低端人口」，占人口的將近一半左右。派屈克的書中所寫的「鼠族」的故事，只是冰山一角，每年還會有更多中國人加入到「鼠族」大軍之中。

29 為什麼說習近平是史達林的繼承人？

——《史達林：從革命者到獨裁者》

缺乏責任感與良知的論者和政治人物別有用心地渲染、利用史達林神話。這個歷史無知與社會不滿的綜合體有多危險呢？

——奧列格・賀列夫紐克

習近平不滿足於當毛二世，要當史達林的繼承人

前白宮國家安全顧問波頓出版新書，批評川普總統對習近平妥協，希望習近平通過大量購買美國農產品來幫助其實現競選連任成功。很多反對川普的人對波頓的書推崇備至，其實他們並不欣賞波頓，只是波頓爲他們仇恨川普的心理提供了足夠的證據

和彈藥。然而，波頓的致命錯誤在於，他沒有搞清楚國家安全顧問這個職務的職業倫理是什麼。擔任這個職務的人是執行和貫徹總統的思想與戰略（當然，他也可以提出其建議），而不是強迫總統全盤接受其思想和戰略——如果他比總統高明，乾脆由他來當總統好了。

波頓對川普政府對華政策的批評是無中生有，因爲他的繼任者比他更強硬——波頓在任上時，從未公開顯示此種強硬立場。二〇二〇年六月二十四日，現任白宮國家安全顧問奧布萊恩在亞利桑那州鳳凰城對二十多位企業領袖們發表了近三十分鐘的對華政策演說，嚴厲批評中共在中國的極權主義統治及對世界輸出意識形態的擴張計畫，並對過去美國的對華政策提出全面反思與糾正：

此前，隨著中國變得更加富裕、更加強大，我們認爲中共會自由化，去滿足其人民日益增長的民主願望。這是一個大膽和典型的美國想法。它出自我們先天的樂觀主義和我們戰勝蘇聯共產主義的經歷。不幸的是，這也證明太過天真。

他指出：「這個誤判是美國外交政策三〇年代以來最大的失敗。」而美國之所以會誤判，是忽視了中共的意識形態特質。這是迄今爲止，美國官方對美國對華政策最徹底最深刻的反省，將時間節點上溯到三〇年代，也就是說，美國當年在中日戰爭中偏向中國、對日本實行戰略物資禁運、日本由此偷襲珍珠港引發太平洋戰爭，這一段歷史也有重新闡釋和評估的可能性。

奧布萊恩抨擊中共打壓異議人士，將數百萬維吾爾人和其他少數民族人士關進再教育營接受政治洗腦，中共還透過國家駭客竊取數千萬美國公民的個人資料，「中共就是希望知道有關你們的任何事情，就像他知道中國公民的每件事情一樣。」他誓言：「川普政府將揭露中共的理念與陰謀，不只針對香港或臺灣，而是針對全世界。川普總統明白永久的和平，來自自身的強大。美國是世上最強大的國家，我們不會向中共低頭。」顯然，奧布萊恩的強硬立場得到了川普的支持和授權。

奧布萊恩在演說中細數川普政府已對中共採取的七大反擊措施，包含對華爲的禁令、國務院將九家中國官媒列爲外國使團、針對壓迫新疆人權的二十一個中國政府實體及十六個中國公司祭出出口禁令、因世衛組織受中國控制而終結美國與世衛組織的關係、限制解放軍背景的學生簽證、暫停美聯邦退休基金對中國股票投資計畫以及由國防部列出多家被解放軍操控的公司清單。他表示，這一系列對付中共的措施只是剛開始，更多的制裁措施將陸續出臺。

該演說最大的亮點是奧布萊恩表示：「中國共產黨是馬克思列寧主義機構，黨的總書記習近平將自己視爲史達林的繼任者。中共力求全面控制人民生活，包含經濟、政治和人身的控制，還有最重要的對思想的控制。」習近平思想控制的野心不僅限於本國人民，還企圖控制全世界。這是美國政府內閣級官員首次點名批評「老大哥」習近平，且將習近平與史達林相提並論——毛澤東一輩子也趕不上史達林的是，史達林生前確實是共產世界獨一無二、呼風喚雨的領袖。奧布萊恩準確地點出習近平最大的野心不是成爲毛澤東，而是成爲史達林，習近平要成爲反美和反西方的世界級領袖，要讓中國傳統的天下體制和共產極權主義征服全世界。所以，理解習近平，僅僅理解毛澤東是不夠的，還必須理解史達林。理解史達林，就必須讀俄羅斯歷史學家奧列格·賀列夫紐克的《史達林：從革命者到獨裁者》一書，這是迄今爲止最好的一本史達林傳記。

特務治國和將特務當作替罪羊

奧列格·賀列夫紐克是莫斯科「俄羅斯國家檔案館」資深研究員，專長領域爲史達林主義，研究史達林逾二十年。他以新近公開或解密的檔案史料，諸如史達林私人信件、備忘便條、政治局文件、國安機構資料等爲基礎，建立史達林時期的蘇聯論述。他指出，史達林統治蘇聯的秘訣，首先是特務治國。這既是史達林的權力運作模式之一，也跟其性格和品質息息相關。大量檔案資料都印證了史達林統治的恐怖、懲罰及報復性質，這些資料足以讓人有如下的強烈感覺——史達林親自組織恐怖行動，不僅是因爲「公務需要」。顯而易見，權力的黑暗與血腥場面十分吸引史達林，他從中得到不少樂趣，甚至心靈上的滿足。史達林沉浸在暴力、挑釁與殺戮的世界，病態的多疑性格因爲這血腥的「滋養」而愈發強化。由於堅信敵人無所不在，他可以輕易發動大規模的暴行。毋庸置疑，上述史達林的個人特質是二〇到五〇年代恐怖政治的重要元素。

史達林用特務治國，卻也時不時將特務拋出作爲「平息民憤」的替罪羊。在羅馬帝國和鄂圖曼帝國的歷史上，很多皇帝或蘇丹都成爲近衛軍的傀儡或玩偶，近衛軍任意廢黜並殺害皇帝或蘇丹，推舉其他皇族或將軍取而代之。史達林絕不會讓此情形發生，他十分倚重國安及懲治機器，卻沒讓自己成爲它的人質。他授意國安單位執行各種骯髒的任務，與此同時也十分清楚，自己操的是把「革命雙面刃」——他有可能被反砍一刀。爲了有效牽制特務人員，他採取的主要手段是不定期地施行「人員淘汰」，並在特務圈內搞相互迫害。在這方面，史達林甚至有一套自己的理論，他當面告訴國家安全部部長伊格納切夫：「特務人員只有兩條路可走——要不升官，要不進牢。」

從一九三八年年底到一九三九年年初，大恐怖即將結束之際，史達林啓動了「預防性退場機制」，殺人不眨眼的特務頭子葉若夫遭到撤職並迅速被處決。史達林曾對飛機設計師雅科夫列夫解釋迫害行動的原因：「葉若夫卑鄙下流！他害死了很多無辜的人。所以，我們把他槍斃了。」實際上，對列寧時代的元老動手，哪裏是葉若夫的權限？情況完全在史達林的控制下：迫害力道需要加強、減弱或完全終止迫害，都由他掌控。他把國安單位和黨機構牢牢抓在手裏。所有關入勞改營或執行死刑的判決都由莫斯科做最終裁定。

從來沒有任何一個秘密警察頭子有過背叛史達林、自立爲王的想法，他們每一個人都對史達林忠心耿耿，但史達林並未因此放過他們。史達林時代的秘密警察頭子沒有一個得到善終，如果不是史達林突然去世，貝利亞將是下一個替罪羊——史達林已著手搜集貝利亞的黑材料了。不過，貝利亞逃脫了史達林的整肅，卻被其政治局同僚們聯手逮捕並處決。

與史達林不同，毛澤東更偏愛用「汪洋大海般的人民戰爭」的手段來治國，人民戰爭比警察國家管用。習近平則融合史達林和毛澤東的手段，又利用數位科技，打造了密不透風的警察國家。正如媒體人劉維尼描述得那樣：「對於統治者來說，讓民眾恐懼，是最安全的模式。在愛這個政府完全不可能的情況下，讓你沒有任何尊嚴，讓你怕它，理所當然。中國獨特的地鐵安檢，就是出於這個目的：消磨你的自我認知，讓你從消費者、服務購買者變成被管理者、服從者。能不能乘坐？不取決於你花錢買了票，更取決於某些人允不允許。」在所謂的抗疫運動中，當局召集了數百萬計的所謂志願者在各個社區和村莊、街頭巷尾建立崗哨，或禁止居民出入，或檢測體溫，或掃描手機中的健康碼，他們比警察還管用。

而警察在維穩大業中的角色明顯變得更加吃重。習近平掌權以來，對被其稱爲「刀把子」的安全部門的清洗強度，超過軍隊，也超過了包括毛時代的中共歷史上的任何時期。毛時代，羅瑞卿等幾任公安部長都被清洗，但作爲更高層的特務頭子的周恩來和康生等人巋然不動。習近平廢除了後毛時代「刑不上常委」的潛規則，將「政法沙皇」周永康拿下，將身兼國際刑警組織主席的公安部副部長孟宏偉以及負責國內政治保衛（國保）的公安部副部長孫力軍以腐敗罪抓捕審判——後者是曾任政治局委員、中央政法委書記的孟建柱的秘書，孟建柱亦岌岌可危。這些共產黨酷吏重蹈了武則天時代酷吏「請君入甕」的覆轍，而更多的酷吏還在爭先恐後地上位。

經濟不是一個獨立的部門，經濟必須爲政治服務

被海耶克稱讚爲「與韋伯和米塞斯並肩的、社會主義經濟問題的頂級研究者」的俄國經濟學家布魯茲庫斯，是最早解釋計畫經濟必然造成巨大災難的學者，因此被剛剛奪取的布爾什維克放逐海外。布魯茲庫斯敏銳地指出：「正是在社會主義制度下，不僅在政治生活中，而且在經濟生活中，全能國家露出其面向。象徵霍布斯筆下徹底吸乾人之個性的利維坦巨怪的，既不是舊時西方的君主主義國家，也不是當代的民主主義國家，而是社會主義國家。」

奧列格·賀列夫紐克寫道，史達林沒有經濟領域的專業素養和實務經驗，卻偏好用暴力手段和行政高壓解決問題。他堅信執政者可以用相對省事的方法，肆無忌憚地強迫經濟爲政治服務。他在經濟上的非常手段，往往帶有明顯的政治目的。比如，史達林制定的第一個五年計畫以及農業合作化政策，是爲了鞏固其權力，將布哈林等溫

和派力量掃除掉。至於這樣的經濟政策造成什麼局面，不是史達林所關注的焦點。結果是顯而易見的：第一個五年計畫（以及後續的所有五年計畫），打造的是低效率、高成本、低創新的工業化模式。

在農村，農業合作化運動造成帝俄時代不曾有過的大饑荒。大饑荒於一九三二到一九三三年達到高峰，總死亡人數約五百萬到七百萬人。奧列格·賀列夫紐克將其稱爲「史達林饑荒」，因爲正是史達林的政策造成了饑荒，饑荒是史達林強力工業化和農業集體化政策的必然結果，而饑荒情況將變好或變壞，主要取決於決策者史達林的一念之差。從經濟生產的角度看，不合理的集體農場制度在效益上難以取代所謂的「富農」。不過，正是因爲有集體農場，國家才能相對容易地從農村榨取資源。

與之相比，中國的大饑荒死亡人數大約是蘇聯的五至十倍，也可稱之爲「毛澤東的大饑荒」。習近平向毛澤東和史達林學習，爲達成其政治目標而大肆破壞經濟規模，如強力推動「國進民退」政策。《外交政策》雜誌主編喬納森·泰珀曼在〈中國的大躍退〉一文中指出：「在反腐的幌子下，習近平主席實際上有計劃有步驟地廢除了使中國經濟過去四十年的驚人增長成爲可能的每一項改革。由於他正在摧毀使中國奇蹟得以成功發生的許多機制，這個國家面臨經濟成果得而復失的危險，在政治上正朝著一個低效無能、脆弱好鬥的警察國家演變（不妨想想一個相對開放的巨型版朝鮮）。應該對此感到擔憂的不僅僅是十四億中國公民，還有我們所有人。」

習近平將傳統上由總理主導經濟政策的權力收歸自有，總理李克強除了提倡「地攤經濟」之外，什麼也做不了。喬納森·泰珀曼指出，由於個人專制的獨裁統治必然不喜歡承認錯誤——它不允許有任何東西來破壞無所不能的領導者的神話——中國很可能不再具有靈活的糾錯能力，也無力對付拖累經濟的一些根本問題，諸如：過度依賴臃腫和低效的國有企業，這些企業自習近平上任以來變得更大和更有權力；危險的高債務，尤其是地方政府的債務；向不必要的基礎建設注入更多現金，以應對經濟衰退的趨勢。事實上，習近平不可能解決任何上述問題，反倒使它們愈發嚴重。如果不進行改革，隨著每一次新的破壞預算的行爲，中國發生一場異常嚴重的經濟危機的可能性持續上升。摩根士丹利新興市場股負責人魯奇爾·夏爾馬預測說：「最要緊的問題是，像壞帳、過熱的房地產市場、超大型國有企業之類定時炸彈中的任何一枚會不會爆炸。」經濟學家加布埃夫指出：「由於習近平的集權，即使有炸彈即將爆炸，也沒人會發出預警。而且因爲他實際上並不太懂宏觀經濟學，所有人又都特別害怕犯上，一旦這類問題發生，他極有可能應對失當。」這些看法在這一點上是一致的：習近平如同庸醫，加速了中國這個病人的死亡。

史達林沒有完成的第三次世界大戰，習近平會開打嗎？

習近平效法史達林的第三個方面就是「好戰分子」。

史達林對多場大規模的戰爭負有不可推卸的責任，比如對芬蘭的戰爭、吞併波蘭的戰爭及第二次世界大戰。第二次世界大戰的元兇不單單是希特勒和日本天皇，史達林也是罪魁——史達林將自己設定爲受害者及反法西斯主義者，他相信勝利者可以僞造歷史。俄羅斯總統普丁不惜冒著武漢肺炎病毒擴散的風險也要在紅場舉辦紀念二戰勝利的大閱兵，並對《希特勒—史達林條約》，也稱《蘇德互不侵犯條約》、《莫洛托夫—里賓特洛甫條約》，做輕描淡寫的處理。蘇聯及俄羅斯閉口不談的歷史眞相是：該條約包含秘密協議，確定德蘇之間的新邊界以及對波蘭和東歐的瓜分。普丁在最近的一篇文章中散布無恥的謊言：「人們不應指責莫斯科通過《莫洛托夫—里賓特洛甫條約》吞併了波羅的海國家，是這些國家依據其『民選政府』的決定，『自願』加入了蘇聯。」波昂大學歷史學家瑪克霍緹娜指出：「《蘇德互不侵犯條約》這個秘密協議是違法國際法的。在決定小國命運時，蘇聯和德國都打出武力牌，瓜分了外國領土。」

韓戰也是史達林一手策動的。一九五〇年四月十日，金日成被召到莫斯科，與史達林一起擬定具體的軍事計畫、排出了時程。根據史達林在克里姆林宮辦公室的登記簿記載，當天晚上九點十分，金日成等進入辦公室，參與會談的蘇聯高級官員還有莫洛托夫、馬林科夫等人。金日成在莫斯科停留十五天，當然不是遊山玩水，而是完成戰爭籌備，史達林同意給予其大量武器和物資援助，毛澤東卻一直被蒙在鼓裏，直到開戰前夕才被告之。

冷戰史專家沈志華認爲，史達林希望透過支持金日成的統一戰爭，控制朝鮮半島的不凍港，讓蘇聯在遠東獲得戰略利益的基點。史達林最初的預測是，美國不會出手，北韓可迅速完成統一，造成讓西方被迫接受的既成事實。但美國出兵迅速扭轉了戰局。史達林不願蘇聯參戰，便誘騙中國出兵。毛澤東屈服於史達林的壓力，同時藉此滿足他在共產主義陣營及國際舞臺一顯身手的虛榮心。

史達林冷酷無情，對戰爭造成人生命的損失毫不在意，他曾告訴周恩來：「這場戰爭給美國人帶來很大的麻煩。北韓人沒有輸掉什麼，除了有人命犧牲外。要有毅力、耐心。這是大事業。」史達林生前拒絕與聯合國軍達成停戰協定，使戰爭不必要地延長了一年多，增加了數十萬軍人和平民的傷亡。這場戰爭的結果是，北韓依照史達林模式，建立了人類史上最殘酷的獨裁政權之一，金氏家族三代世襲，其史達林式政權一直延續至今。

奧列格·賀列夫紐克認爲，韓戰讓史達林全身全心地投入第三次世界大戰的準備工作，大幅度提升他能動用的軍事力量。一九四九年初，蘇軍人數爲兩百九十萬，到了一九五三年，該數據就成長了整整一倍，達到五百八十萬。史達林還大力發展核武器及其運輸系統、火箭與噴射機等。一九五三年二月，他批准了空軍和海軍擴張計畫。第一個計畫要求在一九五五年底前打造一百零六個師的轟炸部隊，並生產一萬零二百架飛機。同時，大量打造重型和中型巡洋艦，建立可以跟美國抗衡的海軍。可以說，史達林採取了納粹德國發動二戰的策略，企圖發起第三次世界大戰。

這也正是今天習近平正在做的事情，習近平擁有與史達林一樣的對戰爭的狂熱，習近平時代中國軍費的增長得到一個新的高峰，鷹派將領也更放肆地發出動武信號。美國國防部在「二〇一九年中國軍力評估報告」中指出，中國軍力正在多個關鍵領域謀求縮小與美軍的差距。中國繼續在斯普拉特利群島（中國稱南沙群島）上實施軍事化，包括部署反艦、防空導彈系統。中國利用間諜滲透以偷取美國的國家機密和科學技術，在各方面積極與美軍競爭。中國計畫在世界各地打造更多軍事基地以保障其「一帶一路」在各國的建設投資，像是中東地區、東南亞及西太平洋地區等，中國擴張勢力的動作非常明顯。美國海軍作戰部副部長莫蘭上將在國會聽證會上指出，中國正在水下作戰領域投入大量資源，包括將岸邊、海上、太空、天空和海底探測器融爲一體，建設海底預警和探測系統。有媒體報導，中國已開始秘密修建第一艘核動力航空母艦。因此，美國前所未有地將三大航空母艦戰鬥群部署在亞太地區，在二〇二〇年美國獨立日，更有兩大航空母艦戰鬥群以聯合軍演的方式紀念獨立日並對中國發出明確的威懾信號，美方將毫不猶豫地爲保障印度洋和太平洋的自由航權而戰。

奧布萊恩將習近平與史達林相提並論，並非空穴來風。習近平今日的窮兵黷武，跟當年的史達林如出一轍，而習近平留在歷史上的名聲，必然會跟史達林一樣臭名昭著。

30 如果中國偷襲珍珠港，下場會比日本更慘

——《幽靈艦隊：中美決戰二〇二六》

中國若在南海設置防空識別區（ADIZ），不僅將影響美國太平洋空軍，更將影響所有國家，事實上是與所有國家對立。更重要的是，中國的作法確實違反了國際秩序和規範。

——美國空軍參謀長布朗

中國已經上升爲美國的首要敵人

據《彭博商業週刊》爆料，包括蘋果、亞馬遜等近三十家美國科技企業，都被中國情報機構植入一種微型「惡意晶片」。如此一來，中方就能不費吹灰之力，秘密訪

問這些企業的內網。

此種微型晶片小如削尖的鉛筆尖，結合了記憶體、網路能力和足夠的處理能力，被中國工廠放進全球最大主機板銷售商美超微的主機板裏。它們可以破壞服務器，進入數十家公司的資料中心。當安裝並打開服務器時，微晶片改變作業系統的核心，使其接受修改，並連接攻擊者控制的電腦，尋找指令和代碼。雖然蘋果和亞馬遜對此加以否認，但技術專家指出，中國有能力做到這一點，美國及西方的「開放社會」非常容易並確實受到來自中國的網路攻擊。

與此同時，美國國家安全顧問波頓在接受媒體採訪時，批評前歐巴馬政府的對華政策軟弱，在貿易和南中國海軍事化等問題上欠帳太多。他說，川普政府將中國視爲本世紀的重大議題。中共需要明白，美國決心讓國際海上通道暢通無阻。美國正在與英國和澳大利亞等同盟國攜手，加強在南中國海的航行，南中國海不是中國的一個省，今後也不會是。

此前，一艘中國軍艦在南中國海挑釁正在執行自由航行任務的美國「迪凱特號」軍艦，兩艦相距僅有不到四十五碼（約四十一公尺），迫使美方軍艦迅速採取避撞動作。美國政府表示，這是中國的行爲極度危險的一個例證。美方不會容忍中共威脅美國軍人，按照美國海軍交戰規定，指揮官有權保護自己的戰艦。在南中國海的問題上，美國決心維護國際航道暢通無阻。這種危險動作顯然不是中國軍方自己大膽妄爲，習近平早已清洗了軍方高層，讓軍隊對其服服貼貼。軍方若沒有得到習近平的授權，中國軍方不會如此輕舉妄動。

美國的軍事重心已從歐洲轉向亞太地區，顯示美國將中國看作是超過俄國的頭號敵人。據美國《國家利益》雜誌報導，太平洋空軍總部空中和網路空間行動主任威廉姆斯少將在一份聲明中說：「B-2幽靈轟炸機首次部署（在珍珠港—希卡姆聯合基地），顯示空軍在世界任何地方投射炸彈能力的戰略靈活性。」

美國陸軍駐歐洲前最高司令本·霍奇斯將軍也曾發出警告，美國與中國未來在太平洋爆發戰爭衝突的可能性很大。這位將軍在出席華沙安全論壇時表示，「我認爲未來十五年，並不是完全不可避免，但爆發的可能性極高，我們極可能要跟中國打一場戰爭。」

這一系列關於中美關係惡化、進入某種「超冷戰」狀態的消息，讓彼得·辛格與奧格斯·柯爾合著的小說《幽靈艦隊：中美決戰二〇二六》看起來頗有幾分眞實性。

彼得·辛格爲美國戰略學者及全球研究二十一世紀戰爭變化的權威專家之一，曾被

《外交政策》雜誌提名爲全球百位思想家之一。奧格斯·柯爾曾任華爾街日報軍事記者，現爲美國大西洋理事會和西點軍校的資深研究員，他最爲人知的作品，是撰寫駭客成功竊取美國F-35戰機機密設計資料的新聞報導。他們兩人客串寫小說，也跟一般的小說不同——後面附錄了密密麻麻的關於新式武器的註釋。

《幽靈艦隊》一書描述了一場虛構的「未來中美大戰」，一出版立即風靡美國，更在美軍內部引起巨大迴響：不僅入選美軍的推薦讀書單，還被寫進動態簡報，爲白宮國家安全委員會提供決策參考。《外交政策》雜誌認爲這本書「觸動了五角大廈的心弦」，讓美軍官兵警醒，去思考該如何應對數字時代的大國衝突。美國退役海軍上將史塔伏瑞迪斯評論說：「作者刻劃出一個合理、驚悚卻完美的意境，剖析在近期內如發生戰爭的話會是甚麼樣子。這本引人入勝的小說，透視高科技和地緣政治未來趨勢，是未來作戰的起始藍圖，必須馬上就翻閱。」

中美之戰不在臺灣，而在珍珠港打響

晚近一百多年以來，美國國土唯一一次受到來自外國的軍事攻擊，是日本偷襲珍珠港（九一一恐怖襲擊事件本身算不上是一場戰爭）——不過，日軍發起偷襲時，夏威夷尚未正式成爲美國的一個州；而偷襲之後，日本的遠征艦隊迅速逃離現場，日軍並沒有意願與能力占領和統治夏威夷諸島。

以單一的一場戰役而論，日本偷襲珍珠港確實取得了巨大勝利。但是，正如英國歷史學家伊恩·克肖所說，「雖然日本領導人知道如果不能速勝，與美國的戰爭很可能爲國家招致災難，但國家尊嚴不允許日本從南進戰略或者侵華戰略中後退。由此不僅珍珠港，而且廣島和長崎的命運都已經註定了。」日本海軍聯合艦隊司令官山本五十六知道，一旦被激怒的美國以舉國之力發起反擊，日本根本不可能獲勝。作爲海軍領導人，山本五十六是知道和美國作戰後果的，因爲在早期，在美國留學的山本對美國的實力十分清楚。一九四〇年，首相近衛文麿問起開戰前景時，山本坦言：「一年半年沒有問題，兩年三年就沒有把握了。三國條約已經簽了，誰也沒有辦法。」果然，珍珠港偷襲之後，日本的「大東亞共榮圈」就只剩下三年多的壽命了。更具諷刺意味的是，在二戰中戰敗，反倒成爲日本重獲新生的起點：「當那場可怕的戰爭結束之後，日本在經濟上比戰前所害怕的更加依賴美國，日本也的確喪失了大國地位，被剝奪了軍事能力；但是，漸漸地，日本卻達到了戰前那段混亂歲月裏人民從來不敢想像的繁榮程度。」

如今，日本是美國在亞洲最親密的盟友。與那段已經逝去的歷史形成有趣的對照，在小說《幽靈艦隊》中，美國的強敵變成了中國，美國與中國開戰，不是從臺灣開始，而是在夏威夷。這場戰爭的烈度遠勝於昔日日本偷襲珍珠港：首先是中國的「天宮三號」太空站對美國多個衛星系統發起攻擊，然後是遠在上海的中國駭客們引爆早已植入美國電腦網路的病毒，接著是夏威夷歐胡島上的美軍基地、港口和艦船遭到魚雷、導彈的輪番攻擊，毫無還手之力——這是一場旨在先發制人的陸海空天網「一體化戰爭」。

小說描繪了如同戰爭鏡頭般的畫面：夏威夷的軍港和基地，那些正在品嘗咖啡、玩著遊戲的美國軍人們，目瞪口呆看著「林肯號」核動力航母在爆炸產生的氣浪中晃動，軍艦冒著黑煙、燒起大火，船體分崩離析；一位美國海軍陸戰隊飛行員終於登上戰機，卻在空中看到他所在中隊的戰機碎片般散落地面，自己成了唯一升空作戰的飛行員；如螞蟻般登陸的中國戰車長驅直入，直抵熙熙攘攘的鬧市區，一夜之間，夏威夷淪陷了，並被中國設置爲「中國夏威夷特別行政區」。少數倖存的美軍官兵，被迫在自己的國土上以「游擊隊」的身分作戰，這可是美軍自從建軍以來從未有過的經驗；而失去太空和網路控制權、制空權和制海權的美國，一時間無力從本土派遣軍隊收復夏威夷。

經過一番臥薪嘗膽式的奮鬥，美軍發起反擊、收復夏威夷、反敗爲勝，全靠「幽靈艦隊」的主力艦朱庇特號——它彷彿是二戰時代的遺物，沒有安裝早已被中國滲透和控制的網路設備，卻裝備了殺手鐧——火力強大的新式磁軌炮。這種新式武器並非作者的異想天開。早在雷根在任期間，美軍就提出利用磁軌炮擊落核導彈的設想，但因該計畫耗資巨大，一度中止。到了二〇一七年，磁軌炮研製成功，它會讓砲彈在槍筒內一直加速，經過十公尺長的槍筒後，炮彈發射速度高達每小時七千公里，秒速達兩公里。磁軌炮可有效地攻擊幾乎所有物體——坦克、飛機、軍艦、恐怖分子基地，甚至各類導彈。磁軌炮讓二戰後期被空軍打得毫無招架之力的大型艦艇重振雄風，更讓美國海軍重新回到被中國當作內海的太平洋。

沒有共產黨的中國仍然是危險的霸權？

在中國國內及海外，有一批「反共專業戶」，號稱反共不反中、反共不反華。意思是說，共產黨是壞的，中國或中華是好的，只要推翻共產黨統治，則民主、自由、共和、法治皆可從天而降。我並不如此樂觀——沒有共產黨的中國未必能順利成爲民主國家陣營之一員，未必能容忍臺灣、香港、西藏和新疆等地以公投的方式走向獨立，更未必會像二戰之後的日本那樣成爲美國在亞洲的忠實盟友。

《幽靈艦隊》中的中國，不再是共產黨統治的中國，而是由「執政委員會」統治的中國。在二〇二六年之前的那場世界經濟危機中，中國共產黨領導班子跟不上時代變化的腳步。他們犯了「召軍隊進城、鎮壓城市工人暴動」的大錯，認爲可以像一九八九年那次一樣，讓軍隊替他們幹那些骯髒事。沒有想到，比過去專業的一代軍人與商界菁英，對這個問題的看法與共產黨不一樣。在少壯派軍人與商界菁英眼中，那些靠繼承黨權的「太子黨」貪污腐敗，只會搞裙帶關係，對中國安定的威脅尤甚於暴民。因此，少壯派軍人發動一次政變，將共產黨趕下臺，取而代之的是少壯派軍人與商界菁英共同組成的「執政委員會」。商界大亨與軍方劃分規則與角色，資本主義與民族主義攜手共進。新政權更得人心，能力更強，但走的是技術官僚和民族主義的路線，其領導人比習近平聰明，卻絲毫不比習近平善良和民主。

「執政委員會」派遣一支能源考察隊，在馬里亞納海溝附近發現了世界上儲藏量最大的石油天然氣。誰控制能源，誰就掌握未來，這一發現促使「執政委員會」對美開戰。熟讀《孫子兵法》的海軍將領王先謙宣稱，「再深的水我們也得淌，因爲別無選擇。」於是，一場旨在征服夏威夷，將美國趕回美洲，然後由中國獨占太平洋能源的戰爭爆發了。

長期紙醉金迷的美國，失去了夏威夷，失去了太平洋，失去了對天空、太空和網路世界的控制，只能吞下夏威夷被中國占領的痛楚，根本不敢發動下一波的攻勢，「如果船艦一出海就會被擊沉，他們會讓船艦出海嗎？如果飛機一升空就會被擊落，他們會讓飛機升空嗎？」

大獲全勝的海軍上將王先謙，因爲替中國打下前所未有的「生存空間」，被視爲民族英雄。「執政委員會」也獲得足夠的民意支持——就像當年德國人對希特勒和納粹黨的支持，不是因爲「國家社會主義工人黨」的意識形態內涵，而是因爲德國占領的土地超過了羅馬帝國和拿破崙帝國。

這個小說中的細節揭示了中國政權的本質——馬列主義和毛澤東思想已褪色爲一塊千瘡百孔的遮羞布，民族主義及霸權擴張才是大部分中國人相信的意識形態。這一點跟當年的蘇聯一模一樣。美國戰略家、外交官喬治·肯楠曾指出：必須記住，統治俄國的狂徒「繼承了沙皇時期的許多傳統」，他們掌權之後「對整個資本主義世界充滿痛恨、憎惡與難以消弭的敵意」。莫斯科眞正的威脅不是馬克思主義的意識形態，克里姆林宮所追求的不是更多的共產主義，而是更多蘇聯的控制，建立「會順從他們本身的影響力與威權的政府」。史達林們「無意」看到各國往社會主義體制移動，「除非在承認莫斯科權威的那些人的指導之下。」肯楠認爲，即使在美國發生共產主義革命，「克里姆林宮那批人唯一的反應也會是將它歸爲一種法西斯主義，除非那場革命是由他們所控制的人領導的。」

此分析也符合中共以「特別是習近平政權」的特質。一方面，習近平比毛澤東更像史達林，習近平比毛澤東更仇恨資本主義、尤其反美；另一方面，對於習近平來說，不要說共產主義，甚至連民族主義都只是一套自欺欺人的說法，他是「庸俗的實用主義和狡詐的機會主義」的混合體。

民主和自由需要軍事實力來捍衛

在現實世界中，中國若要攻打夏威夷，必定先攻打臺灣。如此，中國才能突破太平洋第一島鏈之封鎖。解放軍退役中將、原南京軍區副司令員王洪光在環球時報撰文宣布，中國的主要攻臺部隊幾十年來一直「枕戈待旦」，戰備等級極高，一旦臺海開戰，「臺軍最多堅持個把星期，我軍指戰員就能坐在臺北街角喝凍頂烏龍茶了。」可見，戰爭的陰影並未遠去，若要避免《幽靈艦隊》中夏威夷淪陷的可怕情形出現，美國及其盟友必須堅定地遏制、圍堵乃至解體中國。

頗有諷刺意味的是，《幽靈艦隊》這本帶有娛樂性質的小說，讓中共官方和軍方心驚肉跳。《解放軍報》和中國國防部的網站上，發表多篇反駁的文章。代表官方立場的一位化名作者寫道：「作爲一本積極推銷美國價值觀和戰爭方式的虛擬故事，該書充滿了傲慢的道德優越感和意識形態偏見。在《幽靈艦隊》一書中，『先發制人』赫然成了中國手中的利器，美國搖身一變成了『受害者』；現實世界裏，操縱國際油價大打石油戰爭公認是美國自己，到了小說裏，爲了油氣資源不惜發起戰爭卻變成了中國。」這位作者不會承認中國在中亞、非洲和南美掠奪能源的事實——中國作爲「新殖民者」早已聲名狼藉。

在美國國內，季辛吉和鮑爾森等「擁抱熊貓派」不會喜歡這本書，在川普政府中占據上風的「屠龍派」則愛不釋手。曾擔任川普政府副國家安全顧問的麥克法蘭指出，川普的國防思路來自於雷根總統的名言「我們相信，要實現持久和平，只能靠實力而不能靠我們對手的善意」，她批評了過去十六年來美國政府對國防的忽視：

我們加強國防建設，這樣我們就可以不要用它。這是威懾力量的本質，這是透過實力謀求和平」。不是說，建立了軍事力量，你就要用它，你加強國防建設，這樣沒有人來尋求戰爭，這也是雷根政府的戰略。

麥克法蘭認爲，川普將延續雷根增加軍備的首要政策，「這不是通過投降或是征服來謀求和平，而是透過經濟力量、軍事力量、外交力量和道德力量，所有這些加在一起。我們現在有機會再來一次。」美國軍事及情報部門的領軍人物，一致將中國看作是最危險也最強大的敵人。在此背景之下，小說《幽靈艦隊》不單單是一本休閒讀物，而具有了「戰略策劃書」一般的地位。

和平要靠實力來謀求，自由也要靠實力來捍衛。跟獨裁者和獨裁國家講道理是講不通的。當年，二戰硝煙尚未散去，外交官和戰略家喬治·肯楠第一個意識到，蘇俄將在全球範圍內索求無度，對美國而言，嘗試姑息只會換來「更進一步無恥的讓步要求」。反之，只要擁有優越的武力，要對付蘇聯的勢力範圍是有可能的。作法必須雙軌並行：「這是我們的政治與軍事力量操控的問題，要讓俄國人永遠面對的是優越的實力。」肯楠相信，蘇聯領導人「雖然是政治賭徒，面對軍事力量的現實時就不敢賭了。」

今天，包括《幽靈艦隊》的兩位作者在內的很多美國戰略家和決策者，都秉承肯楠的「遏制」戰略——只是「遏制」的對象從蘇聯變成了中國。美方絕非杞人憂天：習近平政權正在以前所未有的速度增加軍費，建造先進的戰艦和飛機——其核心技術是從美國竊取而來，多年以來，中國的竊賊們在美國登堂入室，連偷帶搶。

川普總統斬釘截鐵地宣布，美國不會再中門大開了，中國的「好日子」走到盡頭了！

書籍索引

No.	書名	作者	出版社	地點	時間
1	總統川普	川普	時報文化	臺灣	2017
2	交易的藝術	川普	人民日報	中國	2003
3	永不放棄	川普	上海譯文	中國	2016
4	川普、清崎讓你賺大錢	川普、清崎	商周出版	臺灣	2007
5	你錄取了：美國傳奇大亨的五十個致勝思維	川普	經濟日報	臺灣	2011
6	美國秩序的根基	拉塞爾·柯克	江蘇鳳凰文藝	中國	2018
7	美國精神的封閉	艾倫·布魯姆	譯林	中國	2011
8	耶魯的上帝與人	小威廉·法蘭克·巴克利	江西人民	中國	2015
9	無政府、國家、烏托邦	諾齊克	時報出版	臺灣	2019
10	當我們被困在同一艘船上	塔克·卡森	好優文化	臺灣	2019

No.	書名	作者	出版社	地點	時間
11	絕望者之歌	傑德·凡斯	八旗文化	臺灣	2017
12	狂妄而務實的川普要什麼？	丹尼爾·奎恩·密斯、史蒂芬·羅斯菲爾德	好優文化	臺灣	2018
13	美國如何丟掉世界：後冷戰時代美國外交政策的致命錯誤	麥可·曼德爾邦	八旗文化	臺灣	2019
14	美國的反智傳統	霍夫士達特	八旗文化	臺灣	2018
15	恐懼：川普入主白宮	鮑布·伍華德	遠流	臺灣	2019
16	站上十三億人的頂端：習近平掌權之路	峯村健司	聯經出版	臺灣	2016
17	拷問中國：兼論習近平論文剽竊事證	鍾祖康	允晨文化	臺灣	2014
18	習近平大棋局：後極權轉型的極限	徐斯儉等	左岸文化	臺灣	2016
19	與習近平聊聊臺灣和中國	范疇	八旗文化	臺灣	2015
20	把脈中國：對習近平的第一手觀察	林洸耀	天下文化	臺灣	2016

No.	書名	作者	出版社	地點	時間
21	習近平與新中國	易明	天下文化	臺灣	2019
22	中國的未來	沈大偉	好優文化	臺灣	2018
23	出賣中國	裴敏欣	八旗文化	臺灣	2019
24	權力的劇場：中共黨代會的制度運作	吳國光	香港中文大學	香港	2018
25	十八個囚徒與兩個香港人的越獄	廖亦武	允晨文化	臺灣	2020
26	工廠女孩	張彤禾	樂果文化	臺灣	2013
27	尋租中國：臺商、廣東模式與全球資本主義	吳介民	臺灣大學出版中心	臺灣	2019
28	低端人口	派屈克·聖保羅	聯經出版	臺灣	2018
29	史達林：從革命者到獨裁者	奧列格·賀列夫紐克	左岸文化	臺灣	2019
30	幽靈艦隊：中美決戰二〇二六	彼得·辛格、奧格斯·柯爾	八旗文化	臺灣	2016

余杰臺灣出版著述目錄

時間	書名	出版社
二〇〇八年	《彷徨英雄路：轉型時代知識份子的心靈史》	聯經
二〇〇九年	《從柏林圍牆到天安門：從德國看中國的現代化之路》	允晨文化
二〇一〇年	《一生一世的仰望》	基文社
	《我有翅膀如鴿子》	基文社
	《誰為神州理舊疆：中國的信仰重建與社會轉型》	基文社
	《泥足巨人：從蘇聯解體看中國的未來》	允晨文化
二〇一一年	《香草山》	遠流
	《生命書》	橄欖
	《萬縷神恩眷此生》	基文社
二〇一二年	《我無罪：劉曉波傳》	時報文化
二〇一三年	《大地上的麥子》	基文社
	《流亡者的書架》	水牛文化
	《我聽見斧頭開花：信仰、藝文與生活》	橄欖

時間	書名	出版社
二〇一四年	《螢火蟲的反抗：這個世紀的知識分子》	主流
	《火與冰》	水牛文化
	《中國教父習近平》	前衛
	《中國影帝溫家寶》	亞太政治 哲學文化
	《河蟹大帝胡錦濤》	亞太政治 哲學文化
	《在那明亮的地方：臺灣民主地圖 第一卷》	時報文化
	《從順民到公民》	前衛
二〇一五年	《我也走你的路：臺灣民主地圖 第二卷》	主流
	《刀尖上的中國》	主流
二〇一六年	《人是被光照的微塵》	主流
	《走向帝制：習近平和他的中國夢》	前衛
二〇一七年	《一九二七：民國之死》	八旗文化
	《不自由國度的自由人：劉曉波和他的時代》	八旗文化
	《拆下肋骨當火炬：臺灣民主地圖 第三卷》	主流
	《卑賤的中國人》	主流
	《從今時直到永遠》	主流

時間	書名	出版社
二〇一八年	《納粹中國》	主流
	《我是右派，我是獨派》	前衛
二〇一九年	《一九二七：共和崩潰》	八旗文化
	《正義的追尋：臺灣民主地圖 第四卷》	主流
	《今生不做中國人》	主流
	《中國乃敵國也》	前衛
	《顛倒的民國》	大是
	《宋朝最美的戀歌：晏小山和他的詞》	主流
	《香港獨立》	主流
二〇二〇年	《用常識治國：右派商人川普的當國智慧》	八旗文化
	《暗黑民國史》	大是
	《習近平：喪屍治國》	主流
	《川普向右，習近平向左》	主流

中國研究系列 10

川普向右，習近平向左

作　　者：余杰
出版顧問：鄭超睿
發 行 人：鄭惠文
主　　編：李瑞娟
封面設計：楊啓巽
排　　版：旭豐數位排版有限公司
圖片提供：達志影像

出版發行：主流出版有限公司 Lordway Publishing Co. Ltd.
出 版 部：臺北市南京東路五段 123 巷 4 弄 24 號 2 樓
電　　話：(02) 2857-9303
傳　　眞：(02) 2857-9303
電子信箱：lord.way@msa.hinet.net
劃撥帳號：50027271
網　　址：https://lordway.com.tw

經　　銷：
紅螞蟻圖書有限公司
臺北市內湖區舊宗路二段 121 巷 19 號
電話：(02) 2795-3656　傳眞：(02) 2795-4100

2020 年 9 月　初版 1 刷
書號：L2003
ISBN：978-986-98609-3-2（平裝）
Printed in Taiwan

國家圖書館出版品預行編目資料

川普向右，習近平向左 / 余杰作 . -- 初版 . --
臺北市 : 主流 , 2020.09
面；　公分 . -- (中國研究系列 ; 10)

ISBN 978-986-98609-3-2(平裝)

1. 中美關係　2. 國際關係　3. 國際政治

574.1852　　109013294